辻大地

前近代イスラーム社会と〈同性愛〉

男性同士の性愛関係からみた社会通念の形成過程

九州大学人文学叢書23

九州大学出版会

目次

凡例

・文献の出典表記については、基本的に文中に［ ］で典拠を示す方法をとった。工具類の場合は項目と工具類略号を示し（例［“liwāṭ,” *EI*²］）、アラビア語辞書・辞典の場合は語根と工具類略号で示した（例［“l-w-ṭ,” *Wehr*］）。史料の場合は［史料略号：頁数］、研究書の場合は［著者名 出版年：頁数］で示した。史料の翻訳を用いた場合も同様に［史料略号：頁数］で示すが、一部、ハディースなど（ ）を用いて原文と併記したものもある。また巻数を示す際は／を用いた（例［アラビアン・ナイト：9/247-249］）。

・特に研究の翻訳を用いた際の出典表記については、基本的に原本を確認した上で、『社会学評論スタイルガイド（第三版）』（日本社会学会編集委員会、二〇一八年）に則り、参考文献リストの原本の後に（ ）にて翻訳の書誌情報を記し、典拠は［原著者名 原本の出版年=翻訳の出版年：翻訳書の頁数］で示した（例［Bray 1982=1993: 142］）。なお翻訳書を引用した際でも、原文の表記に合わせて表現を改めた場合がある。

・［ ］は、典拠を示す以外には、史料の引用などにおいて原文にはない筆者による補いを示すのに用いた。

・（ ）は地の文と引用文ともに、言葉の言い換えや、補足となる説明、または参照箇所の提示に用いる。また初出の人名や書名などの固有名詞と、文脈や訳し分ける際などに重要である単語には、（ ）を用いてラテン文字転写を付す。しかし当該語に注がある場合、ラテン文字転写等はそちらに示す。

・［…］は、引用文中の省略を示す。

・《 》はクルアーンからの直接引用に用い、章・節番号は注で示した。日本語訳は中田考監修、中田香織・下村佳州紀訳『日亜対訳クルアーン：［付］訳解と正統十読誦注解』（作品社、二〇一四年）に依拠するが、文脈に合わせて表記を変更したところがある。

・アラビア語の転写法ならびに日本語への音写については、慣用に基づく例外は除き、『岩波イスラーム辞典』の「転写法」（一〇一一五頁）に準じる。ただし「…の息子」を意味する語は、人名表記の冒頭に来る場合の「イブン（Ibn）」を除き、ラテン文字転写においては“b.”とし、日本語への音写においては「ブン」と記す。

・初出の人名には可能な限り没年あるいは在位年を、初出の王朝名には可能な限り成立滅亡年を、それぞれラテン文字転写の後に付す。ヒジュラ暦は併記しない。没年・在位年は基本的に、*Aʻlām*, *EI*², *EI*³, *EAL*,『岩波イスラーム辞典』、『新イスラム事典』を参照した。年代に諸説ある場合も、行論に大きく影響しない場合は、最も一般的と考えられるもののみを記した。

前近代イスラーム社会と〈同性愛〉

――男性同士の性愛関係からみた社会通念の形成過程――

序章

同性間での性愛関係は、古今東西、ごく一般的に見られるものである。前近代イスラーム社会もその例に漏れず、当時のアラビア語史料、特に文学作品のなかには、男性同士の性愛にまつわる描写がしばしば見られる。例えば、有名な『千夜一夜物語』のなかにも、美少年への恋慕に取り憑かれた老人の話や、美しい少年奴隷に対する恋情をめぐる王と大臣のやり取りなど、多くの男性同士での性愛を匂わせる物語が収録されている。[1] また、同じく日本語でも読むことのできる、八―九世紀アラブの有名な詩人アブー・ヌワースによる詩集にも、赤裸々な表現で、美しい少年への愛を綴った詩が散見する。[2] このように、前近代のイスラーム社会においては、同性間の性愛に関する文化的表現が広く存在していた。

その一方、イスラーム法で同性愛が禁止されてきたことも広く知られている。現代においても、同性間での性行為に対して死刑が求刑されうる国々はいずれも、イスラーム法の影響が強い国である。[3] また、すでに一〇年近く前でありながらＩＳＩＳ（自称イスラーム国）による同性愛者処刑の報道は記憶に新しい。[4] 最近でもインドネシアにおいて男性同性愛者のカップルに公開鞭打ち刑が科される事件や、中東や東南アジアの複数の国で、女性キャラクター同士のキスシーンが問題視されてアニメ映画の上映が禁止される事態が起きるなど、イスラーム法に基づく同性愛禁止が強調される場面が多く見られる。実際、イスラーム法において同性愛は厳しく禁じられているという印象を持つ方も多いだろう。[5]

それではこれら二つの事実は、どのようにして両立しているのだろうか。当然のことながら、これらが両立することに矛盾はない。イスラーム法で飲酒が禁じられていても、酒を嗜むムスリムは存在するし、それによって信仰が否定されることはないのと同様である。[6] しかしそれでもやはり、数少ない日本語で読める史料のなかにも、イスラーム圏での「同性愛」にまつわる描写がごく普通に見られることと、非常に厳格な法的制裁が下される現状との間には、単なる時代や地域の違い、あるいは物語や詩と「現実」の違い以上の隔たりを感じざるをえない。本書は、この問いを端緒に、前近代イスラーム社会の「同性愛」を取り巻く言説を通じて、当時の性愛観念や社会通念を窺い知ろうとするものである。最終的には、特に九世紀からおよそ一四世紀にかけてのイスラーム社会において、〈同性愛〉[7]概念が芽生えていく過程を描く。

第一節　前近代イスラーム社会における「同性愛」とは何か

さて、そもそも「イスラームは同性愛を禁止している」という時、そこには多層的で複雑な問題が含まれる。イスラーム法における同性間での性行為の忌避が、前近代から現代に至るまで当然に見られてきたことは確かである。本書第一章二節で詳述する通り、現在では様々な「新しい解釈」が行われ、わずかながら変化も見られるが、それでもなお同性愛が肯定的に捉えられてはいない。[8] しかし、特に本書で扱う前近代社会の事例となると、ここで言う「同性愛」とは具体的に何を指すのか、「禁止されている」のはどの時代・地域でのことなのか、また、どういった次元で禁止されているのか、などといった点を具体的に明らかにして語られることは少ない。そこでここでは、まず前提として、ごく一般的な法規定を通じて、前近代社会におけるイスラームと同性愛の問題について概観しておきたい。

イスラーム法における同性愛禁止の根拠として、まず挙げられるのは、第一の法源であるクルアーンである。しかし、実はクルアーンに「同性愛」という言葉が明示的に登場するわけではない。

「同性愛」に関連して最も頻繁に言及されるのが、預言者ロトとその街の住人の醜行の物語である。[9] これは、旧約聖書のソドムとゴモラの街の物語と共通するもので、堕落した街に遣わされた預言者ロトを天使が訪問するも、そこに喜び勇んだ街の男たちが押しかけ、天使に対して「醜行」を犯そうとする話である。クルアーンの当該箇所では、神の言葉として次の一節が伝えられている。

> おまえたちは諸世界の誰もかつて行ったことのない醜行を犯すのか。まことにおまえたちは女を差し置いて欲望から男の許に赴く[10]

これに対して、ロトは娘を差し出すことで「醜行」をやめさせようとするが民は止まらず、神はロトとその娘たちを除いて街を滅ぼすという結末を迎える。

伝統的な解釈では、ここで街の男たちが天使たちに対して犯した「醜行」が、男性が天使を犯す行為、すなわち男性同士での性交だと理解され、イスラーム法で「同性愛」が禁止される根拠となってきた。[11] 実際、現代アラビア語で一般的に「同性愛」を意味する「リワート（liwāṭ）」、「同性愛者」を意味する「ルーティー（lūṭī）」という語は、この箇所に由来しており、預言者ロトのアラビア語表記であるルート（Lūṭ）が語源だと考えられている。[12] キリスト教圏で、旧約聖書の当該箇所「ソドムの街」に由来して、同性間の性行為を含む「不自然な性行為」全般を「ソドミー（sodomy）」と言い表すのと同様である。[13] しかし、クルアーンの記述に現れる「醜行」の内容の理解は、あくまで法学者たちの解釈に基づくものであり、また近年の「新しい解釈」も含め、時代や地域によって変わりうるものである点には注意が必要である。[14]

またそれとは別の「同性愛」に関連する箇所として、姦通者への罰則にまつわる記述の一節が挙げられることもある。ここは姦通（婚外交渉）を立証するためには四人の証人を必要とするという規定を定めた箇所である。

おまえたちの女で醜行（姦通）をなした者たちには、おまえたちの中から四人の証人を立て、彼らが証言したなら、彼女らを家の中に引きとめよ。死が彼女らに訪れるまで、あるいはアッラーが彼女らに道を定め給う（まで）。そしておまえたちのうちそれをなした二人は痛めつけよ。それで二人が悔いて戻り、（行いを）正したなら、彼らから離れよ。まことにアッラーはよく顧み戻る慈悲深い御方[15]

ここでの《おまえたちのうちそれをなした二人は痛めつけよ》の一節を「同性愛」禁忌の根拠とする見方がある。すなわち、ここでの「二人」を男性あるいは女性同士と理解して、同性との性行為の禁止を意図していると考える解釈である。

九、一〇世紀の神学者アブー・ムスリム・イスファハーニーが源とされるこの解釈は、中世の文献で採用されることはほとんどないが、現代では肯定的に受け止められている。[16] これが現代に広まったのは、ラシード・リダー（Rashīd Riḍā, d. 1935）やサイイド・クトゥブ（Sayyid Quṭb, d. 1966）といった、影響力のある思想家たちが積極的に採用したことによる［Rowson 2002］。リダーとクトゥブは両者とも、イスラーム主義運動の先駆者として、宗教的教義を政治的イデオロギーと結びつける立場を取った思想家であり、そのなかで「同性愛禁止」の規定は、イスラーム法の厳格な適用をアピールするための格好の材料となった。多少強引にも思えるこの解釈は、イスラーム主義のイデオロギーのなかであえて採用されたことで、広範に広まり、現代でもムスリムの間に一定の共感をもって流布しているのである。

このように同性愛禁止の規定は、クルアーンにさえも明示されているわけではなく、法学者による解釈が徐々に合意を得て、さらに社会背景やイデオロギーのなかで人口に膾炙した結果だと言える。むしろクルアーンの楽園の美少年に関する描写から、イスラームの「同性愛」に対する態度が両義的で「寛容」であったとする見方も存在するように、[17]クルアーンひとつからも多様な解釈がありうるのである。解釈に基づく「揺らぎ」が存在することは、その他の法学的議論においても同様である。イスラーム法学の性質上、古典的解釈の積み重ねが重要であり、[18]九―一〇世紀当時より「同性との性行為の禁止」について共通の認識が形成され、現在に至っていることは確かである。しかし、その根拠や具体的に刑罰の対象となる行為や刑罰の内容は、解釈によって可変的なものであった。

また、ここでより重要なのは、特に前近代社会においてイスラーム法で禁止されているものは、「同性愛」ではなく、「同性間での性行為」だという点である。第二の法源であり、より具体的なムスリムの行動規範を示すハディース[19]を見てみると、以下の通り、禁じられているのは「ロトの民であること」ではなく「ロトの民の行為を為すこと」だとわかる。

神の使徒――神が彼に祝福と平安を与えんことを――が言うに、「ロトの民の行為（ʿamal qawm Lūṭ）」を為している者を見つけたならば、それを為す者も為される者も殺せ」［*Ibn Māja*: 2561; *Abū Dāʾūd*: 4462; *Tirmidhī*: 1456］

さらに、より厳密には、同性間での性行為に対する刑罰は、行為の有無だけでなく、その行為者の状態によっても異なっていた。八世紀から一五世紀にかけての法学議論を検討したサラ・オマル（Sara Omar）によると、同性間での性行為に対する刑罰の重さは、男性器の挿入の有無と、行為者の法的・社会的身分、そしてその性行為時の能動（挿入）側か受動（被挿入）側かの役割によって決定された。上記のハディースでは行為を「為す者」も「為される者」も殺されるとあるが、実際の法運用では、行為者の社会的立場と、性行為時の能動／受動の役割のバランスによって刑罰は異なったのである。例えば、男性同士の性行為において、挿入される側が理性を備えた自由人ムスリムである場合と、少年の奴隷の場合とでは、前者の方に圧倒的に重い罰則が科された。[20][21]
イスラーム法において刑罰の対象となったのは、「同性愛者」ではなく、「同性との性行為を行った者」であり、また、その刑罰の厳しさも行為者の置かれた状況によって変動した。ここまでを見ても、「イスラーム法で同性愛が禁止されている」という言葉が実はいかに曖昧なものかが窺えよう。

第二節　本書の視座――〈同性愛〉概念の萌芽――

前節でイスラーム法から概観した、前近代イスラーム社会における「同性愛」は現代の我々が想像するものとは、また別の姿に映るのではないだろうか。刑罰の対象となった「同性との性行為を行った者」を「同性愛者」として扱うとすると、それでは、行為を伴わない関係はどのように扱われるのか、あるいはどこまでが「行為」とみなされるのかといった疑問が残る。また、冒頭で挙げた美少年に恋焦がれる大臣や詩人の物語からは、「男色」や「少年愛」に近いものを思い浮かべられた方も多いかもしれない。これは現代で言う「同性愛」と同義なのだろうか。例を挙げると、前近代日本においてもひとつの文化として「男色」があった。[22]有名な俗説に、織田信長が小姓である森蘭丸と性的関係を結んでいたというものがあるが、これをもって、「織田信長は同性愛者である」と言う向きは少ないように思う。[23]本書でもまずは、現代の我々が想像する「同性愛／同性愛者」という概念について、明確にしておく必要があるだろう。

現代社会において一般に了解されている「同性愛（homosexuality）／同性愛者（homosexual）」という概念は、歴史学においては近代の構築物であるということが、当然の前提となっている。次章の内容を先取りすると、これは、哲学者であると同時に歴史家でもあったミシェル・フーコーの、一連の「性の歴史」研究と、それに後続して進展したセクシュアリティ研究の成果である。これらの成果によって現在では、およそ一九世紀西洋社会で登場したとされる同性愛／同性愛者という概念は、それ以前には存在していなかったと考えられている。

もちろん、これは、同性間での性行為が存在していなかったことを意味するものではない。重要なのは、そうした行為／行為者が、個人の性的指向と結びつけられて、同性愛／同性愛者として認識されることはなかったという点である。例えばキリスト教圏では、同性間での性行為は、自慰や獣姦と並んで、生殖に結びつかない性行為として、上記の通り「ソドミー」と呼ばれ、誰もが犯しうる宗教上の罪と認識された。ここでは現在のように、特定の個人の「性質」と関連づけられることはなく、その「行為」のみが問題となったのである。

フーコーは、ヨーロッパ社会において同性愛／同性愛者という概念が誕生する経緯を示し、「ソドミーから同性愛へ」というテーゼを打ち立てた。これは大きな反響を呼び、様々な議論とともに、他の社会においてもこのテーゼを踏襲する試みが多くなされた。先に挙げた日本の「男色」と「同性愛」の違いについて考えてみても、こうした、同性愛概念の誕生以前と以降の隔絶を前提とする見方には確かに一定の妥当性が見出せよう。

しかし、最近では、近代西洋社会における「ソドミーから同性愛へ」のテーゼが、他の時代・地域の社会にも適用可能なものか、あるいはその隔絶を絶対のものとしてよいのかという点については、疑問が呈されてもいる。さらに言えば、当然のことながら、前近代社会には同性を性愛の対象として「指向」する者、ひいてはＬＧＢＴＱ当事者が全く存在しなかったとは考えづらい。日本の「男色」と「同性愛」の違いについて考えてみても、ちょうど近代という時代を契機に西洋社会と同じ過程を経て両者が分化したと言うわけではないし[24]、前近代社会にも、現代で言うトランスジェンダーの存在が示唆されている[25]。こうした点を鑑みると、こうしたテーゼへの批判もまた、妥当なもののように思われる。

以上を踏まえ、本書では前近代のイスラーム社会を題材に、同性間での性愛にかかわる事象を包括的に広く扱いつつ、「ソドミーから同性愛へ」至る過程について検討してみたい。従来の研究蓄積からも、初期イスラーム社会では同性間の性関係が「行為」として捉えられていたことは確かである。しかしそうした関係が「性質」として捉えられるようになる過程、つまり「同性愛」的な概念の形成過程については、近代を境界とする西洋社会の事例をただ当てはめるのでなく、別途検討する必要がある。また、その「同性愛」的概念が、西洋社会で誕生し、現在にまで一定の了解を得ている「同性愛／同性愛者」概念とも異なるものだという点には留意が必要である。そこで本書では、前近代イスラーム社会において芽生えた「同性愛」的な概念を、暫定的に山括弧付きの〈同性愛〉という語で表記することとしたい。

本書では、まず研究史の整理や史料類型の提示を行ったのちに、個別に四つの章のなかで、様々な分野のアラビア語史料を用いて、〈同性愛〉概念萌芽の過程を追う。一見不必要に思えるほどの紙幅を割いて研究史と史料類型を提示するのには、この分野がイスラーム史においては馴染みが薄いために、注意深く研究の流れや、そもそもどのような史料が存在しているのかを示す必要があるという理由もある。しかしより本質的に意図するのは、研究史や史料の整理を通じて、〈同性愛〉概念の一応の定義づけを行うと同時に、史料の概観によって本書の分析の道筋を明確にすることである。先述の通り、「現代の我々が想像する「同性愛」」という概念自体が、極めて曖昧なものであるため、まずは本書における〈同性愛〉が何を示しているのかを提示する必要がある。その後、個別の各章では基本的な性愛構造を示しつつも、そうした構造に収まらない存在を、医学知識や「性愛学文献」、また誹謗中傷、揶揄といった言説上の展開のなかで扱ってみたい。

なお今回は、考察の対象を、男性同士の性愛関係のみに限定せざるをえなかった。女性同性愛は残る史料の少なさと、より大きな問題として後述の通り「挿入モデル」に基づいて考えることが難しいため、先行研究では男性のものとは別個に扱われてきた。もちろん、言説上、時代が進むにつれて男性間での性愛関係と女性間での性愛関係が〈同性愛〉として同じ概念に含まれることはありうる。しかし本書の紙幅では、上記と同様の理由から、女性同士での性愛関係について、別の軸を立てて考察することは困難であった。

第一章　「同性愛」をめぐる歴史学的研究の展開

　この章では、本書の前提として、研究史の整理を行っておきたい。これまで歴史学では、性愛や「同性愛」についてどのような議論がなされてきたのかを明示することで、本書の目的と位置付けがより明確となるだろう。

　序章で述べた通り、本書はフーコーの提示した「ソドミーから同性愛へ」というテーゼを、イスラーム史から再検討するものである。そこで、まずはこのテーゼがどのような文脈で提示され、またそれが、イスラーム史の研究においてどのように受け入れられ、解釈されてきたのかを見る。その道筋を辿ることは、そもそも、現代社会において一般的に了解されている「同性愛（homosexuality）／同性愛者（homosexual）」という概念には、どのような含意があり、さらに本書でその過程を追う〈同性愛〉概念の萌芽とは、どのような状態のことを言うのか定めることにもなる。

　そのため、第一節ではまずフーコーを中心に「同性愛の歴史」研究の道程を概観する。その上で、第二節でイスラーム史の文脈で「同性愛」がどのように議論されてきたかを見てみたい。特にここでは、「本質主義と構築主義」の議論に着目する。この議論を通じて、前近代社会における同性間での性愛関係・行為に対する認識と、近代に「誕生」したと言われる現在我々が想像する「同性愛」概念との区別について示すことができよう。幸いなことに、関連する基本書の多くに優れた訳書が出版されている。以下ではそれらも参照しつつ、研究史を辿る。

第一節　「同性愛」の「誕生」をめぐる研究史

第一項　「同性愛」の歴史の研究史

「性愛の歴史」研究の始まりと発展

性愛（セクシュアリティ）というテーマが、現在、歴史学の対象となりうるのは、著名な哲学者であり歴史家でもあったミシェル・フーコー（Michel Foucault）によるところが大きい。彼の一連の「性の歴史」研究［Foucault 1976=1986a; 1984a=1986b; 1984b=1987; 2018=2020］が、性愛の歴史学的研究を可能にしたのである。それ以前も、「性」は研究のテーマであり続けてはいたが、その大部分は生物学や医学、精神医学、心理学といった自然科学的視点からなされていた。フーコーはそのこと自体への批判も含め、実態を対象として性の抑圧・解放を語るという従来の図式を離れ、セックス（sex）に関する言説（discours）に着目するという手法をとった。彼は、セックスに関する「語り」が社会や個人に与える効果に焦点を当てるという、新たな視点をもたらしたのである。これによって、歴史学が性愛を研究対象として扱うことが可能となった。

こうした「転回」は、しばしば、性愛が「自然」から切り離され「装置」として認識されたことによるものだと表現される。フーコーは『性の歴史』第一巻で、一八世紀以降の西洋社会において「セクシュアリティの装置（le dispositif de sexualité）」が登場したと言う［Foucault 1976=1986a: 136–139］。この「装置」とは、実体のある何かを具体的に指したものではない。ここでは、諸要素を繋ぐ「ネットワーク」や「関係」［小林 2021: 51］あるいは「言説実践と非言説実践が組み合わされた配備や布置の関係そのもの」［赤川 1999: 24］という説明に基づくと理解しやすい。この「装置」によって、「性愛・セクシュアリティ」が、語られたり語られなかったりするもの、言説・非言説のやり取りやそれぞれの関係のなかから戦略的に生み出されるもの、と捉えられるようになったのである。

この見解に基づくのであれば、性愛・セクシュアリティとは曖昧なものとならざるをえない。フーコー自身「セクシュアリテ（sexualité）と称されるような何物か」［Foucault 1976=1986a: 89］と言うように、セクシュアリティを何物かと規定することは不可能であるし、そうするべきではない。セクシュアリティの定義については、多くの議論があるが[1]、歴史学として有用な捉え方は、一旦の無定義概念とするものであろう。歴史社会学者の赤川学は、フーコーの議論を受けて、セクシュアリティとは何かについて議論するのではなく、人々が何をもってどの範囲をセクシュアリティとしてきたのか、そしてそれは歴史的にどのように変化したのか、その背景にはどのような要因や効果があったのかを検討することこそが、有益な議論を生むと指摘している［赤川 1999: 13–15］。確かにこの立場に立つと、歴史学は性愛を研究するのに適した方法論を提供するものだと言えよう。

しかし、こうしたフーコーの理論を、全ての対象や文化に適用することには慎重であらねばならない。赤川も指摘しているように、「セクシュアリティの装置」において最も重要な非言説実践はキリスト教の伝統下の「告白の制度」であるが、この概念はキリスト教的伝統の強い欧米社会にこそ当てはまるものであり、それを日本の歴史に当てはめることはできない［赤川 1999: 23–25］。ここではひとまず、フーコーによって、性愛の歴史が可能となったことを研究史上の第一の意義として挙げておきたい。

フーコーの「ソドミーから同性愛へ」テーゼ

この『性の歴史』第一巻で、「ソドミーから同性愛へ」テーゼとでも言うべき命題が提示され、これが現代における「同性愛」に関する議論の基礎となった。上述の通り、セクシュアリティを「装置」として捉えたフーコーは、その戦略のひとつに「倒錯的快楽」が精神医学へ組み込まれたことを、最も主要な問題領域として挙げている

した。

フーコーはその文脈で、近代西洋社会において「今や同性愛者は一つの種族なのである」という有名な言葉を残した［Foucault 1976=1986a: 135, 145］。

周縁的性現象に対するこの新しい追求は、結果として倒錯というものの組み込みと個人の新しい特性別定義をもたらした。ソドミー――かつての世俗的あるいは宗教的法律がそう呼んだもの――は禁じられた行為の一つであった。それを犯したものは、その法律的主体にすぎなかった。十九世紀の同性愛者は、一個の登場人物となった〔…〕それは彼の基質と分かち難く結びついていて、習慣上の罪というよりは、異形な本性なのだ。ここで忘れてはならないのは、同性愛の心理学的・精神医学的・病理学的範疇が成立したのは、それが〔…〕性的な関係のタイプによるのではなく、むしろ性的感受性のある種の質、自己の内部で男性的なるものと女性的なるものとを転倒させるある種のやり方によって定義されたときである。同性愛は、それがソドミーの実践から、一種の内的な半陰陽、魂の両性具有へと変更させられたときに、性的欲望の様々な形象の一つとして立ち現れることになったのである。かつてソドマイトは性懲りもない異端者であった。今や同性愛者は一つの種族なのである［Foucault 1976=1986a: 55–56］

ここでは、「ソドマイト（ソドミーを行う者）」が、近代西洋社会におけるセクシュアリティの装置の作用のなかで、「同性愛者」という特殊なタイプの者としてカテゴライズされるようになったことが言われている。

序章でも触れた通り、「ソドミー（sodomy）」という語は、同性間での性行為を含め、生殖を目的としない性的な行為全般を指していた。キリスト教とセクシュアリティとの関係を専門とするマーク・ジョーダン（Mark Jordan）の研究『キリスト教神学におけるソドミーの発明（*The Invention of Sodomy in Christian Theology*）』によると、一一世紀イタリアの神学者ペトルス・ダミアニ（Petrus Damiani, d. 1072）が著した『ゴモラの書（*Liber Gomorrhianus*）』にすでにこの言葉が確認されている［Jordan 1997: 45–66; cf. 小林 2021: 132–143］。聖職者の堕落を批判して記されたこの書では、当時のローマ・カトリックの教職者が広範に行っていた、自瀆行為・相互手淫・股間性交・肛門性交の四種類が「ソドミー」と呼ばれているという。当初「ソドミー」は、このように聖職者の宗教上の性的な罪を指していたのである。

一方、「ソドミーから同性愛へ」のテーゼにおける「同性愛」という言葉は、特定の「性質」を持つ「同性愛者」と呼ばれる人物によって形成される、特別な「関係性」を指すために用いられていると言えよう。上の引用箇所で、「同性愛」は「彼の基質と分かち難く結びついていて、習慣上の罪というよりは、異形な本性」であり「心理学的・精神医学的・病理学的範疇」になったと説明される通りである［Foucault 1976=1986a: 55］。ここで「同性愛」は、誰もが犯しうる罪としての「行為」ではなく、それが、特定のタイプに分類される者によってなされる、特別な行為や関係性として意味づけられるようになったことが言われている。

すなわち、フーコーの打ち立てたテーゼは、同性間でのセクシュアリティの実態の変容ではなく、捉えられ方の変容を表したものなのである。前近代においては同性間の性愛関係は「行為」として捉えられ、「罪」として扱われていたが、近代に至ると、それが「同性愛者」という特定の「性質」を本質的に持つ個人によって行われる行為・関係として認識されるようになったという主張である。

実はフーコー以前にも、同様の主張を行った者も存在する。社会学者のメアリー・マッキントッシュ（Mary McIntosh）は、一九六八年の論文ですでに、同性愛を科学的・医学的な「状態（condition）」として概念化されたものではなく、社会的な「役割（role）」としてみなされるべきだと主張している［McIntosh 1968］。彼女は、「同性愛」という「特異で区別され特殊化された役割」は一七世紀末のイングランドにおいて現れ、特定の個人を特徴づけるものとして、現代社会に定着したことを示した。こうした議論は、同性愛的な行動はあっても「同性愛者」はいなかったことを言うものであり、後の構築主義的理解の先駆けとなった。しかし、社会学的にも歴史学的にもより大きなインパクトを残したのは、フーコーの「性の歴史」研究であった。

「同性愛」の「誕生」

この「ソドミーから同性愛へ」というテーゼは、その後、歴史学上多くの議論を引き起こした。多くの研究者たちは、フーコーやマッキントッシュの主張を支持し、このテーゼを踏襲しつつ歴史学的手法によってさらに具体化し、洗練させることを目指した。その過程で、同性愛が「誕生」した時期や場所、そして「誕生」とは何を意味するのかについて、様々な議論も生まれた。

社会学者のジェフリー・ウィークス（Jeffrey Weeks）は、一九八六年当時、セクシュアリティに関する最新の概説書として著した『セクシュアリティ（*Sexuality*）』のなかで重要な議論を行っている。彼はフーコーの議論をいち早く取り入れ、生物学的で「本質主義的」なセクシュアリティの捉え方を批判した。

> 現在セックスへの「本質主義」的アプローチと呼ばれているものを批判することになる。〔…〕本質主義は世界の複雑性を想定された構成要素の単純性に還元するという点で、還元主義的方法である。また、個人を遺伝子、本能、ホルモン、力動的無意識の神秘的な働きといった内なる推力の自律的な産物として説明しようとする点で決定論的である。このようなアプローチに対しての私の反論は、私たちがセクシュアリティに与える意味は社会的に編成されており、セックスとは何か、どうあるべきか、どういうものでありうるかといったことを示そうとするさまざまな言語によって維持されているということである［Weeks 1986=1996: 18］

このように彼は、セクシュアリティとは、「自然」で決定論的なものではなく、社会的な言説を通じて形作られるものであるという立場に立った。そして、それが明確に現れる、「重要かつ決定的な契機」のひとつとして、一八―一九世紀に「正常な性を異性との関係として定義するようになり、その結果、他の諸形態を逸脱としてカテゴリー化するようになったこと」［Weeks 1986=1996: 50］を挙げている。

ウィークスの主張に則ると、「同性愛」「同性愛者」というカテゴリーもこの時に出現したものだということになる。実際、彼は「同性間性交（same-sex activities）」が多くの文化に歴史的に存在することを認めつつ、「同性愛者が存在するという観念」は一八世紀以前には存在せず、新しいものであると記している。

> 一八世紀以前には、同じ性に属するもの同士の性愛行動と広義に解釈される意味での同性愛は確実に存在したが、「同性愛者」は存在しなかった。〔…〕英国ではソドミーはすくなくとも一八六一年までは死刑に値したが、同性愛的人格というはっきりした類型はほとんど考えられていなかったようだ。〔…〕一八世紀までには一貫したソドマイトがはっきりと特殊な人格類型として認知されるようになるが、それでも人格よりはむしろ行為の性質によって定義されていた。しかし一九世紀中葉以降、「同性愛者」はますます（「同性愛」という言葉は一八六〇年代の発明である）特殊な種族に属し、感情や潜在的傾向、性心理学的条件によって特徴づけられるとされた［Weeks 1986=1996: 50–51］

後述の通り、それ以降、「レッテル貼りと分類へのエネルギーと情熱」を傾けたセクソロジスト（sexologist）、すなわち性科学者たちによって、性行動が特定の人格類型を定義するものとされるようになり、セクシュアリティが個人のアイデンティティを規定するに至った［Weeks 1986=1996: 52］。ウィークスはこのようにして、人々の語り、特に特殊とみなされた人物を「分類」しようとする様々な言説が、「同性愛／者」という概念を形成・固定化させたと言い、フーコーのテーゼに基づいてセクシュアリティの形成過程を明示した。

さらにここで重要な視点として、アイデンティティの問題が加わる。ウィークスは一八―一九世紀に形成された「同性愛／者」という概念が、二〇世紀に入ると、単なる他者の分類としての機能を超えて、個人のアイデンティティを規定するものへと変化したことを指摘している。

ソドミーを犯す者というのは、獣姦や肛門性交といった特定の性行為を行う人物を指す言葉だった。一方、同性愛者という言葉は、単にある特定の性行為をするものを指す言葉ではなく、個人史〔…〕や、肉体的な特徴〔…〕や、指標となる欠陥〔…〕を持った、特殊なタイプの性的人物を指す言葉だった。臨床的言説によって記述されたこれらの人物の多くは、そういった記述を、自分のこととは見なさなかったかもしれない。しかし、彼らはそれらの臨床的言説によって、自らの存在を正当化することができた。また、性科学に名付けられることによって、自分たちのような人々が他にもいるという事実や、独自の存在どころか、たとえ倒錯であったとしても、承認されているセクシュアリティの法典の中に再び入れてもらえることを、積極的に評価することができた［Weeks 1986=1996: 138］

このように、個人が自らを「同性愛者」というアイデンティティに規定することが一般的となった結果、「同性愛」という概念がより一層明確になったと指摘されているのである。

一方、歴史学の分野では、イギリスの社会史家アラン・ブレイ（Alan Bray）による重要な指摘がある。彼は一九八二年の著作『同性愛の社会史（*Homosexuality in Renaissance England*）』のなかで、一七世紀後半から一八世紀初頭までに、サブカルチャーとして社会的に「同性愛」概念が定着したと主張した。ブレイが着目したのは、「モリー・ハウス（Molly house）」と呼ばれる、モリーたちの集会所である。「モリー（molly）」という語は女性名 Mary の変形で、「女性的な所作」とそれを行う男性を意味する［Bray 1982=1993: 217 n.5］。モリー・ハウスは、個人の家や居酒屋などを利用した集会所であり、そこではモリーたちが集まって、飲酒や歌や踊り、また客同士の性交渉も行われていた［Bray 1982=1993: 142］。ブレイは以下の通り、従来、「ソドマイト（sodomite）」や「バガー（bugger）」という「あらゆるかたちの性的混乱に関することば」で呼ばれていた者たちが、同性愛のサブカルチャーを通じて「モリー」という「露骨に性そのものに関わる部分を越えた意味がふくまれている」言葉で呼ばれるようになったことに意味を見出した。

〈モリー〉と〈ホモセクシュアル〉とは、両者ともそのような社会的位置というか、ある種の人間を意味するという点で似ていると言える。もちろん両者は同一ではないが、それでも社会における一つの存在のありようを決定的に表しているのである。それは重要な変化を示している。エリザベス朝やジェイムズ朝の社会にあっては、細い糸に過ぎなかったものが、その世紀の終わりまでにはサブカルチャーとなり、それ自体として社会内部の一つの小社会になった。そして、ほとんど名目的な統制にすぎなかったものが、実力行使による迫害に取って代わられた。かつては罪深き人間全体に潜在していると見なされたものが、自分達とは別に特定の生活様式を持った特殊な人々が犯す罪になったのである［Bray 1982=1993: 173–174］

このように、ブレイはウィークスよりも一―二世紀早くに「同性愛／者」的概念の萌芽を主張している。

彼らの主張に起こる異同は、何をもって「同性愛／者」概念とするかという点に起因する。ウィークスはフーコーの理解に依拠し、臨床心理学における「同性愛」の症例の展開や、「バガリー（Buggery）」から「同性愛」を区別しようとする法の変化といったものが、社会的な言説の影響と相まって、一九世紀にこそ決定的な変化（「アイデンティティ」としての確立）を迎えたと主張する。それに対してブレイはウィークスとの相違に意識的であった。彼は、その影響の因果関係が不釣り合いであると批判し、一世紀以上前にモリー・ハウスが存在したにもかかわらず、それを、突然現れた未成熟のサブカルチャーであると例外的に処理するウィークスの見方にこそ疑問を呈している［Weeks 1977: 37; Bray 1982=1993: 218–221 n.19］。ここでウィークスは「相方を漁る場所や同性愛者の溜まり場として知られている場所、型どおりに行われる性交渉、その種の隠語や〈様式〉」を一九世紀の同性愛のサブカルチャーとモリー・ハウスを区別する指標として挙げたが［Weeks 1981: 83–84］、ブレイによると、それはまさにモリー・ハウスに見られるものであり、一七―一八世紀までにすでに「同性愛」の初期的な形が見られることを史料から明らかにしている［Bray 1982=1993: 139–192］。実際、ここでのサブカルチャー的に形成された集団意識は重要であろう。この、必ずしも性行為を伴わなくても、セクシュアリティを中心に一定の文化を共有する集団への帰属意識は、彼らのアイデンティティとなりえたことは想像に難くない。

ウィークスとブレイは、それぞれ異なる時期を決定的な転換点と位置付けているものの、両者とも「同性愛」は社会的・歴史的に構築されたものであるという認識を共有し、それ以前の理解とは「断絶」があるという点を強調している。この両者の見解のどちらが正しいかは、一概に判断できない。しかし広く見ると、一七世紀後半から一九世紀後半にかけてのいずれかの時期に、「ソドミーから同性愛へ」と人々の認識に変化が生じたことは確かである。特にブレイの主張からは、想定する要件によって、必ずしも「近代」という特殊な時代が、「同性愛」概念の誕生の契機とは言い切れないことも明らかになる。

歴史学における本質主義対構築主義論争

上記の展開を含め、これらの論争は「本質主義対構築主義論争」と呼ばれ、「同性愛」に関する議論にも大きな影響を与えた。上で確認した、性愛を社会的・文化的に構築され歴史的に決定されるものとして捉える立場は、「構築主義（constructionism）」[2]と呼ばれる。この立場は、フーコーやマッキントッシュの影響を強く受けており、その性質上、時代や地域、文化を超越して普遍的な「性愛」や「同性愛／者」といったカテゴリーの存在を否定する。すなわち、「同性愛」という概念も、特定の社会的・文化的文脈のなかで構築されたものであり、時代や地域ごとに異なる理解や表現がなされるという立場を取る。

一方、「本質主義（essentialism）」的立場は、不変の「性愛」というカテゴリーが実在すると主張する立場である。この立場に立つと、異なる時代や地域でも、現代の我々が想定するのと同様の「同性愛／者」という概念が存在することになる。そのため、前近代から現代までの全ての地域を対象とする「同性愛の歴史」を描くことが可能だということになる。この立場では、同性愛者というカテゴリーは時代・地域を超え、普遍的な存在として説明されることになる。

なお、一度確認しておく必要があるのは、ここでの「本質主義」には、大きく二つの次元が存在するという点である。上で引用した、ウィークスが批判する本質主義的立場は、「個人を遺伝子、本能、ホルモン、力動的無意識の神秘的な働きといった内なる推力の自律的な産物として説明しようとする点で決定論的である」ものであった［Weeks 1986=1996: 18］。すなわちここでの「本質主義」は、セクシュアリティを遺伝的なものによって決まるとする立場、「自然」や「本能」とみなして生物学的決定論を受け入れる立場を指しており、あらゆるものに普遍的で固定的なカテゴリーの存在を想定する立場を指す「本質主義」とは微妙に異なる。

これらは、根本的には同一であるものの、「同性愛」に関する議論で用いる際には混乱を招く。[3] 歴史学的研究においては、「同性愛」が遺伝的要因によるか環境的要因によるかという「氏か育ちか」の議論が問題となることはほとんどなく［cf. 魚住 2011: 142–143］、基本的には同性愛が普遍的なものか否かという議論を指すと考えてよい。実際、赤川が指摘するように、遺伝的要因対環境的要因の論争となると、その結論は両方の要素があるという両論併記的な結論に落ち着く以外になく、不毛な議論とならざるをえないのである［赤川 2001: 69–70］。

歴史学的研究において、「同性愛」にまつわる最も重要な「本質主義対構築主義論争」は、古代ギリシア・ローマにおける「少年愛（pederasty）」の捉え方に関する議論である。ここでは、「少年愛」や「同性愛」の「原因」に関してはほとんど論じられず、むしろフーコーに端を発する「ソドミーから同性愛へ」というテーゼを受け入れ、当該社会の少年愛を現代の同性愛とは異なるものとみなす構築主義的立場と、そのアンチテーゼとして、両者は本来的には同じであるとする本質主義的立場との論争が中心であった。

この論争の発端となったのは、ケネス・ドーヴァー（Kenneth Dover）の一九七八年の著作『古代ギリシアの同性愛（*Greek Homosexuality*）』である［Dover 1978=2007］。ドーヴァーは、広範な文献史料・図象資料を通じて、古代ギリシア世界の「同性愛」の具体的な実態を詳細に示した。しかし研究史上特に注目すべきは、古代ギリシア世界における性愛関係が、年齢や身分による社会的ヒエラルキー（支配／従属）を反映したものであり、それに応じて能動側（挿入側、主体）と受動側（被挿入側、客体）の役割が明確に区別されるというモデルを提示したことである。すなわち、基本的な構造としては、自由人の成人男性が若者や少年を一方向的に性の対象とする関係であったということが示されたのである。ドーヴァー自身、この「挿入モデル（penetration model）」とも呼ばれる構造に基づいた同性間の性愛関係を、「同性愛」とは異なるものであったと強調している［Dover 1978=2007: esp. 140–157; cf. 小山田 2021］。実際、このモデルの提唱は後の構築主義の先駆けとなり、フーコーの『性の歴史』第二巻に大きな影響を与えた［Foucault 1984a=1986b: 249–251］。さらに、エヴァ・クールズ（Eva Keuls）が一九八五年の著作『ファロスの王国（*The Reign of the Phallus*）』で性と権力・支配の問題として同モデルの分析を深めている［Keuls 1985=1989］。

その後ドーヴァーのモデルを引き継ぎ、構築主義陣営の旗手となったのが、デイヴィッド・ハルプリン（David Halperin）である。彼は当該分野における記念碑的論集と言える『同性愛の百年間（*One Hundred Years of Homosexuality*）』で、古代ギリシアの「少年愛」の理想的なあり方が、自由人の成人男性と自由人の若者または少年との間に結ばれる関係に限定されていたことを指摘し、これを一九世紀に登場した概念である「同性愛」と区別するべきだと論じた。また、ハルプリンは、外国人や奴隷、男娼との性行為も寛容に扱われたが、それは行為者である自由人の成人男性が性的主体（挿入側）である限りにおいてのことであったとし、ドーヴァーの「挿入モデル」に基づいた主張を行っている［Halperin 1990=1995: 50-56］。

加えて、この「挿入モデル」に対するハルプリンの重要な見解として、ファロスというシニフィエを想定し、このモデルを理論化したことがある。すなわち、ここでの「挿入」とは実態としては男性器の肛門への挿入とは限らないが、その場合においても、文化的な社会権力のシニフィエとしてのファロスを想定することで、権力関係にある二人の関係を挿入モデルから考えることが可能となるのである[4]。

いずれにせよこの「挿入モデル」に基づく議論を受けると、彼が言うように、前近代社会においても男性同士での性行為は存在したものの、それが「同性愛」と呼ばれることはなかった。

> 自分とおなじ性に属する他の人間と性的接触を求める人々は、（古代ギリシアも含めて）多くの異なった時代と場所にいたが、このような人々が（あるいは、ともかくも彼らのうちの一部が）同性愛者なのは、ほんのこの百年かそこいらのことである［Halperin 1990=1995: 49］

また挿入モデルに基づく当時のギリシア社会における性行為は、能動側の者が受動側の者を一方向的に性的対象とするものであり、決して相互の合意のもとで同等の立場から行われるものではなかったことが明らかにされた。ハルプリンの研究はまさに、同性間の性愛関係を、個人の嗜好の問題から、社会的な権力構造から構築された問題として捉え直し、「同性愛」概念との別を強調した、代表的な構築主義的研究だと言えよう。

これに対して、本質主義陣営の中心にあったのが、ジョン・ボズウェル（John Boswell）である。彼は、一九八〇年に著した『キリスト教と同性愛――一～一四世紀西欧のゲイ・ピープル――（*Christianity, Social Tolerance, and Homosexuality: Gay People in Western Europe from the Beginning of the Christian Era to the Fourteenth Century*）』で、副題にもある通り、通歴史的・文化的に「ゲイ」というアイデンティティを持つ者たちの存在を想定し、その歴史を描いた

〔Boswell 1980=1990〕。このように本質主義的立場に立つボズウェルは、「ゲイ（gay）」という言葉が「同性愛者（homosexual）」よりも古くから存在することを示し、彼らを「普通」に用いられている意味の通りに「同性とのエロティックな接触を好む者」であり「同性に対する性的嗜好を識別の目安となる一特徴として自覚しているひとびと、もしくは〔…〕そのようなひとびとに関連する文物」であると定義する[5]〔Boswell 1980=1990: 64–66〕。多量の史料を引用しつつ、歴史学的にそうした人々に対する態度の変容を鮮やかに描いた本書は、明確に、ある種の「本質」を想定する見方でありながら、一定の説得力を持つものである。

ボズウェルとハルプリンを中心に展開した本質主義対構築主義論争は、今なお有用な歴史学的視座を残した。両者の論争は一九九〇年代に直接繰り返され、結果的には構築主義陣営の一応の勝利を迎えたとも、そもそも前提からして論点にずれがあったとも言われる[6]。しかしいずれにせよ、この一連の議論は歴史学に大きな印象を残し、これ以降、フーコーが示唆した「ソドミーから同性愛へ」テーゼが前提として定着したと言える。これを境として、様々な事例において、この命題を踏襲し確認する歴史学的研究が行われるようになったのである。

この論争を契機に、「同性愛」に対する歴史学的研究の視点は大きく変わった。単純な意味での本質主義的な立場が優勢であった際には、不変の「同性愛／者」という「現象」に対して、それを取り巻く各社会の文化的態度に対する研究が主になされていた。これは最終的に、「当該社会は同性愛に対して寛容か否か」という議論に帰着せざるをえないものであったと言える。それが、構築主義的視点が持ち込まれたことにより、これまで「同性愛／者」として扱われてきたものを個別の行為や関係として捉え直し、これらが成立する社会的構造や背景を明らかにする研究が主流となった。これによって、現在的な価値観に基づいて「同性愛」に対する寛容さを測ることは、ほぼ無意味となったのである。

さて、ここまで研究史を通じて、「同性愛」に対する理解がいかに変遷してきたかを追い、その概念が成立する以前の同性間の性的関係や性行為が、いかにして「同性愛」とは異なるものとして認識されるようになったのかを確認した。それでは改めて、近代における「同性愛」概念とは、何をもって「誕生」したと言うことができるのだろうか。上で見ただけでも、その時期や条件は様々であった。そこで次項ではひとまず、本書で〈同性愛〉概念の芽生えを見ようとする前段として、研究史上、何をもって「同性愛の誕生」と言われてきたのかを整理しておきたい。

第二項　「同性愛」の「誕生」とは何か

「同性愛」という用語の成立――法学と医学――

「同性愛」という言葉が初めて登場したのは、一九世紀ドイツにおいてのことであった。西洋法制史やジェンダー学を専門とする三成美保がまとめているところによると［三成 2015: 43-46］、一八六九年にドイツ帝国刑法典一七五条（ソドミー法）に抗議したドイツ系ハンガリー人のカール・マリア・ベンケルト（Karl Maria Benkert）が、初めてその主張のなかで「同性愛（homosexualität）」という語を用いたとされる。医者であった彼は、「同性愛」が生得的な性質を持つため、刑法の対象とすべきでないと主張したのである。こうして、法的必要性から「同性愛」という言葉が初めて明確に表された。

その後、「同性愛」の語は医学的な文脈でも一般に認識されるようになる。この契機として、ドイツの精神医学者クラフト・エビング（von Krafft Ebing）が、著書『性的精神病理（*Psychopathia Sexualis*）』において「精神病理（変態性欲）」のひとつとして「同性愛」の語を挙げて以降、この語は病理用語として普及したと言われている。[7] またここでは、フーコーが「倒錯」の成立要素として重要視したのが、このクラフト・エビングも含めた、セクソロジストと呼ばれる性科学者らによる活動であったことを思い返しておきたい。このようにして、当時の精神医学・性科学（セクソロジー）の展開のなかで、「同性愛」が病的な欲望や行動の一形態として位置付けられることになった。

しかし当然のことながら、これらの語彙の成立と、「同性愛」概念の成立とが明確に一致するわけではない。ブレイが「モリー」という言葉に着目して主張していたように、これらの語がなくても、現在我々の想像する「同性愛」概念は成立していた可能性は指摘されるのである。

「同性愛」概念の形成過程

ここで改めて問題となるのが、「現在我々の想像する「同性愛」概念」とは何か、という点であろう。

まず注意しなくてはならないのが、はじめに「誕生」したのは「同性愛」ではなく、「同性愛者」だったという点である。上記引用箇所でフーコーが記した、「かつてソドマイトは性懲りもない異端者であった。今や同性愛者は一つの種族なのである」[Foucault 1976=1986a: 55-56]という有名な文句は、厳密には人々の認識が「ソドミーから同性愛へ」ではなく「ソドマイトから同性愛者へ」移行した過程について明らかにしている。同性との性行為を行った者が言説の展開上、「同性愛者」という個人として捉えられるようになったことから、「同性愛」という概念が「誕生」したと言えるのである。

それでは何を基準に「ソドマイト」ではなく「同性愛者」と呼ばれるのだろうか。上記の議論を踏まえると、その応答となるのが、ひとつは性的指向の問題であり、ひとつはアイデンティティの問題である。

性的指向（sexual orientation）とは、ある者がどの性別に恋愛感情や性的魅力を感じるかを意味する概念であり、性的嗜好（sexual preference）とは区別されて、特に生得性や非選択性を強調する文脈で用いられる［風間 2024］。これには、実際の行為の有無は関係がなく、むしろ、そうした指向が性的行動として表出すると理解される。例えば、男性への性的指向を持つ性自認が男性の者が、その欲望を行動へと移した時に、それが「同性愛行動」とみなされるのである。

性的指向の問題に関して、歴史学的視点から注目すべき議論は、「性的倒錯」と「同性愛」の別を強調するものである。ハルプリンは、一九世紀において「出現」したものとは、実際は「性的倒錯」であり、性的指向を前提とした今日で言う「同性愛」ではなかったと指摘している［Halperin 1990=1995: 27-28］。確かにフーコーは、「同性愛者」という「種族」の誕生を言った前後で、「露出狂」や「自己性欲症」など他にも多くの「種族」の登場について記し、必ずしも「同性愛者」に限った話をしているわけではない。また、そこからは必ずしも性的指向を前提としていることは読み取れない。

フーコーの主張は、先述のセクソロジストらの議論の延長線上にも位置付けられる。フーコー自身が「同性愛」誕生の祖として名前を挙げる精神科医のカール・フリードリヒ・オットー・ウェストファール（Karl Friedrich Otto Westophal）や、一八六〇年代にすでに同性間の性行為は「男の身体に宿る女の魂」によって生じるという言葉を残した法学者のカール・ハインリッヒ・ウルリッヒ（Karl Heinrich Ulrichs）などは、先天的な「魂」の存在を前提に、セクシュアリティの逸脱とジェンダーの逸脱を混同して議論を進めていることが指摘される［Foucault 1976=1986a: 55-56; 魚住 2013: 8-9］。また前述のクラフト・エビングは、実際に、従来法的枠組みで捉えられてきた「逸脱」した性的行動を取る者たちを分化させ、「倒錯者」という新たなカテゴリーを形作ったと言われている［酒井 1995: 172-175］。クラフト・エビングが用いて普及させた「同性愛」という語は、彼のなかでは「倒錯者」というカテゴリーのひとつとしてであった。この延長として見る限り、確かにフーコーの言う「同性愛者」概念も、「性的倒錯者」のひとつとしてのことだと理解できよう。

そうしたなか、性科学者ハヴロック・エリス（Havelock Ellis）の「研究」は特筆すべきであろう［Ellis 1900］。現在から見ると倫理的な問題も含まれていようが、彼が、女らしさや男らしさといったジェンダー役割の倒錯がない場合でも、セクシュアリティの倒錯は現れうることを示し、両者の別を強調した点は取り上げられるべきである。ハルプリンもこれこそが、性的対象を選択することで定義されうる「同性愛者」概念誕生の契機と考えたのである［Halperin 1990=1995: 29; cf. 魚住 2013: 8-9; Weeks 2016=2024: 64-66］。こうして「同性愛者」のみが独立して、現在に至るまで、ある種特別視される存在となっている。

しかしそもそも、性的指向という概念自体が、多分に本質主義的なものであると言える。人は誰しもが性的行動を導くための一定の方向性を生得的・内的に持っているという理解は、大元を辿れば、先のセクソロジストたちによる。「同性愛」は生得的であるために非罰化、または治癒することが可能だという主張に行き着く。こうしたある種の本質を想定する前提は、構築主義的立場から批判の対象となっている［小林 2021: 56–59］。

そこで性的指向の有無とも関連して、より重要な要因とも言えるのがアイデンティティの問題である。「同性愛」を個人の「性質」として成り立たせるためには、根底では本質主義的な概念である性的指向だけでなく、アイデンティティの問題にまで立ち入る必要が指摘される。ウィークスが言及していたように、同性に対する性的指向を持つとされた個人が、他の「性的倒錯」とは区別され「同性愛者」という「種族」として特別視されるに至るためには、そもそもその性的指向こそが、ある個人を特徴づける中核的なものであるという認識が前提になければならない。すなわち、セクシュアリティこそが、ある者をある者たらしめるアイデンティティのひとつとみなされることが必要である。

ハルプリンも、「同性愛者」とは性的指向によって単純に区分されるものではなく、セクシュアリティがその持ち主のアイデンティティの中心部に位置すると考えられる場においてこそ、その性的指向が個人を「人種」として特徴づけると考えた。

ホモセクシュアリティの（そして、ゆくゆくはヘテロセクシュアリティの）創出は、まずなによりも、十八世紀におけるセクシュアリティの発見とその定義——すなわち、セクシュアリティを、個人の生殖機能を支配している生理学的なメカニズムと心理学的なメカニズムとが全面的に組み合わさったものとしてとらえ、それに付随して、その組み合わせを、脳と神経系統のなかで特別に発達した部分として認識すること——を待たなければならなかった。それはまたつぎに、セクシュアリティを特異な「本能」あるいは「衝動」――すなわち、その侵すことのできない論理によってわれわれの意識的生活を形作るひとつの力、それゆえ部分的にせよ、我々個々人の性格や人格を決定する力――であるとする十九世紀の解釈をも待たなければならなかった［Halperin 1990=1995: 45–46］

また、前述の通り、そのための前提としてセクシュアリティのアイデンティティを、男性的か女性的かといったジェンダーアイデンティティやジェンダー役割と混同せずに区別する社会であることが必要なことを強調している［Halperin 1990=1995: 43–44］。

ウィークスは、一八一一九世紀のセクソロジストらによる人格類型を重視するが、さらに、「現在我々の想像する「同性愛」概念」の形成となると、二〇世紀に入り、自らのアイデンティティを規定することとなったタイミングを強調している［Weeks 1986=1996: 137–140］。いずれにせよ、「同性愛」の「誕生」のためには、性の対象がジェンダー役割とは別に存在し、それが個人のアイデンティティとして認められることが必要であった。そしてそうした体制は、性愛についての言説が盛んに生み出される、近代の西洋社会において成立したと言われるのである［Foucault 1976=1986a: 55; Weeks 2016=2024: 158–159］。

最後に、これらのほとんどの議論が、近代西洋社会における事例に基づくものであったことについては強調しておきたい。イギリス文化史・社会史家の野田恵子は、日英の事例の比較研究のなかで、そもそも質的に異なる西洋以外の社会では、「ソドミーから同性愛へ」と移行した過程が、同じ経緯を辿ったものとはなりえないことを示す［野田 2012］。そこでも言われている通り、根源的な問題として、フーコーは「性の真理」を生み出す手続きとして、西洋キリスト教圏を中心に実践される「性の科学（scientia sexualis）」と、それ以外の非西洋文化圏が持つ「性愛の術（ars erotica）」に区分する［Foucault 1976=1986a: 74–82］。こうした後者にあたる地域での性愛の諸相を、実践的な性行為を通じた経験的な知の伝承による「上から」の真理へのアクセスとする見方に対して、オリエンタリズム的だとする批判に対しては反論もあるが、いずれにせよ非西洋社会を一絡げに扱うことになっている点には問題があると言えよう［Foucault 1976=1986a: 74-75; 箱田 2007: 93, 105 n.15］。現在ではこうした枠組みの単純さについては強い批判がある［cf. Weeks 2016=2024: 198-199］。しかし、性愛のあり方と構造について、トランスナショナルな連続性を意識した検討が必要であることは言を俟たない［Weeks 2016=2024: 193-198］。これらの指摘は、この先においてイスラーム社会の事例を確認する際に留意しておく必要があるだろう。

長くなってしまったため、一度ここで、本節の特に重要な内容を短くまとめておきたい。

フーコーによる一連の「性の歴史」研究以来、歴史学が性愛、さらには「同性愛」を研究対象として扱うことが可能となった。フーコーによると、前近代ではあくまで「行為」に基づいた「罪」として捉えられた同性間での性愛関係が、近代以降、特殊な「性質」を持つ、「同性愛者」という特定のタイプの者によってなされる行為・関係として捉えられるべきものとなった。かかる変容は「ソドミーから同性愛へ」というテーゼとして広範に受け入れられている。特に歴史学的研究においては、同テーゼに基づき、性愛を社会的・文化的に構築され歴史的に決定されたものとして捉える構築主義の立場と、通時代的・通地域的・通文化的に不変の「性愛」というカテゴリーが実在すると主張する本質主義の立場との間で議論が起こった。この議論は構築主義優勢のまま、他文化社会においても適用されて研究が進展しつつある。

この構築主義的立場から、「ソドミーから同性愛へ」の過程において、特に重要な四つの要素を整理する。すなわち、①「挿入モデル」に基づく社会構造、②サブカルチャーの発展、③医学・性科学の展開、④言説上における性的指向の確立である。

①「挿入モデル」に基づく社会構造　近代における「同性愛の誕生」以前、同性間の性行為は、社会的ヒエラル

キーに基づく「挿入モデル」として説明された。このモデルでは、年齢や地位に基づく支配／従属の関係が、性行為における能動側（挿入側、主体）／受動側（被挿入側、客体）の役割に対応すると理解された。もちろんこれは、実態として男性器の肛門への挿入はなくとも、社会権力のシニフィエとしての「ファロス」の「挿入」も含むものである。

②サブカルチャーの発展　「同性愛」的概念の「誕生」を一八世紀と、フーコーやウィークスと比べても、早い時期に設定するブレイが着目したのは、サブカルチャーとして目に見える形で現れた「モリー・ハウス」であった。この空間では、必ずしも性交という行為を介さずとも、独特の仕草や言葉遣い、特に「女性的」とみなされる振舞いによって、特定の文化的共感が形成されていた。この集団に属するという意識は、外部からの否定なども経て強化され、まさに、「同性愛者」という言葉こそまだ不在であるものの、そのアイデンティティに近いものが形成されるひとつの事例と言えよう。

③医学・性科学の展開　そもそも「同性愛」という言葉自体が「誕生」したのは、近代における法学（立法措置）と医学（病理学）、さらにはセクソロジスト（性科学者）によるセクソロジー（精神医学・性科学）の展開のなかにおいてであった。一九世紀に法的必要性から「同性愛」という語が登場すると、これは医学用語・性科学用語として用いられるようになり、特定の個人を「同性愛者」として規定する枠組みが形成された。またこうした規定が、言説として広範に普及することで、「同性愛」は専門用語を超え、新たなカテゴリーとして社会に定着したのである。

④言説上における性的指向の確立　近代における「同性愛の誕生」の要件として、最後に重要なのは、性的指向の確立である。「同性愛」を性的倒錯と区別するのは、その指向性が個人を特徴づけるという認識の普及と、ジェンダー役割との明確な区別である。ジェンダー的な倒錯がなくても、指向する性別によって、その個人が特に言説上において特定のタイプとして特徴づけられることで、「同性愛」の誕生とみなされえたのである。

また以上は全て、同時並行的に進展し、言説上の展開によってひとつに結びついていったことが重要である。それこそが、人々の認識を形成し固定化する働きであった。ある個人を特徴づけるにあたって、医学的言説や罪観念と結びつけられた誹謗や中傷的な言説、さらには個人を分類しようとする言説によって、「同性愛／者」という概念が浮かび上がり、強化されていったのである。

第二節　前近代イスラーム社会の「同性愛」をめぐる諸問題

前節で示した通り、「同性愛の歴史」研究の道程はフーコー以降、主に西洋社会の事例を中心に発展してきた。それではこれらの成果は、イスラーム史の分野ではどのように捉えられ、受け入れられ、あるいは拒絶されてきたのだろうか。本節では、特に前近代イスラーム社会における同性間での性愛にまつわる先行研究を整理し、議論の概要を明確にしたい。

まずは第一項では、イスラーム圏の「同性愛」に限った研究史を時系列順に整理する。第二項では、研究史上の問題点とそれを踏まえて、本書の視座を明確にする。特に研究史の整理では、第一節でその重要性を確認した、本質主義対構築主義論争の枠組みに則り、それらの議論がイスラーム史研究に与えた影響を中心に、研究の潮流を理解することを目的とする。

第一項　前近代イスラーム社会の「同性愛」をめぐる研究史

イスラーム社会における「同性愛」の記述――一九世紀以前――

そもそも一九世紀以前に、「イスラームと同性愛」に関する研究はほとんど見られない。これは一九世紀以降イスラーム圏に、西洋的な「同性愛」概念が流入したと同時に、キリスト教的価値観からの批判を受けたことと無関係ではないだろう。[8]「同性愛」的なものに関する事柄に言及すること自体が、半ばタブー視されていたのである。

しかし、そうしたなかでも、外部からの視線に基づく「記述」はしばしばなされてきた。特に西洋の旅行者たちによる報告がそれにあたる。[9] 例えば、一六二〇年代にトルコを訪れたフランスの旅行家ミシェル・ボーディエ（Michael Baudier）は、ソドミーが娯楽のひとつとして日常会話のなかに現れることに衝撃を受けたと記録しており、そのおよそ三〇年後には同じくフランスの旅行家テヴノ（Monsieur de Thévenot）が、トルコではソドミーがごく一般的な慣習であると記録している［Boone 2010: 567］。また、一七世紀後半にアルジェリアを訪れたイギリスのジョセフ・ピッツ（Joseph Pitts）や、一七七七—一七八〇年にエジプトを訪れたフランスのソンニーニ（C. S. Sonnini）も、現地での「同性愛」を記録していると言うし、一七八〇年代にエジプトを訪問したフランスの旅行家ヴォルネ（C. F. Volney）は、現地の男たちが自らの感情を満たすために、あえて簡単には性的な関係を持てない少年を口説き落とすという行為を行っていると、「考察」を交えた報告を行っている［El-Rouayheb 2005: 1-2, 29］。しかし、これらの記述は、いずれも西洋的な視点から見た異文化への偏見を含む、オリエンタリズム的視線からのものであった。

こうした一九世紀以前の「オリエンタリスト」たちによる言及のなかでも、特筆すべきものとして、イギリスの外交官であると同時に東洋学者でもあったフランシス・バートン（Richard Francis Burton）の論考が挙げられる。彼は『千夜一夜物語』の翻訳でも知られ、その巻末論文において、イスラーム圏の「同性愛」に関して、その特徴と「原因」を記している［Burton 1886=1963: 139–197］。そこには、約二四〇頁のうち五〇頁と特に多くの紙幅が割かれ、バートンの「同性愛」への強い関心が窺えるものの、多分に偏見を含む主張が展開されている。特に、地中海周辺・中東・東アジアの幾分かを「ソタディック・ゾーン（Sotadic Zone）」と区分し、その地域帯では日常的に同性との性行為が行われるという主張には、イスラーム研究外からも強い批判が寄せられている［cf. Weeks 2016=2024: 199］。また何より、バートンはこの主張を、『千夜一夜物語』などのフィクションを含めた前近代の文献にまで遡って適用し、通時代的・通地域的な「イスラームの同性愛」を前提として想定するというように、明確に本質主義的な視点を持っていた。

こうしたバートンの主張自体は、後の研究に直接的に影響を与えることはほとんどなかった。しかし、「イスラームの同性愛」という曖昧で本質主義的な前提に基づく理解は、後の議論においても長らく引き継がれることとなった。こうした理解は、その単純さ故のわかりやすさからか、一般書などでは今日にまで強く見られる。[10]

本質主義的研究――一九七〇年代から一九八〇年代――

二〇世紀に入ってもしばらくの間、イスラーム圏の「同性愛」に関する研究は、特定の文化や風俗に関する論考のなかで断片的に言及されるに留まり、またその多くは本質主義的な視点を伴っていた。

ここで言う本質主義的研究とは、バートンの研究のように、イスラーム圏においていかなる時代や地域にも共通して存在する「イスラームの同性愛」というものを前提とする立場である。この立場では、時代や地域を超えて不変の「性愛」というカテゴリーが存在すると仮定されるのである。フーコーの「性の歴史」研究が浸透する以前のこれらの研究は、「ゲイ・ピープル」の歴史をあえて主張した、先述の本質主義的立場の歴史家、ボズウェルの研究と比べても、より素朴なもので、ごく単純に、あらゆる時代や地域の「同性愛」的な現象を一絡げに扱い、現在我々の想像する「同性愛」概念と同一視するものであった。

その一例として、現在でもイスラーム研究において大きな影響力を持つ『イスラーム百科事典 新版（*Encyclopaedia of Islam New Edition*）』の「リワート（liwāṭ）」の項目を挙げることができる［"liwāṭ," *EI*²］。「リワート」という語は先述の通り、現代アラビア語で「同性愛」の訳語として用いられるが、前近代社会においては、成人男性が少年や奴隷を性の対象とする関係や行為を指すものとして理解すべき言葉である。しかしながら、この記事では、主に前近代社会の事例を取り上げつつも、そうした年齢や身分の格差、性愛の場における一方向性を踏まえた記述はなされていない。さらには、男性同性愛と女性同性愛を一絡げに「イスラームの同性愛」として説明しているようにさえ読める。またこの記事で用いられている史料は、クルアーンと主要なハディースに加え、八―九世紀の限られたものに留まるにもかかわらず、その内容が時代や地域を超えて普遍的に当てはまるかのように記述されている。そのため、前近代社会で「イスラームの同性愛」は、法的禁止にかかわらず、実際には寛容な扱いが広範囲に見られたと、粗雑な一般化がなされている。これらも含め、『イスラーム百科事典　新版』の当該記事に対しては、後述の通りアルノ・シュミット（Arno Schmitt）による構築主義的立場からの批判が提出されている［Pellat and Schmitt 1992］。

これら本質主義的立場に立つ研究には、『イスラーム百科事典　新版』に見られたように、それ特有の問題がいくつか含まれる。

第一に、「イスラームの同性愛」という想定上の概念が存在し、それが「イスラーム圏」であればいかなる時代や地域にも普遍的に適用されると考える点である。この前提により、特定の史料に基づいた内容が、広範囲な時代や地域に共通する特徴として主張される傾向が見受けられる。この傾向は、バートン以降、二〇世紀以降も依然として広く受け入れられた。典型例として、アラブ文化史家のジェームズ・モンロー（James T. Monroe）は、一九九〇年代後半に、一二世紀のある法学者の著述のみに基づいて、イスラーム法学では「同性愛」の魅力が「自然で当然のこと」と考えられてきたと主張している［Monroe 1997; cf. El-Rouayheb 2005: 8］。

第二に、史料の背景や執筆時の状況が十分に考慮されず、またその結果として他文化や現代の事例との安易な比較が行われる傾向にある点がある。特に多いのが、キリスト教文化圏の事例との比較である。例えば先のボズウェルの『キリスト教と同性愛』には、イスラーム社会の事例も比較対象として多く取り上げられている。そこで彼は、中世ヨーロッパに広まった同性愛嫌悪（homophobic）と対照的に、ムスリム支配下のスペインでは「同性愛」への寛容が見られると主張しているが、イスラーム側の記述について、具体的な史料の事例を挙げてその背景要因を比較するものとはなっていない［Boswell 1980=1990: 204-206］。キリスト教文化圏との比較から、性愛に対するイスラームの寛容さを見出そうとしたヴァーン・バロー（Vern L. Bullough）の研究[11]や、同性間性愛に対するイスラームの寛容な態度を一種の「放埒さ（self-indulgence）」として語る中世文化史家のノーマン・ダニエル（Norman Daniel）の研究［Daniel 1960; cf. Schmidtke 1999］にも同様の指摘が可能である。

最後に、本質主義的立場の研究が孕む最大の問題として、理念と実態との乖離を説明しようとする研究に偏重する傾向が挙げられる。イスラームの理念上、「同性愛」の忌避は疑いえないが、実態との齟齬が見られるのは、ある種当然のことと言える。しかし、本質主義的研究においては「「イスラームの同性愛」はイスラーム法で禁じられている」という命題を前提として普遍化するため、史料に現れる豊富な例外的な事例に出会うと、前提との整合性を安易な理屈で説明しようとする傾向にあると言える。

歴史学的研究でもこうした、理念と実態との乖離について無理のある説明を行うものも多い。チュニジア出身の社会史家、ブーディバ（Abdelwahab Bouhdiba）は、『イスラームのセクシュアリティ（*La sexualité en Islam*）』においてイスラーム以前から一九〇〇年代までの広い時代の性風俗を扱うなかで、「同性愛」にも言及している。そこで彼は、「同性愛」は男女の性の分離によって生じた代替的な性愛の形であり、社会的には「やむをえないもの」として認識されていたと説明している［Bouhdiba 1975=1980: 193］。同じく社会史家のゴイテン（Shelomo Dov Goitein）は、一方、アラブの征服活動の拡大に伴い、支配者階級は、様々な人種の少女との性愛を体験して「飽食」を迎え、美しい少年たちにも手を出すようになったと、ブーディバとは対照的な説明を行っている［Goitein 1979: 47-48］。

さらにこうした傾向は、詩や文学作品を扱った研究に、より顕著である。なかでも、アッバース朝期の有名な詩人、アブー・ヌワースは、この手の議論において頻繁に取り上げられる。後述の通り、彼は斬新な表現を特徴とする新奇体詩を作風とし、酒賛詩や少年への欲望を赤裸々に詠んだ詩で広く知られている（本書第二章56-57頁ほかを参照）。アブー・ヌワースについての専論を著したエーヴァルト・ワグナー（Ewald Wagner）は、彼があえて珍奇な言葉を用いて注目を浴びようとしていたのだと主張するために、心理学者フロイト（Sigmund Freud）の「自体愛

(Autoerotismus)」概念を交えつつ、実際にはアブー・ヌワースが「異性愛者」であったと主張するという、ナンセンスな議論を展開している［Wagner 1965: 107-110］。またアブー・ヌワースの詩集を邦訳した塙治夫もその解説において、「彼の男色趣味も当時の爛熟した世相の反映であったのみならず、失恋の結果、女性に対し不信感とコンプレックスを抱くようになったためであろうといわれている」［アブー・ヌワース（塙訳）: 161］と述べる。言わずもがな、これらの議論は「同性愛」を現代的な概念として見る、本質主義的な立場に基づいたものである。

もちろんこれらの本質主義的研究が、前近代イスラーム社会において同性間での性交渉が行われていたことを示す、個別の事例蓄積という点で重要なことは疑いないが、それを「イスラームの同性愛」として一絡げに扱うことで、そこにある構造的な問題が見過ごされてしまう。その成果として提出されたものも、イスラームが「同性愛」に寛容か否か、あるいは特定の人物が「同性愛者」であったか否かといった、極めてナンセンスな議論に留まってしまっていたのは、上記の通りである。アブー・ヌワース研究の碩学ワグナーでさえもこうした議論に絡め取られてしまう状況は、逆説的であるが、その後のフーコーをはじめとする「性の歴史」研究による「転回」の衝撃の大きさを物語っていると言えよう。

構築主義的理解の台頭――一九九〇年代――

一九九〇年代以降、前近代イスラーム社会における同性間の性愛関係に関する研究は、急速に注目を集めるようになった。この背景には、ハルプリンとボズウェルの論争をはじめ、性愛にまつわる歴史学全般での、構築主義的理解の普及が大きく影響していると考えられる。この時期、立て続けに当該分野における研究動向論文が出版されるが、その全てにおいて、従来の研究の停滞に対する反省と、今後の展望として、構築主義的理解に基づく研究を進めていく必要性が強調されている［Dunne 1990; AbuKhalil 1993; Roth 1996; Schmidtke 1999］。

構築主義的立場に立った研究の台頭は、前近代イスラーム社会の「同性愛」研究における問題意識そのものを変革させることになった。これを背景に、フーコーによる「ソドミーから同性愛へ」のテーゼを、中近世のイスラーム社会に当てはめようとする研究が現れるようになった。つまり、前近代社会における同性間の性行為が、現在一般的に想像される「同性愛」として捉えられているのではなく、むしろ全く異なる枠組みのなかで認識されていたことが指摘され始めたのである。

そのなかでも決定的な転機となったのが、アルノ・シュミットの研究と、エヴァレット・ローソン（Everett K. Rowson）の研究である。実際はすでに一九九〇年以前から徐々に、構築主義的研究の成果をイスラーム史に応用する動きは登場しつつあった［cf. Dunne 1990］。そこに、理論面から本質主義的立場を批判し、構築主義的立場からの研究を推進したシュミットと、歴史学の実践面から本質主義的理解の限界を指摘し、構築主義的アプローチに至ったローソン、両者が研究潮流の転機として現れたのである。

シュミットは、自ら編集した論集『ムスリム社会における男性間でのセクシュアリティとエロティシズム（*Sexuality and Eroticism among Males in Moslem Societies*）』で、前近代イスラーム社会の「同性愛」研究に、構築主義的視点を本格的に持ち込んだ［Schmitt and Sofer 1992］。特にここで書き下ろされた論考、「男性同士のセクシュアリティとエロティシズムへの異なるアプローチ――モロッコからウズベキスタンまで――（Different Approaches to Male-Male Sexuality/Eroticism from Morocco to Usbekistān）」で、シュミットは、従来「同性愛（homosexuality）」として理解されてきたアラビア語「リワート」の前近代での用例を詳細に検討している［Schmitt 1992a］。彼の分析によれば、この語は、①男性の事例のみに使われる用語であった。また、②単に性行為自体を意味する語であり、個人の性的アイデンティティを特徴づけることはなかった。そして、③性行為における身体的性別よりも、性交における役割によって規定される概念であった。以上の三点からは、「リワート」は前近代の文脈において、単純に現代的な「同性愛」概念に還元できない複雑な意味を持っていたことを言う。この見解は、完全ではないものの説得力をもって、ドーヴァーやハルプリンが示した「挿入モデル」が前近代のイスラーム社会においても広く適用される可能性を示したものであり、構築主義的な理解の浸透に大きく貢献した。

またシュミットは同書のなかで、本質主義的研究を明確に批判している。特に、ボズウェルの著作に対する批判的検討は、その代表的な例である［Schmitt 1992b］。ここで彼は、ボズウェルの著作の典拠の不備から論理の破綻に至るまで、詳細に内容を検討し批判を加えている。特に、ボズウェルが自身の本質主義的な立場に合致する史料のみを選択的に紹介していると指摘し、対抗的な自身の主張を明確に提示した。加えて彼は、先述の『イスラーム百科事典 新版』への批判にも一章を割いている［Pellat and Schmitt 1992］。シュミットは、無記名で記された「リワート」の項目の執筆者が、アラブ史の大家シャルル・ペラ（Charles Pellat）であることを示し、その記述に対して一定の学術的評価を与えつつ、内容の誤りや本質主義的な側面について、詳細に注釈をつける形で批判を加えた。このような本質主義的見方への批判的アプローチを通じて、シュミットは前近代イスラーム社会における「同性愛」研究の理論的基盤を構築し、学術的に重要な貢献を果たしたと言えよう[12]。

一方ローソンは、より具体的な史料分析に基づいて、初期イスラーム社会の性愛にまつわる事例の解釈に、構築主義的見方を取り入れた歴史学者だと言える。彼の一連の研究は、男らしさ／女らしさの問題や社会倫理・道徳といったイスラーム的規範と社会通念を背景に、同性間での性的関係と社会の性認識を探究するものであった。特に、初期メディナ社会（実際にはより広く初期イスラーム社会全体を扱う）における「ムハンナス（mukhannath）」と呼ばれる女性的な男性（effeminates）に関する研究は、事例を多数紹介し、ムハンナスが音楽の演奏という役割を通じて、社会的にある程度制度化された存在であったことを示したもので［Rowson 1991a］、現在でもこの分野における最重要の研究である。ここでローソンは、ムハンナスに対する社会的抑圧が、性的「逸脱」ではなく、音楽活動による社会的モラルの低下と関連していたことを主張した。また、イスラームの理念に基づく行動倫理から性愛規範を分析した論考［Rowson 1991b］や、宮廷における異性装文化と芸能の観点から、当時の社会階層や性愛規範の構造を解明した論考［Rowson 2003］など、ローソンの研究は、同性間の性愛関係をイスラームの理念と社会規範の文脈において再解釈する、先駆的な構築主義的アプローチとして高く評価されている。

こうした一九九〇年代から二〇〇〇年代初頭にかけてのシュミットやローソンらの活動によって、イスラーム史における性愛研究の構築主義的アプローチが大きな転換点を迎えた。この時期、性愛を研究する際には、社会的・文化的背景および機能を包括的に考察することの重要性が広く認識されるようになったのである。

しかし同時に、本質主義的研究手法も、アプローチを変えつつも依然として一定の存在感を持ち続けていた。その代表的な例として、ローソンも編者のひとりとして加わっている『古典アラブ文学におけるホモエロティシズム（*Homoeroticism in Classical Arabic Literature*）』が挙げられる。この論集は、前近代アラブの文学作品から「同性愛」的な表現とその社会的背景を分析しようとした、当時としては画期的なものであった［Wright and Rowson 1997］。しかし、同論集に収録された論考には、依然として本質主義的な解釈の名残が見られた。例えば中世アラブ史の大家であるローゼンタール（Frantz Rosenthal）は、アッバース朝期の文学作品に見られる男性美の賛美を、単に文学的修辞や賛辞的表現と捉え、実社会の実態とは乖離したものだと主張した［Rosenthal 1997］。同様に、編者のひとりであるライト（Jerry W. Wright Jr.）も、アラブ詩における「同性愛」的表現を、文学的技法や社会風刺として解釈し、現代の西洋的価値観に基づく安易な理解を批判した［Wright 1997］。彼は、こうした表現が社会的・文化的風刺を理解しないままに読み解かれているため、イスラーム世界では歴史的に「同性愛」が広まっていたという「誤解」を招いているとさえ言う［Wright 1997: 2］。これらの解釈は、「イスラーム社会における同性愛は禁忌である」という本質主義的な理解を前提としており、文化的文脈を十分に考慮しない強引な解釈の典型例と言えるだろう。

同じく構築主義的立場の研究者からは批判されつつも、研究史上重要な位置を占める論集が『イスラームの同性愛――文化・歴史・文学――（*Islamic Homosexualities: Culture, History, and Literature*）』である［Murray and Roscoe 1997］。一九名の論者による二二の章からなる論集で、その扱う対象は、イスラーム以前の中東地域から近現代のインドネシアまでの多様な時代と地域、神秘主義文学における表象からエイズ教育に至るまで、と多様な論考が収録されている。

この論集は、その序章において重要な目的を掲げている。すなわち、「イスラームの同性愛（Islamic Homosexualities）」の多様性を提示し、一九七〇年代以降の「同性愛」研究における西洋中心主義を根本的に問い直すことである。イスラーム社会と一口に言っても多様な地域や社会階層を含むという指摘や、特に、イスラーム圏に歴史的に見られる同性間での性愛関係の事例には、西洋中心に進められてきた従来の成果に必ずしも当てはまらないものも存在し、そこからは「アイデンティティ」と「サブカルチャー」を近代西洋の発明だとする見方への批判が可能だという指摘［Murray and Roscoe 1997: 3-6］は、現在から見てもかなり重要な指摘のように思われる。

この論集には、イスラーム圏における同性愛的現象を広く概説したものであると好意的な評価がなされる一方で、多くの批判も寄せられている。最も頻繁に批判される点は、歴史研究における専門性の欠如である。二二章のうち序章と終章を含め一五の章を執筆している、本論集の編者マレー（Stephen O. Murray）とロスコー（Will Roscoe）はいずれもアメリカ大陸をフィールドとする人類学者であり、イスラーム圏の歴史を専門とはしない。実際、本論集の各章はほとんど一次史料を使用せず、主に二次文献や翻訳史料に依拠しているため、事実誤認や誤解も多くあることが指摘されている［Dunne 1997］。また、序章における理論面の重要な指摘にもかかわらず、実際の各章の内容はごく概説的な記述に終始し、序章と対応するような理論に関する言及はほとんどなされていないという大きな欠点を有する。

構築主義的理解の一応の「勝利」――二〇〇〇年代――

イスラーム社会における同性間での性愛を対象とした「本質主義対構築主義」の論戦を決定づけたのが、ルアイヘブ（Khaled El-Rouayheb）である。彼はイスラーム哲学・神学から文化史を幅広く研究の対象とするなかで、二〇〇五年に『アラブ・イスラーム世界における同性愛以前――一五〇〇年から一八〇〇年まで――（*Before*

Homosexuality in the Arab-Islamic World, 1500–1800)』を出版した［El-Rouayheb 2005］。この著作は、オスマン朝下の一六―一九世紀アラブ社会の同性間性愛関係を豊富な実例とともに分析したもので、当該分野において非常に高い評価を受けている［Lagrange 2006; Shefer-Mossensohn 2008］。

ルアイヘブは、自身の構築主義的立場を明確に打ち出した上で［El-Rouayheb 2005: 7］、第一章では性行為における能動と受動の役割を題材に、第二章では文学表象を題材に、第三章では法学的な観点から肛門性交の問題と楽園における報奨の問題（本書序章注17参照）を題材に、当該社会の同性間性愛が現代の「同性愛」概念で言われているものとは異なることを指摘する。特に、性行為（肛門性交）に対しては強い忌避があった一方、行為を伴わないプラトニックな関係は寛容に扱われたという結論を導いている。このルアイヘブの論考は説得力があり、これ以降の研究でもほとんど必ず参照されるものとなっている。

こうした構築主義の立場に立った研究は、二〇〇五年を中心に立て続けに出版され、ある種、本質主義に対する構築主義の「勝利」を決定づけたように見える。アラブを対象としたもの以外でも、イラン社会を題材に、一八世紀後半から一九世紀初頭の近代国民国家の形成において、西洋的な異性愛規範が浸透する過程を、若者と女性の美的描写や医学への態度から明らかにしたナジュマーバーディー（Afsaneh Najmabadi）の研究［Najmabadi 2005］や、一六―一九世紀のオスマン朝社会における性愛にまつわる言説について、医学、法学、神秘主義から夢判断や観相学の伝統まで及ぶ広範なテーマからその変化を扱い、「同性愛」についても「異性愛」との境界がいかに曖昧で文化の中心的役割を果たしてきたかを明らかにしたゼエヴィ（Dror Ze'evi）の研究［Ze'evi 2006］など、重要な研究が立て続けに出版された。

実際、これらの研究以降、構築主義的理解は学術研究において不可欠な前提となったと言える。各論考では、各々自らの研究が構築主義的な立場からのものであることを「宣言」し、「同性愛（homosexuality）」という語を用いる際にはその語の使用が本質主義的立場を示すものではないことが明言されるようになった［e.g. Rowson 2003: 67

n.2, 70 n.39; El-Rouayheb 2005: 6-7; Shay 2014: 11］。また一般的な概説書でも、例えば林佳世子がオスマン朝期の「少年愛詩」を「神への愛のレトリック」として解釈する従来の研究を「苦しい説明」と批判的に評価して、より実態に即した研究の必要性を述べるなど［林 2008: 265］、こうした理解の浸透が見られる。

またここで「女性同性愛」についての研究にも触れておきたい。女性同士の性愛についての研究は、男性同士のものに比べて顕著に乏しい。これは、史料が圧倒的に少ないという事情に加え、「挿入モデル」に基づく権力関係と明示的な主体—客体関係を見出しづらいことが、大きな理由だと考えられる。二〇〇〇年以前にも例えば上述のマレーによる概説などはあるが、これは文学作品内の記述や外国人旅行家の報告などに見られるわずかな記述を集めた概説的な紹介である［Murray 1997］。そうしたなか、ハビーブ（Samar Habib）やアメル（Sahar Amer）による研究が二〇〇〇年代に相次いで出版された［Habib 2007; Amer 2008; 2009］。両者とも、ジェンダー学・比較文化を専門とし、主に近代以降の文学作品や映画作品における表象に主眼があるものの、前近代の事例についても文学作品や医学史料を用いて踏み込んだ考察を展開している。[13] 特にアメルの研究は、当時の医学書が女性を性的に好む女性の特有の性質を分類していたことや、時に独自のサブカルチャーを形成していた可能性を示唆しているという重要な指摘を、多くの史料と共に示している［Amer 2009: 218］。

応用と展開——二〇一〇年代——

二〇一〇年以降の研究の重要な特徴のひとつは、現代のＬＧＢＴＱ運動とも関連して進展した応用的な研究の発展である。この動向は、欧米を中心に広まりつつあるクィア神学の影響を受け、イスラームにもその議論が波及したことに起因している。従来の研究成果を踏まえつつ、宗教的規範とＬＧＢＴＱの関係に関する議論が展開され、特に「同性愛」に対する「新しい解釈」が提案されているのが特徴である。

特に最近では、同性愛者だと自ら公表する宗教指導者による著作が多く公刊されている。その代表的な人物には、パキスタン出身で現在南アフリカのモスクのイマームを務めるヘンドリクス（Muhsin Hendricks）や、アルジェリア出身でパリのモスクのイマームを務めるザヘド（Ludovic-Mohamed Zahed）などがいる［Hendricks 2010; Zahed 2020］。また、神秘主義研究を専門とするスコット・クーグル（Scott Alan Kugle）も同性愛者であることを公表した上で、イスラームとセクシュアリティ・「同性愛」についての著作を出版している［Kugle 2010; 2014］。これらの運動と著作についての評価は、ここで扱うにはいささか大きすぎる問題である。[14]

また、二〇一〇年代の研究で特筆すべきものとして、論集『イスラームと同性愛（*Islam and Homosexuality*）』の出版が挙げられる［Habib 2010］。これは先述のハビーブによる編集で、全二巻に二〇編の論考を収録した大部なものである。これに特徴的なひとつとして、自身も同性愛者のムスリムで、先述のヘンドリクスが主人公のひとりとして登場する映画「ジハード・フォー・ラブ（*A Jihad for Love*）」の監督でもあるパーヴェズ・シャルマ（Pavez Sharma）がはしがきを寄稿している。ハビーブによる序文でも、イスラーム社会における「同性愛」の法的・社会的承認をめぐる根本的な課題を認めつつ、上に挙げたようなＬＧＢＴＱの権利獲得に向けた「新しい」イスラーム解釈の可能性が強調されるなど、時代に則したものとなっている。

この論集において、前近代アラブ・イスラーム史を特に直接的に扱っているのがジョセリン・シャーレット（Jocelyn Sharlet）である。彼女は、八―一三世紀のアラビア語で書かれた詩や逸話史料を用い、そのコミュニティ内外での「ホモエロティックな願望（homoerotic desire）」を、「文化エリート（cultural elite）」のアイデンティティを示す要素のひとつとして捉えようとした［Sharlet 2010］。政治文化のなかで、社会的ネットワークに位置付けられるものとして「同性愛」を捉えるような新しい見方が、歴史学研究のなかにも現れつつある。

他にも、主に文学や芸能の分野で、セクシュアリティに関しては周縁的であるものの画期的な研究が蓄積されつつある。特にゾンバスィー（Zoltan Szombathy）やシュライディ（Hasan Shuraydi）は、アッバース朝期の逸話や詩において、ひとつのジャンルとして確立されていた「娯楽（hazl）」や「ムジューン（mujūn）」（本書第二章57頁で後述）を検討する上で、「同性愛」についても触れ、真面目／冗談、貞節／不貞といった二項対立のなかで、規範とそれを破ることの文学的効果を論じている［Szombathy 2013; Shuraydi 2014］。シェイ（Anthony Shay）は古代ギリシアから現代世界まで、広く中東地域の芸能史に焦点を当て、大衆向けの芸能活動（特にパフォーマンスとしての踊り（dance））に従事した者に対する認識を検討した［Shay 2014］。シェイはそのなかで、男女を問わず踊り手に求められた「女らしさ」や性的奉仕の社会的文脈について、権力関係を踏まえつつ広く言及している。その他、「同性愛」に限らず、また近世以降が主ではあるが一三編の論文を収録した論集『中東文学における「恋人」（*The Beloved in Middle Eastern Literatures*）』［Korangy and Beard 2018］もある。文学史や芸能史研究におけるジェンダー学の成果も盛り込んだ形での、「同性愛」にまつわる研究も進展を見せていると言えよう。

最後に、ブーン（Joseph Boone）による『オリエンタリズムのホモエロティクス（*The Homoerotics of Orientalism*）』を特筆すべき研究として挙げておきたい［Boone 2014］。本書は、近世以降の多様な史料を用いて、中東における「同性愛」的な描写をオリエンタリズムの視点から幅広く検討したものであり、ヨーロッパ側の視点とも相関的に「中東の同性愛」が形成される様子が描かれる。特に「美少年」のトポスからは、その描写が年齢や社会的立場を含めて実際は多様であり、「オリエンタルなソドミー」という「神話」がこれまで想定されてきたほど固定的ではないことを、説得力をもって論証している。ここでは、挿入モデルを前近代のイスラーム社会に適用したシュミットまでもが、ステレオタイプな構図にとらわれているとして批判の対象となる［Boone 2014: 67–68］。これは、フーコーのテーゼやそれに準じるハルプリンらの研究を、ただ踏襲してイスラーム社会に当てはめる段階から、さらに一歩進んだ視点だと言えるだろう。

こうした重要な指摘はありつつも、前近代アラブ・イスラーム社会における同性間での性愛関係にまつわる近年の議論は足踏み状態にある。前近代イスラーム社会に限定しても、オスマン朝については、同性間の性愛関係に関する研究［e.g. Kayaal 2020; Malcolm 2022］もあり、また、同性間のものに限らずセクシュアリティを通じて社会を見ようとする研究は優れたものが近年多く出版されている［e.g. El-Cheikh 2015; Ayubi 2019; Myrne 2020a］。その一方で、二〇〇五年のルアイヘブの書籍を頂点に半ば「完成」したという評価も一因にあり、前近代アラブ社会における同性間での性愛関係に関する研究は停滞気味にあると言えよう。また次項で挙げるように、当該分野においてもいくつかの問題点が指摘され、さらなる研究の進展が必要である。

第二項　研究史上の論点と問題点

本項では、前近代イスラーム社会における同性間での性愛研究の課題と、新たな研究視座について述べておきたい。前項で整理したように、当該分野の研究史は、おおよそ、西洋社会を中心とした「同性愛」研究の潮流を継承しており、構築主義的理解も導入されて精緻な研究がなされてきた。また最近では、ジェンダー学や隣接分野との融合から、さらに発展的な内容の研究も登場しつつある。

しかし、イスラーム社会における「ソドミーから同性愛へ」の過程を明らかにするという点においては、問題点が全くないわけではない。そもそも、そうした研究が、フーコーの残したテーゼをイスラーム社会に安易に当てめたものではないかという批判がある。例えば、「ソドミーから同性愛へ」の移行期を、イスラーム社会の事例においても無批判的に近代としてしまってよいのだろうか。実際、研究史上非常に重要な位置を占めるルアイヘブもナジュマーバーディーやゼエヴィも、イスラーム社会における「同性愛」概念の受容を、「近代」における「西洋的価値観」の流入が起こったのと同時期であると、無批判的に前提として定めた上で議論を展開している。しかし、既述の通りそもそも質的に異なる社会では、「ソドミーから同性愛へ」と移行した過程も、質的に同じ経緯を辿ったものとはなりえないことが指摘されている［野田 2012; cf. 赤川 1999: 25］。またここでは、方法的な問題のために十分に振り返られていない、前述のマレーとロスコーによる「アイデンティティ」と「サブカルチャー」を近代西洋の発明だとする見方への疑問についても、今一度思い起こされるべきだろう。

　また、かかる過程を明らかにする上で、特に重要だと思われるいくつかの論点も存在する。これらについては、前節でまとめた①から④の論点（本章30–32頁を参照）と対応させた形で整理し、それをもとに本書全体の問題意識と手法を明確にしておきたい。

①´「挿入モデル」に基づく社会構造　まずは、西洋社会における「ソドミーから同性愛へ」の歴史的変遷を分析する上で、「ソドミー」を説明するための社会構造を示すモデルとして機能してきた「挿入モデル」について、イスラーム社会独自の説明が必要であると言える。実際、従来の前近代イスラーム社会における同性間での性愛の構造を検討する構築主義的研究では、「挿入モデル」という言葉こそ使われていなくても、基本的には成人男性が能動的役割を、少年や若者が受動的役割を担う、という社会的なヒエラルキーに基づく構造に則って説明がなされてきた［e.g. Schmitt 1992a; Rowson 2003; El-Rouayheb 2005］。しかし、アラビア語史料には、この図式では捉えきれない、成人男性同士の性愛関係も見られる。例えば、奴隷身分の男性や去勢者（宦官）が性の対象となる事例、さらには積極的に受動側での性行為を求める成人男性の存在も史料に記されている。これらの事例は、従来の「挿入モデル」では説明しきれない性的主体性と社会的関係性の存在を示唆する。

　これらは、前近代のイスラーム社会における価値観や規範全般とかかわる重要な問題でありながら、例外として処理されてきた。ハルプリンがドーヴァーの見解を引き継いで示したように、古代ギリシアの事例において、自由人の成人男性と自由人の少年・若者との関係が理想とされたものの、実際は、外国人や奴隷、男娼も性の対象となっていた［Halperin 1990=1995: 50–62, 152–193］。確かに両者には類似した側面が見られるものの、イスラームにおける奴隷制や「男娼」の扱いは古代ギリシアとは異なる。そうした存在が、性の対象となってきたことの構造については、古代ギリシア社会を事例にした「挿入モデル」をただ当てはめるだけでなく、イスラームにおける価値観を背景として盛り込んだ新たな説明が必要であろう。先述の通り、ブーンも「挿入モデル」自体がすでに、ステレオタイプな構図であると指摘しており［Boone 2014: 67–68］、その点でも「挿入モデル」が絶対だという「本質主義」に陥ってしまうことは避けなければならない。

②サブカルチャーの発展　ブレイの理論に基づいて、サブカルチャーの発展を通じた「同性愛」的概念の成立をイスラーム社会の文脈で考えてみることはできるだろうか。サブカルチャーの持つ、支配的なイデオロギーへの対抗という含意も踏まえると、例えば近世・近代以降の中東地域では、ハンマーム（公衆浴場）やコーヒーハウス、床屋などでの美しい少年との「交流」が、「同性愛」とのかかわりからは思い起こされる。[15] しかし、本書で中心的に扱うアッバース朝期において、そうした明確な形での関係性は見えづらい。

そうしたなか、しばしば当時の史料に現れる「ムハンナス」と呼ばれる存在に着目したい。この語は、基本的には異性装の芸能集団として捉えられる者の呼称であると同時に、性行為の際に受動側の成人男性を指す語でもあった。そうした存在を、一種のサブカルチャーとして捉えることができるという指摘も存在するが［Rowson 1991a; 2003; El-Rouayheb 2005: 45］、そうした指摘以上には十分に検討されていない。

③医学・性科学の展開　近代西洋社会における医学的・性科学的議論の言説展開は、その社会を特徴づける重要な側面のひとつであったが、イスラーム社会における同様の言説については、これまで十分に明らかにされていない。前近代イスラーム社会においても当然ながら、医学的、さらには性科学的とも言える議論がなされていたことが知られている。同性間での性愛関係についても、「医学書」での言及を詳細に紹介する研究が存在する［cf. Rosenthal 1978; Nathan 1994］。しかし、これらの研究の多くは、医学的な議論の紹介に終始し、その医学知識の展開については十分に扱われてこなかった。これは医学的史料と、その他多くの文学的と言える史料とが、乖離したものであるとされがちな状況のためである。

その一方で、近年、従来は文学的作品として捉えられてきた、性愛を主題とした著作を、医学知識と文学作品の融合として捉える見方が登場しつつある［cf. Franke 2012; Tolino 2024］。本書ではこうした見方の妥当性を検討すると同時に、同性間の性愛関係を医学的言説の展開のなかで捉えることを試みる。

④′言説上における性的指向の確立　上記の①′から③′全ての問題と関連しているのが、性的指向の問題である。もちろん歴史学的アプローチによって、個人の実際の性的指向を直接的に明らかにすることは不可能であり、また学術的に意味をなさないだろう。しかし、当時の社会が同性間で性行為を行う者をどのように理解し、解釈していたかを検討することは可能であるし、重要な視点である。ここで注目すべきは、史料上に見られる特定の人物を「男性のみを性の対象とする性質」を持つ者として描写する事例である。これらの記述は、医学史料や個人に対する揶揄、中傷の文脈において見られ、多くの場合は、同性との性行為において受動側の者に対してなされる。重要なのは、そのように記述された個人の実際の性的指向ではなく、むしろその記述自体が持つ社会的な意味合いである。

従来の研究では、このような事例は看過されるか、あるいは例外的なものとして片付けられてきた。ローソンや、後述のケネディの研究は、同性間の性愛関係を「性質」としての「同性愛」として解釈する可能性を示唆しているが［Rowson 1991b; Kennedy 2008］、これらの洞察は学術的にほとんど注目されていない。

これらの論点・問題点を眺めると、やはり、イスラーム社会において「ソドミーから同性愛へ」至る経緯を改めて検討する必要があるように思われるのである。

第三節　本書の目的と分析方法

本書の目的

繰り返しになるが、以上を受けて本書では、前近代イスラーム社会において、すでに今日で言う「同性愛」概念に類似した認識、すなわち〈同性愛〉概念が芽生えていたことを示す。より具体的には、主体側と客体側から成り立つ「行為」をもとにしたものとして捉えられていた同性間の性愛関係が、一五世紀までに、特殊な「性質」を持った者によるある種、特別なものとして捉えられるようになっていたことを、そこに至る過程と背景を明らかにしつつ示す。

いわば、イスラーム社会における「ソドミーから〈同性愛〉へ」至る経緯を追う本書では、上記研究史の内容も踏まえ、〈同性愛〉の成立要件をひとまず、同性間での性行為・関係が、一定の特殊な「性質」を持つ特定のタイプの者によってなされるものとして人々に捉えられ、またその者が同性との性行為・関係を指向すると認識されており、そしてそれが、その人物の中心的な性質とみなされている場合において、そうした行為・関係を〈同性愛〉として認識されているものと考えたい。これは〈同性愛者〉の誕生を示すものとも言えるが、それが〈同性愛〉の誕生と同義であるということは第一節で示した通りである。

本書での分析対象と方法

本書では、上記の目的のために、およそ九世紀から一四世紀という長い期間を扱う。実質的に史料が残る九世紀以降、史料中に変容が見られ始める一四世紀まで、という比較的長期的な視座を取ることで、性愛にまつわる言説の変容過程を提示したい。特に中心的に扱うことになるアッバース朝期（七四九―一二五八年）は、現代にまで通底するイスラームの基本理念や倫理・規範が形作られ、それに伴い性愛にかかわる社会通念も形成された時代であると言われている［Ahmed 1992=2024: 93–146 esp. 97, 120–122］。そのなかで、あくまで「行為」に基づいて捉えられていた同性間での性愛が、どのようにして、その行為者固有の「性質」に基づいて、すなわち〈同性愛〉として捉えられるようになったのか、その過程と背景を明らかにする。

ここまで第一章では、研究史を「同性愛」誕生にまつわる研究と、それと対応するものとしてイスラーム社会の性愛研究を追った。そこから、本書での目的を、西洋社会の事例を前提としない形で、イスラーム社会における「ソドミーから同性愛へ」至る経緯を改めて明らかにすることと定めた。また続く第二章では、そもそも性愛について見る際に用いることのできる史料類型の概要を説明する。

以下、本書は四つの章からなる。改めて先の四つの論点（①′「挿入モデル」に基づく社会構造の再検討、②′サブカルチャーの発展に沿った概念形成の検討、③′医学・性科学の展開における言説の確認、④′言説上における性的指向の確立過程の究明）に対応させて、本書での具体的な作業を概観しておきたい。

第三章では、「ソドミーから同性愛へ」の「ソドミー」にあたる箇所の再検討を行う。特に九世紀の著名な文人、ジャーヒズの文学作品を取り上げ、そこに言説として現れる性愛の構造が、西洋社会で言われる「挿入モデル」とどのように異なるものであるか、その適用範囲を再検討する。――①′

第四章では、「ムハンナス」と呼ばれる存在をサブカルチャーのひとつとして捉え、その認識のされ方を検討する。この語は、異性装の芸能集団を指す一方、性行為の際に受動側にある成人男性への呼称としても用いられていた。前章までで見た「挿入モデル」との異同も念頭に、そうした性愛の構造から漏れる者として、「異性装」という行為と彼ら自身の性的指向やアイデンティティ、そしてそれがどのように捉えられていたかを検討する。――②′

第五章では、西洋社会の事例で重要であった、医学的・性科学的言説のなかでの同性間での性愛関係についての記述と、それがより一般に広まる過程を明らかにする。ここでは、医学的知識と、教養・知識を得るための文学的知識の交点として、「性愛学文献」と呼びうるジャンルの史料を扱う。これによって、前近代イスラーム社会における〈同性愛〉の言説化の過程を窺うことができよう。――③′

第六章では、やはり重要である個人の性的指向〈同性愛者〉という評価が、言説の展開を経て、どのように生まれ固定化されていくかを検討したい。「同性愛者」という「種族」の誕生がまず指摘されたように、ここでは、ある特定の人物に付される言説を追うことで、概念としての〈同性愛者〉の形成過程を広く追うことができる。――④′

第二章　性愛について語る史料

前近代のイスラーム社会において、性愛ひいては同性間での性行為や性愛関係はどのように語られ、現在の我々はどのような史料からそれを知ることができるのだろうか。まず思いつくのは文学作品かもしれない。確かに、『千夜一夜物語』では、様々な表現で性愛が語られ、同性との性愛にまつわる逸話も多々挿入されていることは、序章で述べた通りである。

先に見たように、イスラーム社会における「同性愛」研究も、文学作品や詩を主な史料としてきた。当然、これらの作品は必ずしも現実の出来事をそのまま伝えることを目的としていないため、歴史学的な解釈が問題となる。研究史の箇所でも見たように、特に初期の研究では、文学作品や詩に現れる男性同士での性行為の描写や愛情の吐露が、実態を反映したものなのか否かが問題となっていた（本書第一章40頁を参照）。その後、構築主義的視点が本格的に導入された後も、読み解き方が変化したのみで、文学作品が考察の中心的な対象であり続けている。これは、年代記や行政文書といった、直接的に事実を伝えることを目的とする、いわば「王道」の史料には、こうした記述が現れにくいためである。前近代イスラーム史における史料の乏しさは常に問題であり、性愛に関する研究においては、さらに限定的な史料をどのように活用するかが大きな課題となっているのである。

しかし量は少ないながら、文学作品以外にも、性愛について語った史料は現存する。その代表的なものが医学史料である。九、一〇世紀頃に活躍した医者たちの多くは、性愛にまつわる著作を記している。さらに第五章で詳述する通り、著名な医者たちのなかには各々の医学書のなかで、男性同士の性愛について触れている者もいる。また、法学議論のなかでも性愛は、婚姻の問題とかかわる中心的な話題のひとつであった。[1] そのなかで、本書冒頭で触れたような、同性間での行為や関係性の是非、量刑について多くの議論が見られる。[2] また、年代記や人名録といった、伝統的な歴史学で用いられてきた史料においても、断片的であったり間接的であったりはするものの、丹念に見れば性愛にまつわる記述は散見する。

以下ではまず、我々は本書でどのような史料を見る必要があるのか、年代に沿って簡単に確認しておきたい。

第一節　文学史料

そもそも「文学史料」と一口に言っても、その指すところは様々である。日本語の「文学」という言葉独特のニュアンスもあり、こうした作品は歴史学と対立関係にあると考える向きもあるかもしれない。実際に、日本語で出版されている中東・イスラーム圏の歴史学を対象とする研究手引きの類では、アラビア語の逸話や詩が「史料」として取り上げられることはほとんどない。[3] 基本的に過去の「事実」を見出そうとする歴史学研究において、フィクションや誇張を含む文学作品は従来、積極的に用いられてこなかったと言えよう。

しかし言語論的展開を経て、文学作品が史料としての価値を持つことは、今や当然の認識となっている。むしろ、起きた出来事をできる限り正確に伝えようとする史料では明らかにされない、社会の自然な姿やその背後にある共通認識を知る手段として、文学作品を用いた歴史学の研究が数多く発表されている。本書でも同様の関心から、事実を伝えることよりも物語性や表現技法に重点を置いた著作、例えば逸話や詩などを広義の「文学」として扱い、その背景にある社会構造や人々の共通認識を読み解いてみたい。

韻文作品における性愛

さて、文学史料に見られる性愛描写に着目する際、まずその源流としてしばしば挙げられるのが、恋愛詩や誹謗詩といった韻文の伝統である。前イスラーム時代からアラブ社会においては、基本的に、文字で記録された媒体よりも口に出して読まれたもの、散文よりも韻文の地位が高かったことが知られている。[4] これらの詩は、芸術作品としてだけではなく、恋心や敵意、賞賛などの感情を表現する手段として用いられていた。特に六世紀頃からは、韻律と脚韻に基づく形式的な分類に加え、主題に応じた細かい分類が行われるようになり、定型化が進んだ。特にアッバース朝期には、伝統的な誹謗詩（ヒジャー hijāʾ）、哀詩（リサー rithāʾ）、賞賛詩（マディーフ madīḥ）、恋愛詩（ナスィーブ nasīb）などに加えて、宮廷における様式として、音楽理論の形成と並行しつつ、飲酒詩（ハムリーヤ khamrīya）や叙情詩（ガザル ghazal）といった新たなジャンルが発展した。[5] そのなかには、主流ではないものの、タシュビーブ（tashbīb）と呼ばれる、同性とのものも含めたエロティックな表現を詠み込む詩も存在した。[6]

構築主義的研究の代表として先述したローソンも、『性愛文学百科事典（*Encyclopedia of Erotic Literature*）』のアラブの章で、性愛に関する著作を、前イスラーム期から受け継がれる韻文の流れに位置付けている［Rowson 2006: 43］。特に恋愛詩は、長い伝統のなかで高度に定型化されつつも、詩人自身の感情を表現する手段としての役割を果たしてきた。基本的には「ウズリー」と呼ばれるプラトニックな感情が賛美され、性愛そのものが言及されることはあまりない。[7] しかし、女性の美しさを称える際や、婚姻外での恋愛感情を表現する際には、時に欲望とも取れる感情を仄めかす表現も見受けられる。[8] 一方、同じく積極的に詠まれた誹謗詩では、敵の妻や母、姉妹などを攻撃する形で、しばしば架空の性描写が含まれることがあったという。[9]

そうしたなか、およそ八―九世紀頃から飲酒や売春、美少年への欲望などをテーマとした、より過激な表現を用いる詩が登場する。新奇体詩（バディーウ badīʻ）と呼ばれるこれらの詩は、イスラーム法で禁じられている事柄をあえて公然と詠み上げることに価値を見出す表現技法であった。新奇体詩において、飲酒や賭け事と並んで盛んに詠まれた主題のひとつが性愛であり、特に美少年への愛情、さらにはプラトニックな愛（ウズリー）と対置されるような、あからさまな欲望の表現がなされた。先述のように、こうした詩に出てくる、同性間での性愛関係の描写が、あくまで詩の定型的表現であるのか、あるいは実態を反映したものかについては議論が重ねられている。[10]

この新奇体詩を詠んだ最も有名な詩人が、すでに何度か本書内でも触れている、アブー・ヌワースである（本書第二章56-57頁ほかも併せて参照）。彼は、アッバース朝宮廷に出入りし、カリフとも近しい関係にある著名な詩人であった。酒や少年への愛を赤裸々な表現を交えて詠んだ彼の詩は、当時、特に驚きを持って受け入れられたようである。一例を挙げると、このような詩が伝わっている。

私はベールを剝いで快楽を求めた
　するといくつもの秘密が世間へと溢れ出た〔…〕
盃と羚羊の子（少年）のおかげで私はこの世に満足だ
　何故それがよいのか、明晰な頭脳は戸惑うだろう
ノアの時代に仕込まれた古い葡萄酒と、それを私に促すのは、
　尻が分厚く腰はほっそり［とした少年］[11]［*Dīwān Abī Nuwās*: 139-140］

こうした詩が、アブー・ヌワースの実体験に基づいたものかどうかはわかりえない。後代の文学作品や、さらには伝記記事などにもしばしば、彼は酒や少年が好きな放埒な人物であったことが描かれている。しかしそれは史実を伝えているというよりは、彼の詩の印象の強さが反映されたものとして捉えるのが自然だろう。実際、出自や来

歴などの基本的な情報すら謎に包まれているにもかかわらず、アブー・ヌワースを題材にした逸話や伝説は非常に多く残され、それに伴って彼のイメージは時代を経るにつれ広範に広まっていった。[12] いわゆるトリックスター的な人物としての描写を通じて、ほぼ間違いなく創作だと思われる、アブー・ヌワースと「同性愛」の逸話がすでに一〇世紀には確認できる。[13] こうした事象からなされるべきは、ごく最近まで研究者の間でなされていた、彼が「同性愛者」であったか否かというナンセンスな議論[14]ではなく、当時の人々が彼に対して抱いたイメージや新奇体詩の影響の検討であろう。

少々話は逸れたが、こうした新奇体詩を含め、これ以降の露骨で下品な表現を交えた文学作品やその技法を指して「ムジューン（mujūn）」と呼ぶこともある。特に、飲酒や姦通、少年との性行為など宗教や法といった規範に背く行為を、風刺・ユーモアを含みつつ称揚する作品・手法を指し、「自由主義」や「快楽主義」的技法とも呼ばれる［“mujūn,” *EAL*］。しかしこれは厳密な定義に基づくものではなく、むしろ各種逸話や詩のなかで、明け透けで猥褻な表現を含むものが取り上げられてムジューンと呼ばれたようである［Szombathy 2013; Köster 2020］。八世紀後半から九世紀序盤に始まったとされるムジューンの流行は、その後、幾許かの波がありつつも、散文作品にも導入され、アラビア語文学作品の技法のひとつとしてあり続けた。ムジューン流行の理由は、アッバース朝宮廷の繁栄による快楽の追求や、都市社会の成熟と腐敗の結果という研究、逆に、アッバース朝期における知的停滞を経てブワイフ朝期（九三二―一〇六二年）における都市化・洗練化の結果とする説まで、様々であるが定かではない。[15] いずれにせよ、アッバース朝初期に流行ったムジューンは、後述の、知的関心や教養の一部として書かれたアダブ書とは一線を画し、あくまでもひとつの文学技法としてその後も用いられ続けた。

外来の散文作品における性愛

韻文文化が花開く一方、八世紀頃からは散文文化も、ペルシア世界をはじめとする「外」の世界からアラブ世界に流入し、受容されつつあった。最古のアラビア語散文作品と考えられているのは、イラン系貴族の家系に生まれ、後に書記官僚としてアッバース朝に仕えたイブン・ムカッファア（Ibn al-Muqaffaʿ, d. ca. 756）が、パフラヴィー語（中世ペルシア語）から翻訳した『カリーラとディムナ（*Kalīla wa-Dimna*）』という説話集である。[16] これら外来の散文文学の翻訳の影響もあり、韻文が中心だったアラブ社会に散文文化が普及していった。

この動きには、アッバース朝におけるアラブと非アラブとの間の緊張関係が影響している。そもそもアッバース朝は、イラン東北部のホラーサーン地方（Khurāsān）で起こった反乱を契機に成立した王朝である。そこでのアリー家／ムハンマド家をめぐるプロパガンダの影響もあり、王朝内では、支配階層であるアラブと、被支配階層であるイラン系を中心とした非アラブ改宗者たちとの間に常に緊張関係があった。そうしたなか、第二代カリフ、マンスール（al-Manṣūr, r. 754–775）が、旧ペルシア帝国領内であるバグダードを首都と定め、サーサーン朝（二二四—六五一年）を意識した施策によって王朝の基礎を築いたことは画期となった。非支配階層であったイラン系の住民は改宗によって社会的上昇を試み、実際にマンスールはこうした改宗者層を多く宮廷に登用し、積極的に政権運用に携わらせた。またこうした政策は、文化的な側面でも重要な影響を及ぼした。そのひとつが大規模な翻訳活動である。[17]

「翻訳運動」とも呼ばれる、ギリシア語やシリア語、あるいはパフラヴィー語やサンスクリット文献をアラビア語に翻訳し集約するこの一大プロジェクトは、当時のアッバース朝のイデオロギーを多分に含んだものであったと言われている［Gutas 1998=2002］。特に、この事業に力を入れていたマンスールの時代は、サーサーン朝とゾロアスター教的イデオロギーを引き継ぐ姿勢を明確にしていた。様々な言語の知識を翻訳し集約しようとする運動の源流は、サーサーン朝がパフラヴィー語への翻訳として行っていたものであったと指摘されている。すなわち、この一大プロジェクト自体が、ゾロアスター教的帝国イデオロギーの継承だったのである［Gutas 1998=2002: 33–68］。

マンスールとその後の時代に積極的に翻訳された成果には、文学作品も含まれていた。翻訳されたものの大半は、マンスールが強い関心を寄せていた占星術書や、天文学に関するものか、あるいは神学論争のためのアリストテレス（Aristotle, d. 322 BC）をはじめとする哲学書といった、社会的需要に応じたものであった［Gutas 1998=2002: 121-122］。その一方、上記のイデオロギー的な要因から、先述の『カリーラとディムナ』などパフラヴィー語の文学作品の翻訳も行われていた。これは、動物を主人公とする「文学作品」であるが、サーサーン朝君主が取るべき行動を表した「鑑文学」として読まれていたため、アッバース朝下でも特に翻訳されたという事情もあるかもしれない[18]。現存するものは少ないが、その他にも、アレクサンドロスの物語や諸伝説の記録など、諸言語によるフィクショナルな散文作品もアラビア語に翻訳・翻案されていた［Gibb 1926=1991: 85; Hägg 1986; Irwin 1994=1998: 111-112］。

そうした外来から翻訳された著作のなかには、性愛を主題としたものも存在した。これらは現存しておらず詳細は不明であるものの、『目録（*al-Fihrist*）』という史料にその片鱗を窺うことができる。『目録』は、一〇世紀当時バグダードで写本の作成や出版に携わっていたイブン・ナディーム（Ibn al-Nadīm, d. 990）という知識人が作成した、文字通り図書目録である。六千六百以上の著作を一〇章三〇節に細かく分類して紹介するこの史料は、ある種、当時のイスラームの知の体系的なあり方を示したものだとも言える［清水 2014］。『目録』には、まさに「ペルシア・インド・ギリシア・アラブにおける性交について記された書物の名前」と題された小項目が設けられており、表1の通り一三点の書籍が紹介されている[19]。

これらはいずれも現存しておらず、その実態はほとんどわからない。後代の著作に見られる若干の引用から、例えばパフラヴィー語で書かれていた『ブンヤーンの娘の書』が、女性から男性への、効果的な性的刺激の与え方を教授するものであったことや、『千の書』が、千人の男性との性行為に至ったインド女性の「回想録」的内容で、様々な体位を挿絵を付して説明するなど珍しい内容であったことがわかってはいる［Rowson 2006: 46-47］。しかしそれがどのような意図で書かれたかはほとんど不明のままである。

その内容や執筆意図には不明なところも多いが、当該項目が『目録』の第八章「歓談・お伽噺・魔法・魔術・奇

表 1　『目録』「ペルシア・インド・ギリシア・アラブにおける性交について記された書物の名前」

著者名	書名	原作
記載なし	『ブンヤーンの娘の書（*Kitāb Bunyān Dakht*）』[20]	ペルシア
記載なし	『ブンヤーンの魂（*Kitāb Bunyān Nafs*）』	
記載なし	『バフラームの娘の書（*Kitāb Bahrām Dakht*）』[21]	
記載なし	『性交の伝承に関するギリシア人マルトゥースの書（*Kitāb Marṭūs al-Rūmī fī Ḥadīth al-Bāh*）』[22]	ギリシア
記載なし	『千の書（大）（*Kitāb al-Alfīya al-Kabīr*）』[23]	インド
記載なし	『千の書（小）（*Kitāb al-Alfīya al-Ṣaghīr*）』	
アブー・ハッサーン・ナムリー[24]	『ブルダーンとフバーヒブの書（大）（*Kitāb Buldān wa-Ḥubāḥib al-Kabīr*）』[25]	アラブ
記載なし	『ブルダーンとフバーヒブの書（小）（*Kitāb Buldān wa-Ḥubāḥib al-Ṣaghīr*）』	
記載なし	『自由女性と女奴隷の書（*Kitāb al-Ḥurra wa-al-Ama*）』	
アブー・アンバス・サイマリー[26]	『すさんだ売春婦と姦通者の書（*Kitāb al-Saḥāqāt wa-al-Baghā'iyūn*）』[27]	
イブン・ハージブ・ヌウマーン[28]	『イブン・ドゥッカーニーの伝承（*Ḥadīth Ibn al-Dukkānī*）』として知られる『千の書（*Kitāb al-Alfīya*）』	
記載なし	『女族長ラウーブとルーティーであるフサインの書（*Kitāb La'ūb al-Ra'īsa wa-Ḥusayn al-Lūṭī*）』	
記載なし	『愛すべきジャーリヤの書（*Kitāb al-Jawārī al-Ḥubā'ib*）』	

術について」の第三節「編者も著者も知られていない様々な書物」に配されていることには注目したい。各著作は、項目名の通り、それぞれペルシアやインド、ギリシアに原作が存在するものの翻訳と、アラブが原作とされるものからなる。しかし、ここに挙げられているアラブ「原作」のものも、いずれにせよ外来の知識の影響を受けて著されたものだと考えられている［Rowson 2006: 47］。この『目録』が記された時点において、ギリシア、ペルシア、インドなどに由来する学問は「古の知識」として捉えられ、それを継承し展開するイスラームの「新しい知識」と対置されるものであった［清水 2014: 92］。すなわち、これらの性愛にまつわる著作は、おそらく「その他の古い学問としてまとめられているに過ぎず、後述する「性愛学文献」のように、積極的に性愛の知識を学ぶべきものとして挙げられているわけではないと考えられよう（本章72-77頁も併せて参照）。

最後に、同性間での性愛への言及について言えば、後代に引用されている箇所からは、明確にそうした記述があったことは見出せない。しかし、『女族長ラウーブとルーティーであるフサインの書』は特に注目に値する。「ルーティー」は先述の通り、同性との性愛関係にまつわる語であった。これらの史料は残念ながら現存はしておらず、内容は不明であるが、こうしたタイトルの著作が記されていたことは興味深い。

アラブの散文作品とアダブ

アラブの伝統のなかにも、イスラーム以前から口述での物語文化は広くあったが、散文の著作はほとんど存在しなかった。また、しばしば恋愛譚も語られたが、「マジュヌーン・ライラー」の物語に特徴的なように、ここでもウズリーの伝統に基づくプラトニックな関係こそが尊ばれた。[29] そうでないにしても赤裸々に性的な事柄が語られることはほとんどなかったようである。

その後、逸話集を中心としたアラブ独自の散文作品も徐々に現れ、アッバース朝前半期には「最盛期」を迎える。この時代、七五〇年から特に九四五年までを「黄金時代」と言ったハミルトン・ギブ（Hamilton A. R. Gibb）は、その背景として外来の学問の流入の他に、クルアーン学とハディース学の発展、そしてシュウービーヤ運動の展開を挙げる。[30] 実際に、クルアーンやハディースの正しい読みと理解のためには、前イスラーム期の韻文をはじめ、アラビア語の知識が必須であり、そのため、アラビア語言語学や文法学、辞書の編纂が進んだことは知られている。

アッバース朝期で文化が「開花」したより大きな理由が「シュウービーヤ運動（shuʻūbīya）」と呼ばれる、文化運動であったとの見方は、未だ根強い。クルアーン第四九章一三節に出てくる「諸民族（shuʻūb）」の語に由来するこの運動は、特にイラン系を中心とした非アラブが、アラブに対する文化的優越を主張した文化的運動と位置付けられる。ここにも、先述のアッバース朝政権下におけるアラブと非アラブとの間の微妙な緊張関係と、マンスール以来の改宗者の積極的な宮廷への登用が関係している。アッバース朝の行政機関の発展とともに、行政文書発行の必要から、洗練されたアラビア語散文技法が確立していった。そうしたなかで、イラン系官僚たちは、旧来のアラブ官僚との緊張関係もあり、そこに自身の持つイラン文化の優越を主張し接合を試みた。先述のイラン系官僚イブン・ムカッファアによる文芸活動が、まさにこの運動の先駆に位置付けられる。「イラン文化復興運動」とも呼ばれるシュウービーヤ運動が、イラン文化の発展という文脈のみでなく、アラブ散文文化「開花」の文脈においても重要なのは、これに対抗する者たちの存在による。

シュウービーヤ運動への対抗の旗手となったのが、有名な文人ジャーヒズ（Abū ʻUthmān ʻAmr b. Baḥr al-Jāḥiẓ, d. 869）である。彼の出自について詳細は不明であるが、七七六年頃にバスラで産まれたと伝えられる人物で、一説にはアビシニア系黒人奴隷の血を引く家系の出身だったという。若い頃よりイスラーム諸学を修め、その才が認められた彼は、アッバース朝第七代カリフ、マアムーン（al-Maʼmūn, r. 813–833）によってバグダードに呼ばれ、宮廷にも出入りしていた。公的なポストにつくことはなかったものの、カリフの息子たちの家庭教師を務めるなどアッバース朝宮廷と強い関係を持ち、[31] 政治的な相談も受けていたと言われる。特にマアムーンの治世では王朝の「公式教義」であったムウタズィラ派神学の確立を通じて、アッバース朝体制の擁護に尽力した側面も持っていた。[32]

文人としてのジャーヒズは、シュウービーヤ運動に対抗する立場から多種多様な著作を残し、アラブ散文文学の祖と評される。彼は多作で知られ、修辞学から博物学に至るまで様々な分野の著作を二百点近く記したと言われるが、現存しているのはおよそ三〇点のみである。特に、諸説はありつつも、イラン系の登場人物への風刺を含む『けちんぼども（*Kitāb al-Bukhalā'*）』や当時ホラーサーン軍と対立していたトルコ系奴隷軍人を称揚する『トルコ人の美徳（*Manāqib al-Turk*）』などが、直接的にシュウービーヤ運動への対抗を意識して記されたものだと言われている［e.g. "al-Djāḥiẓ," EI^2］。しかし、彼の著作全体を通じてなされた、アラブ散文文学の確立と普及こそが、なによりシュウビーヤ運動への対抗となった。

ジャーヒズがアラブ散文文学の祖と言われる所以は、多くの著作を残すと同時に、散文文学の型を確立させた点にある。例えばパトロンに向けた書簡形式の著作[33]や、「ムナーザラ」と呼ばれる、様々な二つの事物を二項対立の図式で取り上げ、優劣を競う過程で様々な逸話を掲載するという論争形式の著作[34]など、文学的手法において後代にも大きな影響を与えた。しかし最も重要なのは、ジャーヒズが、特定のテーマについて網羅的に収集した逸話を独自に配置することで、読者に知識を与えつつ、そこに自らの主張を込めるという形式を確立させた点だと言えよう。

ジャーヒズ以降主流となった、このような「逸話集」形式の著作は、アダブ（adab）と呼ばれた。「アダブ」という語も、少々理解が難しい概念である。この語は、現代アラビア語ではごく一般に文学作品を指すが、原義は儀礼や礼儀作法を意味し、それが転じてアッバース朝期には、教養やさらには様々な身につけるべき知識、それを記した文芸作品を指すようになった。そうした逸話集は、主に宮廷で開かれる宴席に参加する者たち、またそこでカリフをはじめ上流階級の人々の相手をする者たち（ナディーム[35]）に向けて書かれた教養書としての性質が重視された。彼らが身につけるべき教養や作法、さらにはそこで語るべき、興味深い物語や知識を記した著作がアダブ作品と呼ばれたのである。

こうしたアダブ的逸話集に収録される逸話は、その真偽よりも情報としての面白さや珍しさ、そして逸話集としては網羅性が重視された。「逸話集」とは、基本的には、小噺や寓話、説話、短い物語などが並べられているものがそのように呼ばれる。日本における『今昔物語集』のようなものを想像すると理解しやすいかもしれない。これらには当然のことながら、起こった出来事をそのまま伝えるものだけでなく、事実を脚色・誇張したものや、完全にフィクションのものも含まれる。しかしそれらも含め、主題に応じて可能な限りの逸話を集め、時には自身でその真偽を判断しつつ、面白いものや貴重な知識を選択して読者に提供することが求められていたのである。

こうした逸話集形式の著作は、先述の通り、ハディース学の影響を受けているとも言われている［岡崎 2010: 10］。ハディースを解釈するには、預言者ムハンマドの言行をどれほど正しく伝えているかを適切に判断する必要があった。そのため、ハディース集にはマトン（matn）と呼ばれる本文に加え、場合によってはその数倍に及ぶイスナード（isnād）と呼ばれる伝承者の経路が明記される。また、同じような内容が複数の伝承経路で伝えられている場合や、あるいは内容がごくわずかに異なるものでも、ハディース集に併記され、そのことが示される。読者はそのイスナードに含まれている人名によって、ハディース本文の真偽を検討することができるのである。初期の逸話集にも往々にして、各逸話の引用元が、できる限り明記され、また、似たような逸話や細部が異なる逸話を併記することが行われていた。逸話集に収録される逸話の大半は、それ以前の逸話集に収録されていたものや、口頭で語られていたもの、年代記など他の史料の一部を切り取り引用したものである。もちろん、引用元の記述を改変し誇張・脚色したものや、全くの創作も含まれているが、その真偽は、引用元を示すことで読者に委ねつつ、できる限り様々なヴァリアントの逸話を網羅的に収集する方法が、逸話集にも導入されているのである。しかし、その引用元を示す慣習は、ハディース学と異なり徹底されることはなく、次第に厳密なものではなくなり、もっともらしい情報源が勝手に記されることも多々あった。

こうした特徴から、逸話集の評価は基本的に、編者による逸話の蒐集と選択、配置の仕方によって定まるものであった。[36] アダブ的逸話集には、もちろん娯楽の意図も含まれるものの、「著者」が脚色を加えたり、創作したりすることで内容自体を面白く仕立てた、フィクショナルな逸話が多く含まれていることは評価されなかったのである。それよりも、主題にかかわる逸話を網羅的に収集しているか、そしてそれをどのように位置付けるかが、逸話集としての評価となった。こうした逸話集における体系化を確立させたのが、しばしば、ジャーヒズに次いでアラブ散文文学の祖として言及される、イブン・クタイバ（Ibn Qutayba, d. 889）である。彼はジャーヒズとほぼ同時代に活躍した宮廷文人であり、『書記のアダブ（*Adab al-Kātib*）』や『情報の泉（*ʻUyūn al-Akhbār*）』といった代表的なアダブの著作で知られる。『情報の泉』のなかでイブン・クタイバは世の中の物事を一〇個の章に分け、またその内部にも階層構造を作って、膨大な逸話を整理・分類している。[37] また、彼が執筆した、歴史に重点を置いたアダブ書『知識の書（*Kitāb al-Maʻārif*）』は、およそ三〇のトピックで天地創造から同時代までの主だった出来事と重要な人物やその事績を扱うが、それらは必ずしも年代順に並ぶわけではなく、独自の配置・構造化のもとで語られた。[38] こうした逸話の体系的な配置はその後も逸話集において必須のものとなり、どの逸話をどこに配置するかによって、その逸話集が評価されるようになったのである。

　こうした読者への「配慮」は、結果的に、逸話集編纂者の独自性や思想が表れるポイントとなった。イブン・クタイバは『知識の書』の序文で、この著作は、アダブを身につけようとする者が「学び身につけることが必要不可欠な知識」を全て記憶することができるよう、あえて冗長になりすぎないよう最低限のものに絞って記したと言う[*Maʻārif*]。またジャーヒズは、読者のために「真面目と冗談」と呼ばれる技法を意識して逸話集を編んでいたと自ら記している。これは、真剣な内容ばかりが続くと、読者が疲弊するために、適宜、詩や冗談のように思える内容の逸話を挿入するという技法である。[39] すなわち逸話集編纂者は、まずはテーマに沿って可能な限りの情報を集積し、それを、読者への配慮や、興味深い話を語るための知識という元来の目的のために、取捨選択してよい塩梅で配置することで、アダブ書を編んでいた。そのため、例えば実在の人物や事件の記録に関する逸話であっても、必ずしも事実と思われる逸話だけではなく、横道に逸れる内容や、噂に尾鰭がついたような内容の逸話が、編者の裁量によってアダブ書に取り入れられ、語り継がれることもありえたのである。
この後、一〇世紀以降の逸話集では、より明確な意図のもとで、逸話の主題ごとの分類が行われるようになる。歴史叙述研究の成果を援用すると、これは「アダブからヒクマへ」、すなわち「教養」として編纂されてきた逸話集が、より実践的な「知恵」として捉えられていく過程とも見ることができよう［Khalidi 1994: 164; 山中 2007: 230］。ここで「学知の分類」の意識から、アダブ書の章立てや配置順による知識の整理が本格的に行われ、いわゆる「百科全書」的な逸話集が登場し始めるという指摘もある［岡﨑 2010; 2011］。様々な知識にまつわる逸話をただ読みやすさのために並べるのではなく、より体系的に蒐集・整理し、ひとつの著作にパッケージ化する「百科全書」的な逸話集が登場するのである。当然、蒐集した逸話をどのように整理し、どの章に配置するかは、編纂者の独自性に委ねられた。これらの著作については、後の「性愛学文献」以降の展開として、改めて触れたい。

アラブの散文作品における性愛

アラビア語散文作品に見られる性愛に関する記述も、現存する最初期のものはジャーヒズの著作に見出される。彼の作品にはしばしば、あからさまな表現での性的な言及が含まれている。しかしジャーヒズが例外的な存在であることも確かであり、当時の著作のなかで性にまつわる言及はごく少数に限られる。彼自身、『ジャーリヤとグラームの美点の書』のなかで次のように記している通り、当時そうした記述は避けられる傾向にあったようである。

敬虔で禁欲主義的な人々のなかには、女性器や男性器、性交などにまつわる話になると、嫌気を催し、心を閉ざしてしまう者もいる。あなたの知る大半の者はこのようであろうが、そうした男は、深い知識や高邁な精神や寛大さや落ち着きを持ち合わせておらず、ただ偽善だけがあるような者なのである［*Mufākhara*: 92］

ジャーヒズの作品では、『動物の書（*Kitāb al-Ḥayawān*）』や、元はその一部として書かれた『女性の書（*Kitāb al-Nisāʾ*）』などにも性愛にまつわる記述はあるが[40]、特に『カイナの書（*Kitāb al-Qiyān*）』と『ジャーリヤとグラームの美点の書（*Kitāb Mufākhara al-Jawārī wa-al-Ghilmān*）』の二書が、性愛の話題を主題として扱っている。

『カイナの書』は一言で言えば、当時の女奴隷を通じた売春事情を描いた著作である。カイナは日本語で歌姫としばしば訳される奴隷身分の女性で、社会上層の人々に購入され、歌や話術、その他様々な技術で主人たちを楽しませる存在であった。日本の芸者と重ねられることもある彼女たちは［Beeston 1980: 2; Reynolds 2017: 100］、しばしば買春的な営みにも従事していたことが窺われる。この史料はまさに、文学的・風刺的表現を交えながら、そうした問題を批判的に論じたものだと言われている[41]。

これよりもさらに赤裸々な表現も交えながら、セクシュアリティの問題そのものを論じているのが、『ジャーリヤとグラームの美点の書』である。ジャーリヤ（jāriya）とは一般に女奴隷を、グラーム（ghulām）とは一般に少年や少年奴隷を、それぞれ意味するアラビア語である。これは、各々のどちらが性の対象として優れているかを二人の男が議論し合うという、ムナーザラの典型とも言える作品であるが、その内容については、現存する同時代の著作として他に類を見ない。これについては、次章で詳細に扱う。

ジャーヒズ以降、アラビア語で多くの逸話集が編まれるようになるが、徐々に性愛にまつわる記述も含まれ始める。特に、一〇世紀以降になると、まずは散文文学でも特に物語的側面の強い著作において、性的表現を含んだものが増加していく。例えば、ハマザーニー（al-Hamadhānī, d. 1008）の『マカーマート（*Maqāmāt*）』には、それほど赤裸々な表現ではないものの、明らかに性愛がモチーフの物語も含まれている[42]。また物語的作品以外にアダブ的逸話集にもそうした逸話は増加していく。ウマイヤ朝（六六一―七五〇年）末期からアッバース朝最盛期を中心に、約五百人もの歌手や詩人に関連する伝記記事（逸話）とその詩や歌を収録した大部の逸話集、イスファハーニー（Abū al-Faraj al-Iṣfahānī, d. 967）の『歌書（*Kitāb al-Aghānī*）』や、イベリア半島の後ウマイヤ朝（七五六―一〇三一年）宮廷で詩人として活躍したイブン・アブド・ラッビヒ（Ibn Abd Rabbih, d. 940）の『類稀なる首飾り（*Kitāb al-'Iqd al-Farīd*）』などはその性質上、宮廷内での恋愛を主題とする逸話が多い。これらには、それほど明け透けな表現ではないが、宮廷内での主人と女奴隷や少年奴隷の性愛に関する逸話も大量に収録されている。[43] それらがアダブとしての関心によるものか、ムジューンの文学技法として書かれたものか、厳密な区別は難しい。先述の通り、実在の人物や事件の記録としての逸話であっても、そこには真偽の怪しいものや娯楽性を増して書かれたものも含まれえた。傾向として、概ね初期のものは、アダブとムジューンの区別がわかりやすいものが多く、徐々に、宮廷人として必要な関心・教養として書かれるもののなかに、ムジューンと呼ばれうるものも取り込まれていくようである。

こうした逸話集は徐々に増加し、内容に程度の差こそあれ、一〇世紀前後のものにはほとんど性愛にまつわる逸話が含まれるようになる。実はこれと並行して、一〇世紀後半から性愛を主題に据えた、「性愛学文献」と呼ばれる著作も登場する。これらのなかには、上記のような逸話だけでなく、他のアダブ書とは異なり医学的な知見が多く盛り込まれているようにみえる。そこで、そうした性愛に特化した著作を見る前に、まずは医学史料が性愛について何を記しているかを見ておきたい。

第二節　医学史料と性愛学文献

医学史料と性愛

アッバース朝下では、八世紀から盛んに、ギリシア語やシリア語、パフラヴィー語、サンスクリット文献などからアラビア語への翻訳活動が進められていた。ここで翻訳された文学作品がアラブ散文文化にも影響を与えていたことは前述の通りであるが、中心的に翻訳の対象となったのは、占星術と天文学、数学といった「応用科学」に属するものであった［Gutas 1998=2002: 121-122］。マンスールのサーサーン朝イデオロギーの継承という政策上の目的が背景にあった「翻訳運動」であるが、そのなかでも時のカリフの関心や社会的需要に応じた書籍が選択的に翻訳されたのである。

医学書は、マアムーンの時代以降、積極的に翻訳されたと言われている。ギリシアの学問活動のひとつの拠点として、特にガレノス（Garen, d. ca. 199）の医学が継承されていたアレクサンドリアを征服していたこともあり、九世紀以降のイスラーム圏でも特にギリシア語の医学書が翻訳された。またここには、マアムーンの、ビザンツ帝国への対抗という意味もあった。古代ギリシアの叡智を放棄したキリスト教・ビザンツ帝国に対し、それらをアラビア語に翻訳した、知識の受容者・探究者としてのイスラーム・アッバース朝という構造をアピールするためのものであったと言われている［Gutas 1998=2002: 95］。ギリシア語からの翻訳は、カリフや他の有力者がパトロンとなり、フナイン・ブン・イスハーク（Ḥunayn b.Isḥāq, d. 873）をはじめとするキリスト教徒や改宗者たちが主に担った。

こうした経緯から、イスラーム圏での医学は、古代ギリシアのガレノスに由来する四体液説を基本としつつ、独自に発展していった。フナインをはじめ、翻訳に携わった者の多くは、自らもアラビア語で医学書を執筆した。そこには、シリア語やペルシア語を経由して翻訳された医学書やインド医学の知識、また実際の医療を通じて得た知識も盛り込まれ、ガレノスの見解をはじめギリシア医学の誤りに修正を加えながら、「イスラーム医学」独自の発展を遂げたのである[44]。

そうしたアラビア語で記された医学書のなかには、性愛を扱ったものも見出される。ギリシア語の医学書が翻訳されるにあたって、性愛にまつわる記述も読まれるようになったのである。特にガレノスにも大きな影響を与えた、古代ギリシアの医者ルーファス（Rufus, d. ca. 100）の著作の翻訳が重要な契機となったと言われている［Ullman 1970: 194; Pormann 2011］。性愛を主題としたアラビア語の医学書の多くも、他の医学書同様、古代ギリシアの著作を要約したり再編集したりしつつ、独自性を付加するものであった[45]。

九―一〇世紀における性愛にまつわる代表的な医学史料は、『性交の書』と呼ばれるものである。再び、イブン・ナディームの『目録』を見てみると、これらの医学書は、第七章三節「医学の始まり・昔の医者と現代の医者の情報とその著作・翻訳書・解説書」に現れている。ここでは、ルーファスについての記述の他にも、先述のキリスト教徒の医者フナイン・ブン・イスハークが性愛にまつわる著作を書いていたこと[46]や、クスター・ブン・ルーカー（Qusṭā b. Lūqā, d. 912）[47]やラーズィーが『性交の書（*Kitāb al-Bāh*）』という著作を記していた記録が残されている［*Fihrist* (Dodge 1998): 406 (686–687), 410 (694), 411 (695), 417 (704)］。また、哲学、科学、数学などあらゆる分野の著作を翻訳し、また自身も執筆していたキンディー（al-Kindī, d. ca. 866）が『性交の書』[48]を書いていたことや、イーサー・ブン・マーッサ（ʿĪsā b. Māssa, d. ca. 888）の『生殖・子孫・性行為に関する問い（*Masāʾil fī al-Nasl wa-al-Dhurrīya wa-al-Jimāʿ*）』も有名である［Ullmann 1970: 194; Rowson 2006; Newman 2014: 166］。

　さらには、性愛のみを主題としたタイトルでなくとも、包括的に様々なテーマを扱う医学書の一部には大抵、性愛にまつわる問題が含まれるし、また他の主題に付随して医学的に性の問題を扱う著作もある。有名なもので言えば、ラーズィーの『包括の書（*al-Kitāb al-Ḥāwī fī al-Ṭibb*）』、『マンスールの書（*al-Kitāb al-Manṣūrī fī al-Ṭibb*）』[49]や、マジュースィー（al-Majūsī, d. late 10c.）の『医術大全（*Kitāb Kāmil al-Ṣināʿat al-Ṭibbīya*）』、イブン・スィーナー[50]の『医学典範（*al-Qānūn fī al-Ṭibb*）』にも、性愛にまつわる記述は多数含まれている［cf. Newman 2014: 21］。また他にも、例えば先のクスター・ブン・ルーカーなどは、巡礼の際に医療・衛生において注意すべきことのために記した手引書のなかで性愛にまつわる言及を多く残していることが知られており[51]、さらにはこうした旅行手引書のような表題でありながら、実際は全編を通じて体系的な医学書である、チュニジアの医者イブン・ジャッザール（Ibn al-Jazzār, d. 980）の『旅する者の糧と定住する者の食糧（*Zād al-Musāfir wa-Qūt al-Ḥaḍir*）』にも、性愛に特化した巻が含まれている[52]［Newman 2014: 24; Bos 1997: 8］。このように、著名な人物の著作だけでも多数あり、少しでも性愛に関連する著作を全て挙げることは到底不可能である。

　こうした性愛に関する言及がある医学書の内容は、著作によっても様々である。しかしこれらは、『目録』の

表 2　『旅する者の糧と定住する者の食糧』該当巻章題一覧

第 1 章	性交（bāh）の不足と性的不能	第 11 章	子宮（raḥim）の圧迫
第 2 章	性的興奮の持続 （持続勃起症，in‘āẓ dā’im）	第 12 章	子宮の腫瘍
第 3 章	無意識な精液（manī）の流出	第 13 章	子宮の潰瘍
第 4 章	睡眠中の射精	第 14 章	子宮脱（nutū’）とその消滅
第 5 章	男性器の潰瘍や腫瘍	第 15 章	妊婦によく起こる病への効果的な対処
第 6 章	睾丸の腫瘍	第 16 章	難産
第 7 章	睾丸の潰瘍	第 17 章	子宮において胎児を出す（中絶させる）ものと精液の腐敗
第 8 章	睾丸の裂傷とヘルニア（udra）	第 18 章	子宮からの胎盤の排出
第 9 章	月経の滞留（iḥtibās）	第 19 章	坐骨神経痛（‘irq al-nisā’）
第 10 章	女性の失血障害	第 20 章	痛風（niqris）

「ペルシア・インド・ギリシア・アラブにおける性交について記された書物の名前」に挙げられるようなものとは、同じく翻訳を通じて記されたものでありながら、全く異なる内容であったと考えられている［Rowson 2006: 47］。例えば、上記のキンディーの『性交の書』では、執筆目的と編纂の注意事項が述べられた後、①男性器の感覚の仕組みと強さ、性的欲求が起こるプロセスについて、②精液や男性器の弱さと、性欲が衰える原因について、③熱冷湿乾による男性器の機能不全の原因と各治療法について、④精液が増減する原因について、⑤性行為をよりよくする薬について、大きく五点に分けて記される［Celentano 1979: 19–20］。また、イブン・ジャッザールの性愛にまつわる著作では、上掲表2のように二〇章にわたって、様々な性愛にまつわる病の原因と治療について、ガレノスに準拠しつつ記されている［Bos 1997: pass.］。

この二者だけを比較しても、内容にも分量にも異同が見られるが、一方で両者とも実用的な内容で占められている点は共通する。これは、先述の通り、翻訳や医学書の執筆を依頼するパトロンの要請によるところが大きいと思われる[53]。性病の治療法や性行為による効能や実害はもちろん、例えば、性的不能の治療や妻との性行為の際に快楽を与える技法も、ただ自身が快楽を得たいがためだけではなく、より実利的な需要があったのだろう。イスラーム法では多くの学派で、夫の性的不能は、妻側が婚姻解消を申し出る要件になりえた[54]。ここに例として挙げた二書に限らず、他の同様の医学書はいずれも、基本的には医学的観点から「原因」の記述と「治療」方法の提示を行う、実践的なものであった。

その一方で、これらの医学書が記された、あるいは翻訳されたもうひとつの理由として、知的好奇心、探究心があったことは間違いない。性愛にまつわる医学書のなかには、必ずしも万人にとって実用的とは思われない著作もしばしば見られる。例えば、ラーズィーには、クスター・ブン・ルーカーの著作では、去勢者の性行為が詳細に語られているし[Rowson 2006: 47]、ラーズィーには、受動側での性行為を好む男性を医学的に扱った著作『秘密の病』がある（第五章参照）。こうした限定的な内容の著作はなぜ、あえて記されたのだろうか。ラーズィーは、後代の学者たちは、先代の学者たちが等閑視してきたテーマも研究しなければならないとの理由から、『秘密の病』を執筆したと言う[*Khafī*: 51–52]。ここには、実用から離れた学問的探究心が見られる。

その点において、文学的著作も医学的著作も、その執筆の原動力には知的好奇心があったと言えよう。たとえイデオロギー的にであっても、翻訳活動の本来的な目的でもあった知識を探究・受容する姿勢が、ここには受け継がれているとも言えるかもしれない。いずれにせよ、アラブにおける知の探究のなかで、文学的にはその表現技法の一環として、医学的には主にギリシア世界から引き継いだ、実用的な技術や学問的関心の一環として、性愛についても関心は向けられていた。この延長として、性愛自体を知的関心の対象とし、両者の知見を統合する形で生まれたジャンルが、「性愛学文献」であった。

性愛学文献

以上のような翻訳活動を通した知的探究や、アダブ作品に見られる知の集積と「啓蒙」といった動機は、およそ一〇世紀後半に、性愛にまつわる事柄にも本格的に及ぶ。その結果として現れるのが、本書で「性愛学文献」と呼ぶジャンルの史料である。これまでに挙げた史料のように、性愛に関する特定の問題を扱う医学史料や、性愛にまつわる逸話を収録する文学史料とは異なり、それらを全て包括的にひとつの書物のなかに取り上げる、ある種、性愛の「百科全書」的な著作が登場したのである。[55]

性愛学文献とはどのような内容を含むか、ひとつの例として、この種の著作のなかではおそらく最も有名で、日本語にも翻訳されている『匂える園（*al-Rawḍ al-'Āṭir fī Nuzha al-Khāṭir*）』[56]の章題を表3に挙げる［*Rawḍ*: pass.］。表3に見られるように、その内容は、病の治療や妊娠の促進を目的とした医学的なものから、性行為のテクニックや媚薬について、または性器の名称の羅列、娯楽を目的とした逸話、詩や男女の美徳の説明と様々である。まさに上で見た、文学史料における描写と医学史料における記述を併せたような構成となっていることが窺えよう。多くの性愛学文献が、こうして、複合的で多様な知識を、独自の章立てによって分類しつつ、性愛について語ることを目的としているのである。これはまさにアダブ的関心と言えよう。

こうした複合的要素のため、こうした性愛にまつわる史料に対する定義は難しく、一般には様々な捉え方がなされてきた。これらの著作は、エロトロジー（erotology）やエロティカ（erotica）、日本語では、先の『匂える園』を筆頭に「好色文学」などと呼ばれてきたが、いずれも決まった定義に基づいているわけではない。また多くの場合、オリエンタリズム的視点から過度に官能的に創作された、世俗的な艶笑譚のようにみなされてきた。[57]

先行研究においても同様に、性愛にまつわる著作をどのように扱うかは、統一的な呼称を含め定まっておらず、[58]またその指す範囲も研究者によって異なっている。

例えば、「イスラーム医学」の碩学マンフレッド・ウルマン（Manfred Ullmann）は、自身の執筆した概説書の「衛生（Hygiene）」章の「性衛生（Sexualhygiene）」の区分において、一八人の著者と、約二〇点の性愛にまつわる著作を紹介している［Ullmann 1970: 193–198］。彼はあくまで医学の文脈にこれらの著作を位置付けているため、まずは先述のフナイン・ブン・イスハークやキンディー、クスター・ブン・ルーカーといった、医者たちによる著作を挙げている。[59]しかしその後、より多くの頁を割いて挙げるのは、先述の『匂える園』をはじめサマウアル・ブン・ヤフヤー

表 3　『匂える園』章題一覧

序　章		第 11 章	女の悪知恵（makā'id）について
第 1 章	賞賛に値する男について	第 12 章	男女の望みと利益について
第 2 章	賞賛に値する女について	第 13 章	性行為における欲望の原因について
第 3 章	軽蔑すべき男について	第 14 章	女性の不妊とその治療について
第 4 章	軽蔑すべき女について	第 15 章	男性の不妊の原因について
第 5 章	性行為の始まりについて	第 16 章	中絶を促す薬について
第 6 章	性行為の方法について	第 17 章	三種の男性器の不能の治療について
第 7 章	性行為における害について	第 18 章	小さい男性器を大きく立派にすることについて
第 8 章	男性器の名称について	第 19 章	女性器と腋下の悪臭を除き，膣を狭くする方法
第 9 章	女性器の名称について	第 20 章	妊娠の徴候と胎児の［性別の］印について
第 10 章	動物の性器について	第 21 章	本書の結論と，性行為によい卵と飲み物

(al-Samaw'al b. Yaḥyā al-Maghribī, d. 1180) の『恋人と交際する友たちの楽しみ（*Nuzha al-Aṣḥāb fī Mu'āshara al-Aḥbāb*）』や、アリー・ブン・ナスル（'Alī b. Naṣr al-Kātib, d. ca. 10c）の『快楽大全（*Jawāmi' al-Ladhdha*）』[60]、シャイザリー（Jalāl al-Dīn al-Shayzarī, d. 1193）の『婚姻の秘密の解明（*Kitāb al-Īḍāḥ fī Asrār al-Nikāḥ*）』[61]、ティーファーシー（Shihāb al-Dīn al-Tīfāshī, d. 1253）の『比類なき書における心の楽しみ（*Nuzha al-Albāb fī-mā lā yūjad fī Kitāb*）』[62]といった、いずれも本書では「性愛学文献」と呼びうる著作である（これらの著作の詳細は第五章を参照）。ウルマンはこれらにも医学的な記述が見られることから、自身の医学にまつわる著作内に項目を設けて扱っているのである。

一方、ブーディバは『イスラームのセクシュアリティ』のなかで、これらの著作を「エロトロジー（erotology）」と呼び、およそ一五点の文献を、若干の引用や解説を交えながら紹介した［Bouhdiba 1975=1980: 81–112］。彼はその源流をジャーヒズに求めているように、これらの性愛を主題とした著作を文学作品の一ジャンルとして捉えているようである。しかし実際は、ブーディバが取り上げる著作にはウルマンとかなりの程度重複もある。[63] ほとんど同様の著作を扱いつつ、それらを取り上げる研究者のスタンスにより、その位置付け方はいかようにも分類されうるのである。これは、各性愛学文献の持つ内容の複合性によると言えよう。

性愛学文献の位置付け

こうした前近代イスラーム社会の性愛にまつわる著作を、ひとつの学問ジャンル、あるいは著述作品のジャンルとして位置付けようとする試みは、これまでの研究でもなされてきた。しかし多くの研究は、何をもってひとつのジャンルとして採用するのかが不明瞭であり、文学的なものから医学的なもの、あるいは、奴隷購入手引きや旅行手引きに分類されるものまで、少しでも性愛にまつわる記述が含まれている史料を網羅的に挙げようとする書誌学的研究に留まっていたのである。[64]

これらをひとつのジャンルとして捉えようとする試みは、一九五八年にすでに、アラビア語写本研究の泰斗ムナッジド（Ṣalāḥ al-Dīn al-Munajjid）の『アラブの性生活（*al-Ḥayāt al-Jinsīya ʿinda al-ʿArab*）』に見られる［al-Munajjid 1958］。本書はかなり早い時期に性愛にまつわる文献情報を示し、部分引用しつつ紹介した、書誌学的研究と言えるが、特にこれらを「性的著作（al-tawālīf al-jinsīya）」と一括りにして捉えたという点で重要である。彼は、こうした著作の登場を、他文化との交流やアラブ世界の安定、女奴隷や少年奴隷の普及などの社会状況を背景とした、性的快楽への関心の高まりに求めている［al-Munajjid 1958: 99–100］。その後、先のウルマンやブーディバの研究などもありつつ、ロレンツォ・ディクリッチ（Lorenzo Declich）が、ムナッジドらの研究以降、多くの性愛に関する史料が出版されている状況を踏まえ、情報の更新を目的として多数の文献を紹介した［Declich 1994］。ここでは、これらの著作が複合的な分野であることが強調される。ディクリッチによれば、これらの著作は文学（letteratura）・教養（dottrina）・科学（scienza）といった諸分野を複合的に含む「学際的」なものであり、これらの史料著者はイスラームの伝統的な体系にないこれらの関連知識を、ひとつの体系として捉え直そうとするものであった［Declich 1994: 263］。

そうした潮流を受け、比較的最近になって、思想史・社会史を専門とするパトリック・フランケ（Patrick Franke）が、性愛にまつわる史料を、「イルム・アル＝バーフ（'ilm al-bāh）」という特定の分野に位置付けるべきだと主張した［Franke 2012］。「イルム（'ilm）」とは一般に「知識」や「学問」などと訳される語である。フランケによると、一般的には単に「性交」を意味する「バーフ」の語は、この文脈ではまさに現在の「セクシュアリティ（sexuality）」に相当する語として理解できるという［Franke 2012: 162–163］。彼はイルム・アル＝バーフを、「様々な知の分野が融合したハイブリッドな学問領域」であると言い、フーコーの言う「性愛の術（ars erotica）」[65]と重ね合わせさえしている［Franke 2012: 161–163］。

フランケの指摘は、一定の説得力があるもので、最近の研究では好意的に受け入れられつつある。[66]確かに、性愛を主題とする一連の著作群を、医学的な内容と文学的な内容の両方を含む、学際的なものとして捉える理解は有効なように思える。また、これらが、ある種の「学問」的な目的のもとに書かれたという主張にも首肯できる。実際、各著作の序文には知識を伝えることや満たすことが執筆の目的であると書いていることが多い。性愛にまつわる著作はしばしば、実用性を超えて、知的探究を目的として記されたのである。

その一方で、フランケの提唱するイルム・アル＝バーフ概念の利用には、若干の疑問も指摘できる。ひとつには彼が、この分野を学際的なものと言いつつも、根本的には「医学」を中心とした、ある種自然科学的なものであると捉えているように見える点である。また、もうひとつに、分析概念であるはずのイルム・アル＝バーフという語とその区分が、さも当時から認識されていたものであるかのように論を展開する点も指摘できる。これらはいずれも、フランケがオスマン朝の文人タシュキョプリュリュザーデ（Taşköprülüzade, d. 1561）やキャーティプ・チェレビー（Kâtip Çelebi, d. 1657）による辞典類に登場するこの区分に依拠していることが原因であるように思われる。例えばキャーティプ・チェレビーは彼の書誌目録『諸書名と諸学問についての疑問の探究（*Kashf al-Ẓunūn ʻan Asāmī al-Kutub wa-al-Funūn*）』[67]に、「イルム・アル＝バーフ」という区分を設けている。またそこでは確かに、この「学問

（ʻilm）」は「医学（ʻilm al-ṭibb）」の一分野であり、性的能力の低下などに対する「治療法（kayfīya muʻālaja）を研究する学問である」という記述が見られ、その根拠として、先述の『千の書』が、性欲を失ったある王様の精力回復のために書かれたとする記述が取り上げられている［*Kashf*: 2/7–8］。フランケはこれらを引用しつつ、この類の著作に見られる、いわゆる文学的な記述については、精力の向上を目指すという医学的な「治療」のために、あえて過激に執筆されたものだと主張する［Franke 2014: 168–169］。しかしこの『千の書』の記述が、必ずしも全ての著作に当てはまるという根拠はない。そもそもこの記述が文学上のレトリックである可能性もあり、『千の書』が本当にそのような意図のもとに記されたかも不明である。また彼らによる「イルム・アル＝バーフ」という章題も、おそらく便宜上つけられたものであり、少なくとも九―一〇世紀の史料でこうした区分の意味での使用は確認できない[68]。フランケ以前にも、ムナッジドやディクリッチなど、このイルム・アル＝バーフという区分に言及しているが、いずれも、性愛にまつわる著作全てに敷衍させることはなく、むしろ、こうした知識は「医学」としてではなく、「アダブ的な教養」としてカリフ宮廷における知のあり方のひとつとして捉えるべきことを強調している［al-Munajjid 1958; Declich 1994: 253–254］。やはり、フランケが主張する「イルム・アル＝バーフ」という分類は、あくまで分析概念であり、また全ての性愛にまつわる著作を包括する概念ではないことには留意しておくべきであろう。

これらの研究を踏まえ、本書ではひとまず上記の著作群に対して、性愛学文献という呼称を用いている。これらの文献は、①性愛にまつわる事柄を主題とし、その知識を伝えることを目的としていること、②そのために様々な分野の知識が複合的に記されていること、③そうした知識のある種定型的な分類の意図が見られること、の三点から一応の定義ができる。しかし先に見たように、これらは必ずしも絶対的なものではない。こうした性愛学文献と呼ぶことのできる著作群は、一八―一九世紀に至るまでアラブ社会に現れ続けた[69]。

性愛学文献のアダブへの影響

「性愛学文献」が記された理由のひとつは、先に少し触れた、一〇—一一世紀の「アダブからヒクマへ」の流れと関係するのかもしれない。アラブ歴史叙述研究の碩学ハリーディーによると、一種の教養として書かれていたアダブは、外来の知識の受容なども経て自然科学的な知識や合理性を取り入れ、より広く共有されうる「知恵（ヒクマ）」として広範に伝えられるべきものと捉えられる［Khalidi 1994: 164］。もちろんこれは、歴史叙述の視点から見た話であり、また、必ずしも明確に定められる区分ではない。しかし、アラブ散文文学全体の潮流として見ると、まさに、性愛についても、自然科学的な知識も取り入れながら、その関連する知識をひとつのパッケージとして保存する動きが、「性愛学文献」として現れたのである。

またそれとも関連して、性愛のようにひとつの主題を扱うのではなく、ひとつの著作のなかで様々な主題にかかわる逸話を包括的に蒐集し、それを章立て体系化するタイプの、「百科全書」的な逸話集が記され始める［cf. 岡﨑 2011］。先述の通り、イブン・クタイバは『情報の泉』のなかで一〇個の章で世の中を語ろうとしたが、時代を下るにつれ、扱われる項目やその細分化は進み、百を超える章の逸話集も珍しくなくなる。そのなかに、性愛にまつわる項目も含まれ始めたことで、特に主題を定めない一般的な逸話集のなかにも、性愛の要素が含まれるようになった。実際のところ、ここに、性愛学文献が頻繁に引用されるようになるなどの、直接的な影響を見ることはできない。しかし、アダブ書としての性愛学文献が書かれるようになるのと並行して、露骨な性描写を含む逸話が逸話集に収録される傾向が見られることも事実である。ある種、性愛にまつわる主題別の逸話集とも言える性愛学文献と、より広範を扱う百科全書型の逸話集の間には、直接的か間接的かにかかわらず相互に逸話のやり取りがあり、そのために性愛にまつわる逸話がより広範に広がっていったと考えられるのである。

一〇世紀までの代表的な逸話集には、ブワイフ朝期に法官も務めた文人タヌーヒー（al-Tanūkhī, d. 994）の『座談の糧（*Kitāb Nishwār al-Muḥāḍara*）』や『緊張の後の緩和（*al-Faraj ba'd al-Shshida*）』、サアーリビー（al-Tha'ālibī, d. 1038）

の『心の果実（*Thimār al-Qulūb*）』や『知識のラターイフ（*Laṭā'if al-Luṭf*）』などがある。これらには、アダブの本来的な趣旨である宮廷内での話題という意味でも、特に、宮廷の有名人の性的なスキャンダルや噂にまつわる逸話が多く引用されているが、そこには性愛にまつわる記述がしばしば見られる。それらはおそらく、過度に揶揄や誇張され、ムジューンの要素も含め文学的レトリックを駆使して積極的に語られたのである。

そして一〇世紀後半以降は特に、「百科全書」的な逸話集の多くに、性愛にまつわる項目が現れる。例えば、クルアーンの注釈書でも有名なラーギブ・イスファハーニー（al-Rāghib al-Iṣfahānī, d. 1108）の逸話集『文人の座談（*Muḥāḍarāt al-Udabā' wa-Muḥāwarāt al-Shu'arā' wa-al-Bulaghā'*）』は、全二五章、合わせて四千五百弱の逸話を収録する大部の百科全書的アダブ作品の典型である。その第一六章に「ムジューンとスフフ[70]についての章」が設けられている［*Muḥāḍarāt*: 473–546］。そこにはおよそ三百個の逸話や詩が挙げられており、そのほとんどにアブー・ヌワースを筆頭として引用元も付されている。またそれ以外の章であっても、内容に隣接する内容であれば、性愛にまつわる逸話も掲載されている。この著作はまさに、ハビーブが「アダブとムジューンを混ぜ合わせた百科全書的著作」と評している［Habib 2007: 48］通りのものだと言える。

こうした傾向は同種の他の逸話集にも見られるものである。ほぼ同時代にブワイフ朝下で活躍した文人アービー（al-Ābī, d. 1030）による『真珠の散乱（*Nathr al-Durr fī al-Muḥāḍarāt*）』も興味深い。刊本にして全七巻、一〇三の章を誇るこの著作のうち、第六巻の第一五章が「ムジューンの逸話」にあてられている[71]。この章は、その多くが宗教的な冒瀆や揶揄を含む逸話で構成されており、細部での「ムジューン」に関するニュアンスに変化が生じつつある状況も窺える。その他にもジュルジャーニー（al-Jurjānī, 1089）の『文人の換喩と雄弁家の隠喩に関する概要（*al-Muntakhab min Kināyāt al-Udabā' wa-Ishārāt al-Bulaghā'*）』など、この時代に記された百科全書型のアダブ作品には、性愛にまつわる逸話が多く見られる。これらと性愛学文献との直接的な影響は限定的である。しかし、文学技法であるムジューンとしてではなく、ひとつの知識として、性愛にまつわる逸話が逸話集に掲載されるようになるという変化からは、性愛にまつわる話題が文学表現に留まらず、アダブに取り入れられていく様子が窺えるのである。
その一方で、恋愛詩の文脈をより直接的に引き継いだ、ウズリー的な純粋な形で愛について記す伝統も一〇—一一世紀にかけて発展を見せた。こうした著作として最も有名なのが、イブン・ハズム（Ibn Ḥazm, d. 1064）の『鳩の首飾り（*Ṭawq al-Ḥamāma*）』であろう。これらは多くの愛にまつわる逸話を伝えているが、そのほとんどが純潔性に価値を置くものである。なお、注意すべきなのは、ここでの「愛」には同性間のものも含まれた。しかしやはり、それらについては、むしろ法的禁忌も手伝ってそのプラトニック性が強調される逸話が多く見られる。こうした潮流は、イブン・アビー・ドゥンヤー（Ibn Abī al-Dunyā, d. 894）の『楽器への非難（*Dhamm al-Malāhī*）』[72]に始まり、ガザーリー（al-Ghazālī, d. 1111）の『婚姻作法の書（*Kitāb Ādāb al-Nikāḥ*）』や、イブン・ジャウズィー（Ibn al-Jawzī, d. 1200）の『熱愛への非難（*Dhamm al-Hawā*）』[73]など法学的内容も含めて性倫理を説く著作に系譜を連ねていく。

さて、以下ではいよいよ、こうした史料上の潮流を踏まえた上で、冒頭の問題関心に応じるべく史料を読み進めていきたい。ここで整理した、史料の性格という点から、改めて本書の構成を示しておこう。次章ではまず、性愛にまつわる散文作品の端緒と言えるジャーヒズの『ジャーリヤとグラームの美点の書』を検討する。九世紀当時の性愛について語った無比なこの著作から、当時の性愛観念を取り出してみたい。次に、第四章では主に一〇世紀までの史料を対象に扱い、性愛学文献以前の性愛のあり方について逸話集や詩を用いて考えてみる。次に第五章では、性愛学文献における同性間での性愛について、医学史料との関係から読み解くことで、観念の変化について論じる。最後に、第六章ではそれ以降の逸話集に加え、人名録や年代記といった史料も広く用い、言説上に見られる〈同性愛〉概念の萌芽を示したい。

第三章　九世紀イスラーム社会における性愛観念
――「挿入モデル」の再検討――

この章では、「ソドミーから同性愛へ」テーゼの移行を探る前段として、「挿入モデル」の再検討という視点から九世紀時点でのイスラーム社会における性愛観念を明らかにする。

従来の研究でも、前近代イスラーム社会における男性同士での性関係が、年長者による年少者への挿入という「挿入モデル」に則った「行為」として理解されており、古代ギリシア社会における「少年愛（pederasty）」と類似した構造のもとにあることは指摘されてきた。[1] しかしギリシア社会と異なり、イスラーム法ではそうした行為を「為す者も為される者も」、年齢や立場によって程度の差こそあれ、最も重い罪に問われえた（本書序章7頁参照）。またそのため、イスラーム社会のこうした関係には、基本的に「徳」の教授のような教育的側面が含意されたり、美のあり方として理想化されたりすることはなかった。また、挿入される側の者については、古代ギリシア同様に少年や奴隷に加え、成人男性である去勢者やいわゆる「女々しい男（effeminate）」と呼ばれる者も史料に現れる。[2] 本章では、そうした前提の違いや類似を踏まえた上で、改めてイスラーム社会における「挿入モデル」の構造について考えてみたい。

本書において最初に検討すべきは、九世紀アッバース朝社会である。第二章でも詳述した通り、この時代イスラーム社会では、比較的安定した治世のもと、様々な文化や制度が発展・展開した。先述の通り、そのなかで、現在にまで通底するイスラームの基本理念や倫理・規範が形作られ、性愛にかかわる社会通念も形成されていったと言われている［Ahmed 1992=2024: 97, 120–122］。この時代の性愛観念を、特に同性間での性愛関係・行為に着目して検討することで、イスラーム社会における「ソドミー」がどのような構造で成り立っていたのかを、本書の端緒として窺い知ることができるだろう。

ここでは、九世紀の文人ジャーヒズによる『ジャーリヤとグラームの美点の書』を主史料として用い、彼の著作から読み取ることのできる性愛観念とその構造を示すことを目指したい。これも前章で示したように、アラビア語散文作品に見られる性愛に関する記述の現存する最初期のものが、ジャーヒズのこの著作であった。

実際、この著作は、当該社会の「同性愛」についての研究にしばしば用いられてもきている。最も直接的なものは、イスラーム初期史の大家ヒュー・ケネディ（Hugh Kennedy）が書いた『中世のセクシュアリティ・ケースブック（*Medieval Sexuality: A Casebook*）』の一章である［Kennedy 2008］。掲載書の性質上、概説的ながらも、この論考ではジャーヒズの『ジャーリヤとグラームの美点の書』の内容を簡単に紹介しつつ、〈同性愛〉概念の誕生にまつわる重要な問題に踏み込んでいる。

ここでケネディは、近代以前にも性的指向に基づく現代的な意味での「同性愛者」が存在した可能性を示唆している［Kennedy 2008: 186］。彼によると、ここではドーヴァーが着目した「挿入の問題（the issue of penetration）」はそれほど問題になっておらず、特に挿入される側の関心や快楽についての記述がアラビア語史料に出てくることはほとんどない。ケネディはフーコーの指摘を踏まえつつも、彼らのアイデンティティや自己像（self-image）は「性的パートナーの性別（the gender of their sexual partners）」によって大きな影響を受けており、また「本質的で選択の余地のない（essentially involuntary）」ものとして「性的嗜好（sexual preference）」が想定されているという意味で、当時すでに現代における「同性愛者」というカテゴリーが存在したことを示唆しているとさえ言うのである。

もしもこのケネディの見解が正しいものであれば、すでに九世紀には、イスラーム社会において現代と同様の「同性愛」概念が存在したということになる。媒体の性質上、ケネディはここで、十分な論証を行っているわけではない。以下では、ケネディの主張も踏まえつつ、『ジャーリヤとグラームの美点の書』を中心に、ジャーヒズの著作から挿入モデルについて、再検討してみたい。

第一節　同性間での性愛にまつわるジャーヒズの著作

イスラーム初期史を代表する文人ジャーヒズは、様々な分野の著作を残すなかで、同性間の性愛についても語っている。特にまとまった記述があるものとして、『ジャーリヤとグラームの美点の書』以外にも、『腹の背に対する優越性の書（*Kitāb fī Tafḍīl al-Baṭn ʿalā al-Ẓahr*）』［*Tafḍīl*］や『教師たちの書（*Kitāb fī al-Muʿallimīna*）』［*Muʿallimīna*］が挙げられる。

いずれも散文の小論であり、ジャーヒズの『書簡集（*Rasāʾil al-Jāḥiẓ*）』に収録されている。特に前者二点はそのタイトルからもわかるように、典型的なムナーザラ作品である。また、本文中でジャーヒズ自身が言うように、堅苦しい教訓と気晴らしになるような軽い逸話とを適宜配置し、読者の関心を途絶えさせないための「真面目と冗談」の技法を踏襲して書かれたものである。[3]

まず、『腹の背に対する優越性の書』について見てみよう。これは、「腹」と「背」とではどちらが優れているのかについて議論が繰り広げられるという、一見不可解な著作である。ジャーヒズ自身が腹を支持する立場として登場し、背が優れていると主張する甥からの書簡に対する返答という形で話は展開する。内容は多岐にわたり、例えば単純なものだと、「アリー――神が彼に喜びを与えますよう――の特徴における最たる美点は、彼が肉付きのよい脇腹をしていたことである」［*Tafḍīl*: 160］というように、腹や背に関する様々な故事や逸話が並ぶ。

ここでのジャーヒズの意図は、おそらく単純に人体の腹部と背中に関する逸話を紹介することではなく、性愛にまつわる事柄を暗示している。例えば、次の詩を交えた「腹」支持者であるジャーヒズの言い分を見てみよう。

私はこのような詩を聞いたことがある。

私の腹がお前の腹の上にある時。ああジャーリヤよ
我々には毛織の敷物も掛物も必要ない

こうした際に「私の背がお前の腹の上にある時」と言われることは決してない。腹の触れ合いによって敷物は不要となり、掛物がなくても満足がもたらされることとなるのだから［*Tafḍīl*: 160］

ここでジャーヒズは、「腹」をジャーリヤ（女性）との触れ合い、すなわち正常位での性交を暗示したものとして記していると考えられる。それに対する「背」は男性との後背位での性交である。ここでは、真の温もりが得られるのは女性との触れ合いによってであり、男性同士ではそのようなことは得られないと言っているのである。

この史料は、全編を通じて、表面上は腹と背にまつわる逸話を淡々と並べつつも、その実、女性との性愛を支持するジャーヒズと、男性との性愛を支持する甥との議論を、暗示的に様々な逸話で示した作品だと言える［cf. 岡﨑 2009: 308］。実際、この逸話集では、背を称揚することへの批判として唐突に「ロトの民」のクルアーンの章句が挿入されたり［*Tafḍīl*: 158］、背は腹よりも欠点があることの証拠に、「ルーティー（lūṭī）」への刑罰が「姦通者（zānī）」への刑罰よりも重いことを挙げたり［*Tafḍīl*: 164］と、終始、男女の性愛を仄めかす。何より、ジャーヒズがここでは、女性との性関係のみを肯定し、男性との関係を否定的に捉えていることは注目すべきである。

ジャーヒズが、男性間での性愛関係に否定的なのは、『教師たちの書』でも同様である。この著作は表題の通り、教師たる者の心構えを説いた小論である。主張はいくつかの項目に分かれており、そのなかの九番目の章「リワート非難の章」で、ジャーヒズ自身の見解として、同性との性愛行為への非難が記されている。[4] ここでジャーヒズは、この世は男女相互が調和するように造られていること、そして子孫が断絶することを防ぐべきだという主張から、リワートを非難している。

男（rijāl）が男によって、または女（nisā'）が女によって満足することにおいて、子孫の断絶がある。また子孫の断絶において、信仰と現世双方の無効がある。男が男に対して、または女（mar'a）が女に対して禁じられた行為をすることは、倒錯し反転したことのひとつである。神――彼の祈りが大きなものでありますよう――は男（dhakar）を女（unthā）のために創造したのだから［*Mu'allimīna*: 43］

こうした同性との性愛への非難は、ある種現代的な見方のようにも思える。すなわち、ここでは成人男性同士でも成り立つ理屈によって「リワート」が批判され、また、女性同士の性愛も想定されているのである。こうしたジャーヒズの記述のみからは、「挿入モデル」に合致するようには必ずしも思われない。やはり、ケネディの言う通り、九世紀当時すでに現代的な「同性愛」概念と同様の理解があったのだろうか。以下では、やはり最もまとまった分量のある『ジャーリヤとグラームの美点の書』を検討してみよう。

第二節　『ジャーリヤとグラームの美点の書』から見る性愛構造

『ジャーリヤとグラームの美点の書』は、表題にもある通り、一般的に女奴隷を意味するジャーリヤ（jāriya（pl.

jawārī）と、一般的に少年奴隷を意味するグラーム（ghulām (pl. ghilmān)）を比較するムナーザラ作品である。[5] ここでは、大人の男である両者の支持者（ṣāḥib）が交互に八回のやり取りを通じて、ジャーリヤとグラームとではどちらが性の対象として優れているかについて議論を行う。この議論では、ジャーリヤとグラームに留まらず、去勢者や老人の性にまつわる事柄にまで話題が及ぶ。また両者の発言は、ほとんどがクルアーンやハディース、逸話、詩の引用によって構成される。そして、この議論が終わると、読者をより楽しませるためにとの理由から［*Mufākhara*: 125］、性愛にまつわる二八個の逸話が雑多に並べられる。

この節では、基本的に『ジャーリヤとグラームの美点の書』を主要史料とし、登場する人物類型の詳細な検討と評価の基準から、当時の性愛関係を成り立たせていた構造を明らかにしたい。なお本節では文脈に依存した検討を含む場合があるため、本書末尾に当該史料の訳注を付した。適宜参照されたい。

第一項　「ジャーリヤ」「グラーム」という語が指す対象

『ジャーリヤとグラームの美点の書』において、まず注目すべきは「ジャーリヤ」という語と「グラーム」という語が指す対象である。双方、多くの意味を含む語であるが、ごく一般的には、ジャーリヤという語は女奴隷、グラームという語は少年や奴隷を指す言葉とされる［"Ghulām," *EI*²; 波戸 2008; 清水 2015］。しかし、この史料において性の対象として両者が表される際には、より広い範囲での意味が含まれるように思える。

ジャーリヤについての事例から見ていくと、例えば「女性（unthā）と性交すること」が「ジャーリヤと性交すること」と言い換えられる箇所［*Mufākhara*: 112］や「クライシュ族の高貴な女性（imra'a）」を指して「ジャーリヤ」と表記する箇所［*Mufākhara*: 132］など、女奴隷に限らない様々な女性がジャーリヤとして表現されている。最もわかりやすい例として、以下の逸話では「カイナ」「姦通女」「ジャーリヤ」が全て互換的に言い換えられる。

イラク総督が歌手のカイナ（qayna）を大金で購入した。〔…〕イラク総督は召使に、「ああ、グラームよ。この姦通女（zāniya）の手を取り、物語師のアブー・ハズラに引き渡してしまえ」と言い、〔…〕イラク総督が「例のジャーリヤはどうだったか」と尋ねた［*Mufākhara*: 128］

このような事例をまとめると、『ジャーリヤとグラームの美点の書』で用いられるジャーリヤという語はより広く、奴隷か否かや年齢にかかわらず、身体的な性が「女性」である者全般を指しうることがわかる。[6]しかし、例外として留意すべき点として「老婆（ʻajūz (pl. ʻajāʼiz)）」という語が二箇所の逸話で登場するが、彼女たちはジャーリヤと言い換えられることはなく、特にひとつの逸話中ではジャーリヤでない女性の典型として挙げられている［*Mufākhara*: 122–123, 135］。

一方、グラームについても上記のジャーリヤに関する場合と同様に、「若者」や「奴隷」など多様な表現に言い換えられる。[7]しかしジャーリヤの場合とは異なり、一般的な「男性」を指す語である「男（rajul (pl. rijāl)）」とは明確に区別され、身体的性が男性である者のなかでも成人男性とみなされない者のみが、グラームと言い換えられた。しかし実際、成人男性と成人男性とみなされない者との区分は曖昧でもある。例えば「青年（fatā）」という語は明確にグラームに対して用いられることもあれば［*Mufākhara*: 110］、成人男性に近い状態と思しき者に用いられることもある［*Mufākhara*: 130］。一方で同じく、若い男性の意味を示しつつも、より年齢層が下の者に用いられる「若者（ṣibā (pl. ṣibyān)）」「髭のない若者（amrad (pl. murd)）」という語に関しては、グラームに対してのみ用いられる。本文中からは少なくとも、基準は曖昧ながら、髭の有無などから明らかに成人男性に満たないとみなされる者がグラームと呼ばれていることがわかる。

『ジャーリヤとグラームの美点の書』において「ジャーリヤ」と呼ばれる対象は女性全般であるのに対し、「グラーム」と呼ばれる対象は成人していない男性や、社会的には成人男性とみなされることのない奴隷（詳細は本章で後述）であった。

第二項　ジャーリヤ・グラームへの評価と成人男性への評価

ジャーリヤとグラーム各々への評価に関して注目すべき点は、まず、両者の美点とされる要素が似通ったものだということである。両者の美点として挙げられるものの多くは外見に関するものである。例えばジャーリヤは顔の美しさ［*Mufākhara*: 127, 132］や尻の肉付きがよいこと［*Mufākhara*: 120, 122］、しなやかな体つき［*Mufākhara*: 96, 101, 121, 130］などが言及される。また年齢の若さが美点とされる箇所も多い［*Mufākhara*: 96, 103, 122, 132］。グラームについても同様に、顔の美しさ［*Mufākhara*: 110, 111］、尻の肉付きのよさ［*Mufākhara*: 106］、しなやかな体つき［*Mufākhara*: 106］について、ジャーリヤに対してなされたのと似た表現で評価される。また、若さが美点として扱われる点も共通している［*Mufākhara*: 96, 114, 125］。ここからはジャーリヤとグラーム各々が両者とも、成人男性である各支持者によって、同等の次元で評価されているということが理解できよう。

一方、両者に固有の美点も存在する。その主なものが、直接、身体と関係する評価である。具体的には、ジャーリヤに特有の美点としては女性特有の身体的性質により、性交の際の快楽がグラームとの性交よりも大きいという記述がある。それを端的に表しているのが以下の引用箇所である。

> あなたが素股を楽しみたいと思えば、ジャーリヤには、グラームにはない肉付きがよく突き出た尻がある。また抱きつきたいと思えば、ジャーリヤには、グラームにはない丸く膨らんだ胸がある。そして、あなたが具合のよい「訪れる場所（女性器）」を欲するならば、言うまでもないことであるが、それはグラームにはない［*Mufākhara*: 120］

この記述には、「挿入」のみが性行為とされていなかった点など複数の興味深い論点が含まれるが、特に、女性器こそが女性（ジャーリヤ）に特有の美点とされている点に注目したい。これに対応してグラーム支持者が挙げるのは、尻（aʻjaz）や肛門（faqḥa, ist）のよさであった［*Mufākhara*: 120, 124, 128］。

ジャーリヤの女性器とグラームの肛門との対応関係は、以下の、男性器が女性器ではなく肛門での性交に適した形になっているという、ルーティーの主張からも明らかである。

あるルーティーが伝えたことによると、男性器は肛門のために作られた。［その証拠として］円のために円になっているのである。[8]もしも、それが女性器のためにあるならば、戦斧（ṭabarzīn）の形になっていなければならない［*Mufākhara*: 126］

こうした違いからは、ジャーリヤとグラームの両者が受動性という点において、結局は同次元で評価されていることが指摘できる。ジャーリヤにとっての女性器という、成人男性にとっての美点は、グラームにとっての肛門であり男性器ではなかった。なおジャーリヤ支持者はこれに対して「いざ彼［の男性器］が、グラームの「鎌」[9]に入るならば、そこには汚物があり、その汚らわしいものは互いの生活を乱し、また互いの快楽を台無しにするのである」［*Mufākhara*: 120］と反論しており、肛門が挿入に使われたことは明らかである。

また、別の側面から両者への身体的性に基づく評価の違いを見てみると、他に出産・月経に対する見解の相違があった。ジャーリヤ支持者は、性交が出産に結びつく点を美点として捉える［*Mufākhara*: 104, 113］一方、グラーム支持者は、グラームは月経や子を孕むという面倒事がないため性的対象としてジャーリヤに勝っていると主張する［*Mufākhara*: 104, 113］。これも上記の事例と同様、議論の勝敗はともかく両者の受動性を示す。

一方、能動の側にあたる成人男性に対してはどのような評価がなされているのだろうか。ここまでジャーリヤとグラームへの評価として、両者ともに性の対象として受動性という点において、同次元で比較の対象とされていることが理解できた。『ジャーリヤとグラームの美点の書』で、成人男性の美点としてジャーリヤやグラームと共通して挙げられるのは、顔の美しさ［*Mufākhara*: 133］と年齢の若さ［*Mufākhara*: 98, 99］のみである。それ以外の美点は全て成人男性に特有のもので、高貴なこと［*Mufākhara*: 132, 133］や裕福なこと［*Mufākhara*: 98, 99, 132, 133］、髭があること［*Mufākhara*: 127］、男性器が大きいこと［*Mufākhara*: 133, 134］などであった。また年齢の若さについては「白髪であったり、腰が曲がっていたりする者」［*Mufākhara*: 98］と比較していることからもわかるように、一定の年齢に達していることは前提とした上での若さであり、未成年の男性を指しているわけではないという点は留意すべきである。

こうした成人男性の美点、特に女性器や肛門のよさに対する男性器のよさ、あるいは、出産させられる（できない）側に対する出産させる側、といったように身体的性に関する特徴を鑑みるに、やはりこれらは性交や婚姻における、受動の側に対してなされる評価基準と、能動の側に対してなされる評価基準との違いだと言える。高貴なこと・裕福なこと・男性器が大きいことという美点は全て、女性が婚姻や性交の相手を評価する文脈で現れている点も、これを裏付けている［*Mufākhara*: 98–99, 114, 127, 132–135］。

以上から窺うことができるジャーヒズの理解をまとめると、彼は性愛関係の主体として成人男性を、その客体としてジャーリヤとグラームの両者を、それぞれ想定していた。ここでの「ジャーリヤ」とは身分や年齢にかかわらずほぼ全ての女性を指す語であり、「グラーム」という語は身体的な性が男性でありつつ成人に満たない者を指す語であった。ここからは当時の性愛構造を、ジャーリヤ・グラームという両者ともに「成人男性ではない」という意味においての「非・成人男性」と成人男性との、緩やかな二項対立的区分に基づいた「挿入モデル」に則って理解することが可能である。当時の社会において中心的立場にあった成人男性は、その他の者すなわち非・成人男性をいずれも、性の対象として捉えうるという構造があったのである。

第三項　非・成人男性と成人男性の境界

さて、以降で問題となるのは、この「非・成人男性」と成人男性の区分がどのような観点からなされていたのかという点である。上で触れたような用語法からは、両者が基本的に年齢によって区分されていると理解できる。しかし、ジャーヒズの著作を通して見ると、この両者の区分を規定する要素は年齢のみではないようにも思える。なぜなら、年齢的・身体的には成人していても、去勢された人々やムハンナス（mukhannath）と呼ばれる人々が受動側の者として捉えられているためである。この項では各々の境界という視点から、当時の性愛構造を掘り下げてみる。

グラームと成人男性の境界

非・成人男性と成人男性との境界を明らかにすべく、まずはグラームと成人男性の境界を探ってみたい。

そもそも、奴隷としてのグラームを考える時、彼らは主人をはじめとする自由人の成人男性にとっては、実際の年齢には関係なく、成人していないものとして扱われた。清水和裕が、まさに「半人前」の存在と言うように、奴隷は、無能力者として社会的に人格が軽視される存在であり、法的責任においても自由人女性や子どもと同等の扱いを受けた［清水 2015: 15–16, 84–88］。実際、奴隷男性は「ムフサン」である自由人男性と比べて、性行為における法的責任を問われなかった［Omar 2012: 251–252; 本書序章注21］。

また上で示したように、「グラーム」と呼ばれる人々には、奴隷に限らず、少年や若者も含まれていた。それでは単に年齢を重ねることによって、グラームは自動的に成人男性とみなされるようになるのだろうか。確かに『ジャーリヤとグラームの美点の書』においても、「グラームの輝かしさとその頬の純潔が保たれるのは長くても一〇年間で、髭が生え始めて「髭のない若者（murīda）」の境界に差し掛かるまでに過ぎない」のであり、グラームとは「時に、一度は髭が生え揃ったにもかかわらず、男性たちの欲望を掻き立てるためにそれを抜きさえする、恥知らずな者」[*Mufākhara:* 122] だというジャーリヤ支持者からの非難の記述がある。この記述で注目すべきは、一〇歳前後という年齢を指す記述よりも、髭の有無を問題としている点であろう。

これまでの事例からも窺えるように、髭は成人男性の外見的な象徴の役割をなしていた。例えば髭があることは成人男性特有の美点であった一方で、グラームの美点には髭がないことがあった [*Mufākhara:* 98, 112]。この髭の有無は、単に年齢を測る指標というよりも、ジャーリヤ(女性)との類似性を示す特徴として捉えるべきだろう。これは、近代国民国家形成期のイラン社会における、少年・青年と女性の美的描写の検討から異性愛規範の浸透過程を明らかにした、ナジュマーバーディーの研究と同様の結論だと言える。彼女によると、一九世紀イランでは髭が生え揃うまでの少年と女性とが同じ美的基準で捉えられていた [Najmabadi 2005]。このアッバース朝期の事例も、まさに成人していない男性と女性との捉えられ方の類似を表していると考えられよう。

去勢者と成人男性の境界

前近代イスラーム社会においても、去勢者は、主に家内奴隷として存在していた。[10] 一般的にイスラーム法においては、自由身分のムスリム男性に対して去勢手術を行うことは禁じられており、また奴隷であっても、最低限度の尊厳や生命の安全は法的に保証されていたために、去勢されることはなかった [Ayalon 1999; 清水 2015: 61–63]。

しかし、実際にはカリフ宮廷をはじめ、とくにハレムの管理という役職を担うことができるという有用性によって、去勢者は多く輸入されていた。[11] アッバース朝宮廷の書記ヒラール・サービー (Hilāl al-Ṣābī, d. 1056) によって記された、『カリフ宮廷のしきたり (*Rusūm Dār al-Khilāfa*)』によると、真偽はさておき、アッバース朝第一七代カリフ、ムクタフィー (al-Muqtafī, r. 902–908) 時代の宮廷には「スーダーンの宦官 (khādim) とサカーリバの宦官が合わせて一万人」、第一八代カリフ、ムクタディル (al-Muqtadir, r. 908–932) 時代の宮廷には、「一万一千人の宦官がおり、その内訳は、スーダーン七千人、白人サカーリバ四千人であった」［*Rusūm*（カリフ宮廷のしきたり）: 8–9 (9–10)］と記されている。

『ジャーリヤとグラームの美点の書』において去勢者は、「ハスィー（khaṣī (pl. khiṣyān)）」や「ハーディム（khādim (pl. khuddām)）」と表される。ハスィーは「男性器（ʻuḍw）を切り取られる」者だという記述［*Mufākhara*: 124］や、ハーディムが女奴隷の管理という去勢者に特有の職務を命じられている点［*Mufākhara*: 128］からも明らかであろう。ハーディムの語は、本来はより広く使用人などを意味するが、デイヴィッド・アヤロン（David Ayalon）が、少なくとも同史料では去勢者・宦官を意味して用いられることを明らかにしている。[12]

去勢者の捉えられ方を示す逸話として『ジャーリヤとグラームの美点の書』に次のものがある。

ある王が自らの去勢者を携えて妻を訪ねた。すると彼女が身を隠したので、王は「こいつは女性の立場にあるのに、お前は彼から隠れるのか」と言ったところ、彼女は「彼は見せしめの罰の状態にあるのではないのか。神が禁じたことが、彼には許されるのでしょうか」と応じたのである［*Mufākhara*: 125］

この伝承からは、男性の側から見ると去勢者は性的に受動か、少なくとも能動ではない者とみなされており、そのために自らの妻と会っても構わない存在だと考えられていたことがわかる。一方で、妻の立場からすると、去勢されていたとしても、宦官はあくまで一般的な成人男性と同様の存在であった。[13]

また成人男性の立場からは、やはり去勢者がジャーリヤやグラームに近い者として捉えられていることが、その美点についての記述からもわかる。『ジャーリヤとグラームの美点の書』における彼らの美点についての記述は、顔が美しいこと［*Mufākhara*: 123］やしなやかな体つき［*Mufākhara*: 105, 123］、肌が滑らかなこと［*Mufākhara*: 123］などと、ジャーリヤやグラームへの評価と同様の表現で記されている。また、髭がないことが美点として捉えられていることからは、髭があることが美点であった成人男性よりも、ジャーリヤやグラームといった非・成人男性の側、すなわち性愛において客体の側としてみなされていたことが窺えよう。

ジャーヒズが去勢者をどのように捉えているかを理解しやすい記述に、去勢者とは「「切断された者」であり、①男（rajul）でも女（imra'a）でもない者である。その性質は、②女（nisā'）の性質と若者（ṣibyān）の性質とに分かれている」［*Mufākhara:* 123］という一文がある。まずは、破線部②から見てみると、去勢者が nisā' や ṣibyān の性質を併せ持った者として扱われており、成人男性よりもジャーリヤやグラームに近い者として捉えられていることが窺える。上で述べたように、「若者（ṣibyān）」という語は成人男性を指す際には用いられず、グラームを指す際に用いられる語であった。同じく去勢者が nisā' と ṣibyān の性質を併せ持った者だという評価は「去勢者は、突然泣いたり怒ったりしやすいが、それは nisā' や ṣibyān の特徴である」［*Mufākhara:* 124］との記述からも確認でき、やはり去勢者が非・成人男性の区分に当てはまるものとして認識されていたことがわかる。さらに破線部①を見ると、ここでは身体的な性別としての男性・女性を示す rajul と imra'a という語を使って去勢者が成人男性（rajul）でもないとされている。つまりここからは、ハスィーは去勢されており、男性器がないという意味で、身体的な性別としては男性でも女性でもない者として捉えられていたことが理解できる。以上の『ジャーリヤとグラームの美点の書』での去勢者についての記述からは、彼らが性愛に関する区分においてはジャーリヤやグラームといった非・成人男性の側にあたる者とみなされており、また去勢という事実を通じて、成人していても身体的な性は成人男性とは異なる、特異な存在として捉えられていたことが窺えるのである。[14]

ムハンナスと成人男性の境界

ムハンナスとは、次章以降で詳述するように、女性らしい者という原義を持ち、ウマイヤ朝期以前には、女装して歌手や楽器演奏家などを務める職業階層を指した［Rowson 1991a; 堀内 2013］。彼らは基本的には成人男性であったが、「女性らしさ」の一環として同性との性行為において受動側の役割を担うこともあったとされる存在である[“liwāṭ,” EI²; El-Rouayheb 2005: 16]。

『ジャーリヤとグラームの美点の書』では、ムハンナスが性的な欲望のために男性性を捨て、女性に近い性質になった者として認識される逸話がある。ここでは、ある女性がムハンナスを非難して「お前が欲望のあまりに、男（rijāl）の性質から女（nisāʾ）の性質に移り、ついには自分の髭を剃りさえしたという事実は、確かに、我々がお前を責めることを躊躇わせます」と言う[*Mufākhara*: 127]。この記述からは、ムハンナスが性的な快楽のために女性的な性質になることを自ら求めた者だと認識されていることがわかる。その一方で、身体的な成人男性を指すrijāl が用いられていることと、髭を剃るという描写から、身体的には成人した男性であった。また、そうしたことが否定的に捉えられている。

ムハンナスと成人男性との境界を考える際には、また髭が重要な要素となる。上で見た通り、去勢されることで「男（rajul）」でなくなり、「女（nisāʾ）の性質と若者（ṣibyān）の性質」を持ち合わせるようになったのと同様に、「髭を剃ること」でムハンナスは「男（rijāl）の性質から女（nisāʾ）の性質に移る」。また別の逸話では、宮廷で音楽家として活動したイスハーク・マウスィリーが「私はとても顔の美しい若いムハンナスと出会った。しかし彼は髭を剃ってしまっており、顔の魅力を減じていた」[*Mufākhara*: 127]と言ったとある。その後、イスハークは髭こそが男を美しくするのになぜそれを剃るのかと問いかけるも、ムハンナスはこれに反論する[*Mufākhara*: 127]。

これらの逸話からは、ムハンナスが周囲からは成人男性としてみなされていながら、本人の意思により成人男性と見られることを拒む者として捉えられていたことがわかる。そしてその際に重要なのが髭の有無であった。髭こそが成人男性の証であり、逆に髭がないことが非・成人男性の視覚的な印であった。ムハンナスは場合によっては、性的な対象として見られるためにこそ、非・成人男性に共通する髭がないという美点を求める者だとさえ考えられていたのである。

しかし、グラームとムハンナスの捉えられ方には大きな違いがあった。すなわち、両者とも髭の有無によって非・成人男性として捉えられていながら、グラームはそれが美点とされる一方、ムハンナスは否定的なこととして取り上げられる。上でも挙げたが、グラームとは「時に、一度は髭が生え揃ったにもかかわらず、男性たちの欲望を掻き立てるためにそれを抜きさえする、恥知らずな者である」［*Mufākhara:* 122］というジャーリヤ支持者からの非難からも、そのことは明らかであろう。これはなぜなのだろうか。

これまでの事例を再度見直してみると、問題となるべきはムハンナスが「自ら」髭を抜いている点であろうと考えられる。グラームはそもそも髭が生えていないためにこそ非・成人男性なのであり、髭が生えるとグラームではなくなり一己の成人男性となる。それに対し、ムハンナスは髭が生えたにもかかわらずグラームのままでいようとすることを自ら志向する者として、非難の対象となっている。すなわち、ムハンナスに対する非難は「髭を剃る」という行為自体への非難というよりは、身体的な決定や一般的な性愛観念に反した行いをすることへの非難と捉えるべきであろう。

以上の議論を一旦まとめると、ジャーリヤやグラームと成人男性との間には性的な区分があった。男／女という身体的性で捉えられる区分が、当時、性愛の場においては、成人男性／非・成人男性という身体的性にとらわれない区別で捉えられていたのである。そしてその区分とは、去勢者やムハンナスの事例からもわかるように、単に身体的な成長によってのみ決定されるものではなかった。例えば去勢者は去勢されることによって、ムハンナスは自ら髭を剃ることによって、それぞれの立場で認識されえたのである。

第三節　成人男性の美徳としての「男らしさ」

成人男性と「非・成人男性」の境界は、ただ年齢によるものだけでなく、髭や男性器の有無といった視覚的な印、または奴隷か否かといった社会的身分によって定まっていた。こうした構造に通底する社会的認識に、「男らしさ」の有無がある。当時のイスラーム社会の規範のもとでは、「男らしさ」が重視されていたことは知られている。本来この観念は前イスラーム期からのアラブ遊牧文化における徳目であり、男性の理想的な行動倫理としてフトゥーワ（futūwa　若者らしさ）と並んでムルーア（murūʾa　男らしさ）が強調されたが、イスラーム以降もこうした美点はイスラーム的な徳目と結びつき、勇敢さや献身性、気前のよさといった成人男性の美点がムルーアとされた［清水 2002］。

ジャーヒズによると、非・成人男性の男性性と成人男性の女性性は欠点として捉えられる。『ジャーリヤとグラームの美点の書』においても、教友アナスの「神の使徒――神が彼に祝福と平安を与えんことを――は、女性的な男性（muʾannathīn min al-rijāl）と男性的な女性（mudhakkarāt min al-nisāʾ）を呪った」というハディースを引用している通りである［*Mufākhara*: 101］。また、このようなジャーリヤの男らしさが欠点とされた一方で、「グラームらしさ」はジャーリヤの美点として挙げられていた［*Mufākhara*: 96］。ジャーリヤとグラームは同じ観念のもとで捉えられている一方、それに対する観念に男らしさがあると考えられるのである。

実際、性行為における能動・受動の役割が、「男らしさ」「女らしさ」の概念と結びつけられて表現される事例は少なくない。例えば、一〇世紀の歌集・逸話集である『歌書』には、以下のような逸話が掲載されている。

四人の女（nisāʾ）と四人の男（rijāl）がいる［場合］。一人の男らしい男（rajul）と一人の女らしい女（imraʾa）とでは、彼が彼女の優位に立つ。一人の女らしい男と一人の男らしい女とでは、彼女が彼の優位に立つ。一人の男らしい男と一人の男らしい女とでは、二人が二匹のヤギのように互いに突き合う。一人の女らしい男と一人の女らしい女とでは、二人はよいことへは向かわず、幸せにならない［*Aghānī*: 16/87］

この記述では、性愛の場においては男女という身体的性よりも「男らしさ」と「女らしさ」こそが、性交の際の能動と受動の役割を規定したということが示されている。これを踏まえて、再びジャーヒズの記述に戻ると、さらに興味深い事例がある。

伝えられていることによると、メディナに「緑のサッラーマ」[15]と呼ばれる恥知らずの女がいた。彼女はムハンナスを張型で犯していた（taniku）ところを捕まり、総督のところに連れていかれた。総督は彼女を鞭打ち、ラクダに乗せて引き回しの刑に処した。そこに、彼女の知人の男が出会し、「ああ、サッラーマよ。これは何としたことだ？」と尋ねた。そこで彼女はこのように答えたとのことである。「神かけて。黙れ。この世で最も不当なものは男である。お前たちは皆、いつだって我々［女性］を犯す。しかし、いざ我々がお前たち［男性］を犯すということになると、お前たちは我々を殺そうとするのだ」［*Mufākhara*: 135］

この逸話では、身体的には女性のサッラーマが能動の側として、ムハンナスを犯す形での性交を行っている。上で確認したように、ムハンナスの身体は成人男性であるものの、性愛の場においては非・成人男性として捉えられることを考えると、やはり身体的性にかかわらず「男らしさ」の有無が性交の能動と受動を決める観念であったということが理解できよう。しかしその一方でサッラーマ自身が述べるように、男性が女性を犯すことが一般的であったことや、非・成人男性であるムハンナスが受動の側として犯されることに対しては何も記述がないのに、非・成人男性であるサッラーマは能動側の役割を担ったことによって罰せられている点も、両者の非対称性を理解するうえで注目に値する。

実際、第一節で触れた『腹の背に対する優越性の書』にも性愛において能動の側が「男らしく」、受動の側が「女らしい」とされる、より直接的な言及が見られる。

腹には美点として、その面に美しい顔や綺麗な見た目があるということがあり、背には欠点として、その面に尻があるということがある。それはすなわち、腹の高潔さと背の汚さの最も明らかな証拠である。ある男を描く際には、その者の正面からであれば男らしく（fuḥūla）て勇敢な者（shajāʿa）として描き、その者の背面からであれば悪意（khubth）や娘（ibna（ウブナ ubna））として描く。勇敢さを表現する時には、「何某が前方へ行く」と言い、臆病さを表現する時には「何某が後ろへ向く」と言う。この二つの描写はなんと異なることだろうか。面前で戦いと出会う者と、うなじで出会う者（戦いに挑む者と逃げる者）、犯す者（nākiḥ）と犯される者（mankūḥ）、騎乗者（rākib）と騎乗用の動物（markūb）、主体（fāʿil）と客体（mafʿūl）、来る者（ātin）と来られるところ（maʾtīn）、下（asfal）と上（aʿlā）、訪問者（zāʾir）と迎える者（mazūr）、征服者（qāhir）と被征服者（maqhūr）［といった各々の両者はなんと異なることだろうか］［*Tafḍīl*: 160–161］

これはもちろん、様々な言葉を対にして並べる、アダブとしての一種の言葉遊び的な一節である。しかし、やはりここでは、異性との性愛を表す「腹」に対して同性との性愛を表す「背」という構造を仄めかし続けてきたジャーヒズが、「腹＝正面＝男らしさ・勇敢さ＝犯す者」に対して「背＝背面＝悪意＝犯される者」という対比関係を直接的に表現している点に注目すべきである。

以上、ジャーヒズの性愛観において、成人男性は社会通念における「男らしさ」とともに捉えられ、それが性愛における能動性と密接に結びついていた。またこのことは、「男らしさ」や「女らしさ」に対する捉え方が、社会において相対的に変化することによって、各場面での性愛の構造自体が変化しえたことを意味する。例えば、明示的に身体的性と一定の年齢に達していることを示す髭は、容易に操作することができる要素であった。そのためムハンナスは髭を剃り、男らしさを手放すことを試みたのである。しかし男らしさは当然複数の要素によって決まるため、ある場面では見た目や年齢という別の要素から、単に髭を剃った成人男性とみなされることもあったと考えられる。あるいは逆に、奴隷などはその身分の低さから、髭があっても成人男性からは非・成人男性とみなされる場合もあっただろう。

よりはっきりした要素としては、去勢がある。男性器の有無は身体的性と直結する要素である。しかし、当然ながら場面によっては男性器がないことと「非・成人男性」性は直結しない。それを表す例が、上でも挙げた君主と君主の妻による去勢者の捉え方の違いが起こった逸話［*Mufākhara*: 125］である。男らしさとはあくまで複数の要素による、相対的評価であった。つまりここでは、君主からすると妻と同じカテゴリーである非・成人男性と認識される去勢者であっても、身体的性が女性の君主の妻からすると去勢以外の要素から相対的に判断した結果、去勢者は成人男性のカテゴリーで捉えるべき存在であり、そのため目の前に姿を表すことを拒んだのである。ジャーヒズの「去勢者は、男と一緒にいる時には女であり、女と一緒にいる時には男である」［*Mufākhara*: 124］という記述はまさにこうした状況を表している。実際、オスマン朝のハレムに仕えた去勢者は「「男性の」目と手を持ち」「他の女性よりは男らしい」という理由から、ハレムの女性と性行為を行うことがあったと言われる［Ayalon 1999: 316］。その場合、性交に用いられたのは去勢者の「手」であり、去勢者が能動側の役割を果たす性行為であったと言えるだろう。去勢者は、去勢されても女性を指向することが大半であり［*Mufākhara*: 124］、去勢者も女性（非・成人男性）との関係においては、相手との相対的な比較によって「成人男性」となりえたのである。

第四節　小　括

この章では、九世紀の文人ジャーヒズの『ジャーリヤとグラームの美点の書』を主史料として、当時の性愛観念とその構造について検討した。

まず「ジャーリヤ」と「グラーム」という語がそれぞれ指す対象の分析と、ジャーリヤ・グラームへの評価と成人男性への評価との比較を行うことで、性愛の場における当時の性区分として、身体的な性に基づく区分ではなく成人男性と「非・成人男性」という曖昧さを含んだ区分で捉えられること、そしてそれぞれが性交において能動と受動の役割をそれぞれ担っていることを指摘した。さらに、いずれも身体的には男性でありながら非・成人男性とみなされうるグラーム・去勢者・ムハンナスという三者と、成人男性との境界について検討することで、各々の境界は、様々な要素によって成り立つ可変的で非常に曖昧なものとして捉えられていたことが明らかになった。性愛の場においては、その境界は場によって可変的で曖昧ながら【成人男性＝挿入側（能動・主体）／非・成人男性＝被挿入側（受動・客体）】という区分が前提であり、【男／女】という身体的な性区分は基本的には前提とされなかった。

最後にそれを受けて、そうした境界を定めていたのは、当時のイスラーム社会に通底していた「男らしさ」観であったことを示した。社会的地位や、髭・男性器の有無などの条件は、それによって直接、成人男性性や、非・成人男性性を獲得するものではなく、「男らしさ」が付与・没収されるための要素であるという理解に至った。

これらの結果は、基本的に先行研究でも言われてきた通り、前近代イスラーム社会における同性間での性愛行為は、年長者による年少者への挿入行為に基づく「挿入モデル」に則った「行為」として理解することができる。同性との性愛行為はイスラーム法で強く禁止されたにもかかわらず、このモデルに則っている限りにおいて、社会的には比較的寛容に扱われえたのである。

一方で、九世紀当時のイスラーム社会における「挿入モデル」は、単純に年齢差のみに基づくのではなく、社会的身分や奴隷制、さらには身体的特徴や各自の指向などによって変動しうる可変的なものと捉える必要がある。そしてその可変性を支える要素は、イスラーム社会に通底していた成人男性の美徳としての「男らしさ」という徳目であった。単純に言えば、前近代イスラーム社会における「挿入モデル」は、「男らしさ」を有する者が、意図的無意図的にかかわらず「男らしさ」を手放した者に挿入する形で成り立っていたのである。

この点で、冒頭の、当時すでに現代における「同性愛者」というカテゴリーが存在したというケネディの主張は疑わしいものと言わざるをえない。確かに、同じジャーヒズの著作でも『ジャーリヤとグラームの美点の書』以外の著作、特に『教師たちの書』においては現代的とも捉えられる論理展開で「同性愛」への否定的な視点が見られた。また、「リワート非難の章」と題された項目に、年齢や立場の差に必ずしも基づかない形で男性同士の性愛や、さらには女性同士の性愛までもが想定されている点からは、前章までで幾度となく批判してきた「本質主義的」な「イスラームの同性愛」というものが、すでに前提となっているようにも見える。しかし、上記の大部分で検討したように、ケネディも用いた『ジャーリヤとグラームの美点の書』からは、そうした傾向は見出せない。

また、『教師たちの書』に見られるこうした記述も、男女の区分が明確にある当該社会においては自然なレトリックのようにも思える。例えば、同じくジャーヒズの『カイナの書』には「愛」や「情」の概念を検討する箇所に、次のような言及がある。

> 男は女を愛し女は男を愛するという本質的な「親和性」(mushākala al-ṭabī'a)は、全ての動物の雄と雌に組み込まれている。それが、「愛」や「情」に組み合わさった際に、真の「恋」となるのだ。例えば男性から男性への「恋」について言えば、それは欲望から派生したものでしかないため、欲望がなくなった際には「恋」と呼ぶことはできなくなる[*Qiyān*: 16]

ここでは、かなり明確に「本質主義的」な論理展開によって「異性愛」と「同性愛」とも取れるような言及がある。しかし、こうしたものは、あくまでも理論上での議論であろう。注意しなくてはならないのは、上記のような性愛の場における成人男性/非・成人男性の区分と並行して、イスラームにおける身体に基づく男/女の二分法的区分も観念上強く存在していた点である。成人男性と「その他」のような、非常に男権的とも取れる社会において、クルアーンをはじめ特に法学や神学など理念的・宗教的な面では身体に基づく区分は強力であった。そうしたなかで上記のような、ある種、「本質主義的」な捉え方が、理論の上では「自然」なものとして垣間見えるのである。

こうした「挿入モデル」のみでは捉えきれない観念の動きも追いつつ、以下では、特にこのモデルにおける受動側の者に着目した検討を行いたい。上記ムハンナスの事例に顕著であったように、自らの意図で「男らしさ」を手放す存在の検討は、〈同性愛〉概念の萌芽を見るのに重要に思われるからである。

第四章　九—一一世紀イスラーム社会の「異性装」とセクシュアリティ

この章では、特に九—一一世紀イスラーム社会における「異性装」を行う者たちに対する人々の認識を検討することで、当時の性愛観念を理解する一助としたい。特に、そうした者たちを、ブレイの言うサブカルチャーと関連づけて捉えることができるのか、また、一定の集団としてのアイデンティティを持つ存在として捉えられるのかという視点から考察する。これは、第一章でも述べたように、彼らの自己認識ともかかわる重要な問題である。前章で見た通り、前近代イスラーム社会における「挿入モデル」において重要であったのが、成人男性と「非・成人男性」の境界であった。特に、自らの意図で「男らしさ」を獲得・放棄することによって生じる曖昧な境界は、〈同性愛〉概念の誕生ともかかわる。こうした点に基づき、本章では、男らしさ／女らしさを明確に表す指標であると考えられる装い、特に異性装の事例について、自らの意図の有無や規範との兼ね合い、さらにはそうした異性装を行う者の自己認識の問題も含めて検討したい。

前近代のイスラーム社会における異性装については、十分な研究蓄積があるとは言えない。[1] 後にも触れるように、男装か女装を別個に扱ったものはいくらか存在する。しかし、両者を総合的に「異性装」として取り上げ、当該社会のジェンダー構造やセクシュアリティのあり方に迫ろうとするものは少ない。

そうしたなかでも重要なものとして、まずローソンの研究が挙げられる。彼は、中世中東社会における男装者をグラーミーヤ（ghulāmīya）、女装者をムハンナス（mukhannath）と呼んで検討を進め、両者とも、売春を含め倫理的に不道徳とされた職に従事したという共通点に着目する。ここから彼は、「異性装」行為が当時の成人男性を頂点とするジェンダー構造を前提としたものであったことを指摘すると同時に、異性装と性別越境が必ずしも対応するわけではないことを示した［Rowson 2003］。

しかし、ここでの「異性装」という一括した理解には疑問も残る。ローソンは「異性装（transvestite）」を「男性が女性の、女性が男性の」装いをすることと定義する［Rowson 2003: 46］。すなわち、ここでは単純に男／女という身体的な性別による区分を前提としている。しかし、異性装をセクシュアリティとのかかわりから捉える際に、前近代の事例においても、二分法的な性区分を絶対のものとしてよいのだろうか。

こうした関心から本章では当時の異性装について、まずはイスラームにおける理念を確認した上で、実態として現れる「男装」と「女装」のずれに着目して考察を加える。

第一節　イスラームの理念における「異性装」——ハディースとその解釈——

イスラームの理念上、異性装は禁止されるという理解が一般的である。クルアーンにはその明確な根拠を示す記述はない。しかし旧約聖書の申命記第二二章五節の記述をもって異性装は忌避されている。[2] より具体的に、イスラーム法が異性装を禁止する法源として挙げられるのは、ハディースである。[3]

当該ハディースのなかで、最も明確に異性装の禁止を示すと考えられている伝承は次の系統のものである。

イブン・アッバースによると、預言者は女装する男達と男装する女達（al-mukhannathīn min al-rijāl wa-al-mutarajjilāt min al-nisā'）を呪い、「彼らをあなた方の家から追出せ」と命じ、実際、彼は或る人を追出し、またウマルも或る人を追出した〔*Bukhārī*（ブハーリー）: 5547 (5/284)〕

この伝承は、六書に含まれるハディース集の四箇所中三箇所において「衣服の章」か「作法の章」に配置されている（残りは「刑罰の章」）ことからも、外見的な異性装にまつわる規定を示すと理解される。同系統のなかで「女装する男達と男装する女達」と表記されるバージョンの他に、「女を真似る男と男を真似る女（al-mutashabbihīn min al-rijāl bi-al-nisā' wa-al-mutashabbihāt min al-nisā' bi-al-rijāl）」というものもある〔*Bukhārī*（ブハーリー）: 5546 (5/284); *Ibn Māja*: 1903, 1904; *Tirmidhī*: 2784〕。

ここで「男装者」の意味で用いられるのは、広く男性を意味する raiul という語彙から派生した「ムタラッジラ（mutarajjila）」という語である。ナサーイーの他の伝承でも、「復活の日に神が目を向けない三種の者」として、両親に従わない者と不貞をはたらかれた者（duyūth）に並んで、「男装する女性（al-mar'a al-mutarajjila）」が挙げられている〔*Nasā'ī*: 2562〕。

一方、「女装者」は「ムハンナス（mukhannath）」と記されているが、前章からもわかるようにこの語は様々に用いられ、一様には意味が定まらないものである。現在広く用いられているアラビア語・英語辞書の「ムハンナス」の項目には "bisexual; effeminate; powerless, impotent, weak" という訳語が挙げられている〔"kh-n-th," *Wehr*〕。また『イスラーム百科事典 新版』では「リワート」の項目で、ムハンナスを「マアブーン」の同義語だとしつつも、普通の用法では両性具有者を指すと説明している[4]〔"liwāt," *EI*²〕。「マアブーン」とは一般に、受動側での性愛を行う成人男性を指す語であると言われており、実際、後代にはそうした意味で用いられることが一般的となった[5]。一方、『アラブ文学百科事典（*Encyclopedia of Arabic Literature*）』の「ムハンナス」の項目では、特に文学作品において音楽や舞踏など芸能に携わる社会集団を指す語であり、後に役者（actor）の意味を持ったと説明される[6]〔"mukhannathūn,"

EAL］。この語は文脈によって様々な意味で用いられ、明確に定義付けられるものではないのである。

八―一〇世紀のアラビア語辞典によると、ムハンナスという語は水袋や穀物袋の口を「折り曲げる」という原義を持ち、「屈折した」「柔らかな」という意味から派生して「女性のような男性」を指して用いられるようになったとある。[7] 最も大きく括ると、この語は女性的な身振りをする男性を全般的に指していたと言えよう。そのなかに女性用の衣服を身につける者も含むため、「女装者」という訳語もあてられうるのである。

ムハンナスの語が登場するハディースは、上のもの以外に、大きく五系統に分類される。[8] 簡単に内容を示すと、次の通りである。①誰かを誤ってムハンナスと呼んだ者に対しては二〇回の鞭打ち刑を科す［*Ibn Māja*: 2568; *Tirmidhī*: 1462］。②預言者は手足を染めたムハンナスを追放したが殺しはしなかった［*Abū Dāʾūd*: 4928］。③預言者はムハンナスが女性の居所に入ることを許していたが、彼が女性の身体に詳しいことを知り追放した［*Bukhārī*（ブハーリー）: 4069 (4/229), 4937 (5/72–73), 5548 (5/284); *Muslim*（ムスリム）: 2180, 2181 (3/244); *Abū Dāʾūd*: 4107–4110, 4929; *Ibn Māja*: 1902, 2614］。④預言者はタンバリンと歌で糧を稼ぐムハンナスを非難した［*Ibn Māja*: 2613］。⑤預言者はムハンナスによる礼拝指導を忌避した［*Bukhārī*（ブハーリー）: 695 (1/264)］。

これらを見ても、ムハンナスが必ずしも女装者という意味に限られないことは理解できる。伝承④からも窺えるように、彼らは女性性を前提とした特定の職業階層としても捉えられる存在であった。また例えば、ブハーリーのハディース集を邦訳した牧野信也はこの語を、上で引用した伝承では「女装する男」や「女のように振る舞う男」とする一方、伝承③では「女のような男」、⑤では「男娼」と文脈に応じて訳し分けている［ブハーリー：1/264, 4/229, 5/72–73, 5/283–284, 6/92］。具体例として、③の邦訳を挙げる。

預言者が彼女の家にいたとき、そこに女のような男が居て、ウンム・サラマの弟アブド・アッラー・ブン・アビー・ウマイヤに「もしアッラーがあなた方のために明日アッ・ターイフの町を征服されたら、わたしはあなたをビント・ガイラーンのもとへ連れて行き、彼女は前を向くとき、四つの襞を示し、退くときは八つを示す」と言った。これを聞いて預言者は「このような者をあなた方のところへ入らせてはならない」と叫んだ

［ブハーリー：5/72–73］

この伝承は、女性に性的欲求を抱かないと考えられていたために、成人男性であっても女性の空間に入ることを許されていたムハンナスが、女性の身体について詳しい（すなわち姦通の経験がある）ことを明かしたために、預言者から追放されたことを示すものだと考えられる。実際、この伝承からムハンナスを当時のトランスジェンダーとして捉える、「新しい解釈」に基づく議論もある。[9] ここでの「彼女は前を向くとき、四つの襞を示し、退くときは八つを示す」という表現は、横から見た女性の裸体の暗喩だと理解される。また若干表現の異なるバージョンの伝承によると、「彼は性欲がないと考えられていたために預言者の妻のもとに出入りしていた」との一文が付け加えられている。[10] いずれにせよ彼らは女装者というよりも広く、男性であって女性に類する者、女性的に振る舞う者として捉えられていることが窺える。

これらからは、男装と女装それぞれの捉えられ方の非対称性が明確になる。まずは、ムタラッジラよりもムハンナスに関する規定が圧倒的に多いことがわかる。そして、それぞれを指す語彙にしても、前者が字義通りに男性を原義とするのに対して、後者は「柔弱」「屈折」というニュアンスを含む語が用いられた。さらに注目すべき両者の差異は、ムタラッジラが基本的に服装や振る舞いのみを指すのに対し、ムハンナスの語が意味する範囲はより広範に及ぶ点にある。この語は文脈によっては、ある特定の人間集団を指し、またその存在自体が罰則の対象となりえたのである。

第二節　歴史史料のなかの「異性装」

理念上は上記のように禁止されていた異性装の事例も、様々な歴史史料、特に文学作品とされるもののなかには少数ながら見つけることができる。そこで以下では、理念とのずれを念頭に置きつつ、より実態に近いと思われる異性装にまつわる描写を見る。

史料に用いられる用語からも理念と実態の乖離が窺える。女装者についてはハディースと同じく、逸話集や詩でもほとんどの事例でムハンナスという語が用いられている。しかし、男装者に対してはムタラッジラという語は用いられず、グラーミーヤやシャーティラ（shāṭira）などの言葉が用いられる。

これらの男装を意味する用語の別について、ほとんどの先行研究では関心が払われてこなかった。一九五〇年代に専論を著したザイヤートに代表的なように[11]、男装者は一括してグラーミーヤと捉えられることが普通であった［Zayyāt 1956］。本章冒頭で挙げたように、広く異性装行為を扱ったローソンの研究でも、シャーティラが登場する事例を扱いながらも、それを含め男装者は全てグラーミーヤとして検討が進められる。

そうしたなか、初期アラブ世界の文化史・科学史を専門とするヨハネス・トーマン（Johannes Thomann）は、男装内部の差異にも留意しつつ、グラーミーヤと呼ばれる者を「初期アッバース朝宮廷に仕えた、若い男に扮した若い女奴隷（young female slaves dressed as young men）」と定義して、彼女らの性的両義性について研究を著した［Thomann 2021］。彼は、シャーティラと呼ばれる者に着目し、こうした存在を「自発的に異性装を行う自由人女性（free women voluntarily cross-dressing）」と定義して、グラーミーヤとの区別を強調する［Thomann 2021: 47］。このトーマンの指摘は評価されるべきであるが、一方で、論考中ではその区別をどのように意味づけるべきかという点までは十分に検討されてはいない。また、前近代の事例において、男性作の逸話や詩という史料における数少ない事例から、女性たちの「自発性」を読み取ることは困難であろう［cf. Myrne 2020a: 4, 91 ff.］。むしろここでは、彼女たちが「自発的」であるように描かれているという、その捉えられ方に注目すべきである。

先述の通り、当該社会はあくまで成人男性を中心とした社会であった。成人男性でない者（非・成人男性）は、法規定上も社会通念上も文字通り「半人前」の存在とみなされ、また身体的性別にかかわらず全て成人男性の性の対象となりえた。それを踏まえて本章では、男性／女性という区分に加え、成人男性／非・成人男性という区分を含めた検討を行う。こうすることで、グラーミーヤとシャーティラの使い分けに加え、当時の性愛の場における社会状況も考慮に入れた「異性装」の区分が可能になるだろう。そこで以下では、成人男性が女性の装いをする場合と非・成人男性が女性の装いをする場合、そして女性が非・成人男性の装いをする場合と成人男性の装いをする場合、の四つの事例に分けて異性装の描写を分析する。

（1）女性の装いをする成人男性

女性の装いをする成人男性はムハンナスと一般に呼ばれた。しかしこの語は既述のように、外観上、女性向けの服装や装飾品を身につける者だけでなく、より広く、女性的な振る舞いを行う者全般を指した。演劇における女形であっても、トランスジェンダーとしての女装者であっても区別されずに、全てムハンナスと呼ばれたのである。

またムハンナスは、特に歌手や楽器演奏家などの職業集団を形成していたことが指摘される［Rowson 1991a; Nielson 2012］。彼らの具体的な姿は、歌手と詩人についての情報、そして彼らにまつわる詩歌や逸話を多く収録した一〇世紀の『歌書』に頻出し、特に音楽との強い繋がりを見出すことができる。[12] ムハンナスと音楽の関係について、古典的な説明では、前イスラーム時代からアッバース朝初期に至るまでに、職業として音楽に携わる主体が女性から男性に変化し、その過渡期において「中間的な存在」としてムハンナスが活躍したと言われてきた［Farmer 1929: 47–65; Wright 1983: 446–447; 堀内 2013: 172］。しかし、近年の研究では、こうした見方は単純化されすぎているとして批判されている。[13] しかし実際のところ、初期における男性音楽家の少なさの要因のひとつに、イスラームにおける音楽の忌避による職業音楽家の社会的地位の低さがあることは疑いない［Nielson 2021: 75–76］。

当時のムハンナスの社会的地位は、低いものであったと考えられる。事実、伝承①でもこの語は蔑称として機能していた。そしてこの社会的地位の低さによって、彼らは音楽をはじめ道化や売春なども含めた芸能にまつわる職を生業としていた。一一世紀の逸話集『文人の座談』に含まれる冗談の文句からは、ムハンナスに対する当時の認識が窺えよう。

あるムハンナスが言った。「我々は最も優れた人間である。我々が話すとあなた方は笑い、我々が歌うとあなた方は喜び、そして、我々が眠るとあなた方は跨がるのだ」［*Muḥāḍarāt*: 3/255］

この引用にも見られるように、アッバース朝初期以降、ムハンナスはナディームすなわち君主のお相手役として、あるいは道化として逸話に多く登場するようになる［Rowson 2003: 57 ff.］。これらの職能自体が、必ずしも社会的地位の低い者によってのみ担われたわけではない。しかし、ムハンナスたちは明らかにそうした役割を期待され、性的規範の「逸脱」を前提に、言葉遣いの巧みさや機知を通じた秩序の攪乱者である、典型的な道化として重宝されたのである（本書第六章を参照）。

ムハンナスの外見にまつわる具体的な描写は各史料に散見するが、曖昧である。しばしば強調される点にはまず、ヘンナと呼ばれる植物性の染料を用いた手足の染色がある。[14] 伝承②でもヘンナが彼らの特徴とされている。また髪を染めたり伸ばしたりしている様子や、独特の歩き方について言及されることも多い。法学的には、ムハンナスも女性と同様の理由から、男性よりも厳格に陰部を露出することが禁じられたという［Zayyāt 1956: pass.; Rowson 2003: 48–49; Hirsch 2023: 393–395］。

加えて、特におよそ一三世紀以降、法学者たちによってムハンナスは黄色い衣服を身につけるべきだとされた。初期イスラーム社会における色の持つ意味について検討したハダス・ヒルシュ（Hadas Hirsch）によると、男性が黄色い衣服を着ることを禁じたとするハディースが転じて[15]、黄色い衣服は当時「尊敬されない女性（non-respectable women）」、すなわち踊り手を職業とする女性や、妾（concubine）として男性の庇護を受ける女性が着るものと定められた。ムハンナスも、それに準じることが定められたのである。ヒルシュは、黄色い衣服という区分を通じてムハンナスを「女性の側」に含めることで、女性やムハンナスが男性の従属下に置かれる、家父長制的な構造が維持されていると意味づけている［Hirsch 2020: 106–107; 2023: 394］。

そしてムハンナスの外見について何より強調される特徴に、剃髭があったことは前章で確認した通りである。一一世紀の逸話集『真珠の散乱』にはこれをより具体的に伝える逸話もある。

ファドル・ブン・ラビーウ（al-Faḍl b. al-Rabīʿ, d. 824）の息子はまるでムハンナスのように振る舞っていた（yatakhannathu）。そこでファドルは、息子が髭を剃るのをやめさせるために奴隷を付け、息子とともに夜を過ごさせた。しかし夜が明けるとその奴隷は、彼が髭を引き抜いているのを見つけて驚き「あなたは私を破滅させるおつもりか。神かけて、あなたの髭はどこに行った？」と言った［*Durr*: 5/291］

前章で見た九世紀のジャーヒズの作品にあったのと同様、ここでも彼が自ら髭を剃ることがムハンナスとしての描写とみなされており、またそれは父親からするとやめさせるべきことであった。

（2）女性の装いをする非・成人男性

非・成人男性による女装の事例は、史料中にほとんど見られないが、成人男性によるものと同様にムハンナスと呼ばれる。例えば、後述の性愛学文献『比類なき書における心の楽しみ』には、「グラームのムハンナス（ghlām mukhannath）」と呼ばれる幼いムハンナスに恋に落ち、友人たちと諮って酒を飲ませ、自分のもとに連れ込もうとする男の逸話が掲載されている〔*Nuzha*: 290〕。しかしこうした、成人に満たない男性の女性的な振る舞いが、あえて記される事例はほとんど見られない。これは事例自体の数が少ないからなのか、あるいは、いざ「非・成人男性」であるムハンナスとなれば、そもそも年齢については関心が払われなかったことを示しているのかはわからない。

そのなかで興味深い記述に、去勢者とのかかわりがある。先述の通り、彼らは身体的には成熟した男性でありながら、男性器の欠如という点において、男性性の欠けた非・成人男性とみなされる存在であった。先述のジャーヒズは『動物の書』のなかで、去勢者は男性の性質から女性の性質へ偏った者であるが、「驚くべきことに」女性化（takhnīth）の傾向は現れないと言い、また続けて、未だかつてムハンナスである去勢者を見たことも聞いたこともないと記している。

> 驚くべきことに、彼らには男の性質（tabā'i' al-rijāl）からの逸脱（khurūj）があり、女（nisā'）の側にある。しかし彼らに女性化（takhnīth）は現れない。〔…〕私は未だかつて去勢者でムハンナスの者を見たことがない。それについて聞いたことはないし、そのことがどのようであるかを知らないし、何がそれを妨げるのかもわからない。〔…〕去勢に伴って女性化が起こるのは彼らの少数であり、彼らの〔身体の〕変化に伴って、〔精神的にも〕男から女のように逸脱することもほとんどない。しかし、彼らの多くには受動の側で性行為を行いたいという欲求（hulāq）が起こりはする〔*Hayawān*: 1/136〕

ここでのムハンナスの語は文脈から、女装に限定されず、より広く女性的な振る舞い全般を指すと考えられる。しかし重要なのは、去勢者が女性のように振る舞わないことを、ジャーヒズが「驚くべきこと」だと記している点である。ここからは当時の感覚からすると、ムハンナスと去勢者は近しい存在と捉えられたことが窺える。いずれにせよ、ここでは非・成人男性の女装の事例がほとんど見られないことに留意しておきたい。

（3）非・成人男性の装いをする女性

史料中の男装の事例として最も頻繁に見られるのは、グラーミーヤと呼ばれる女奴隷の姿である。この語は逐語的には「グラームのような」女性、つまり少年や奴隷の装いをした女性を意味する。

彼女たちについて、アッバース朝第六代カリフ、アミーン（al-Amīn, r. 809–813）にまつわる以下の逸話が伝えられている。

ウンム・ジャアファル（Umm Jaʻfar（ズバイダ妃、アミーンの母后））は、彼（アミーン）が去勢者を偏愛し、多くの時間を彼らと過ごすのを知った。そこで彼女は、細身で美しい顔の女奴隷たちを連れてきて、彼女たちの頭を布で包み、また前髪や鬢やうなじを整え、［男物の］外套とシャツを着せ、ベルトを付けさせた。また女奴隷の体つきにも手を加え、尻を強調させた。そうしてズバイダは彼女たちをアミーンへと送り届けたのである。彼女たちは御前に変化をもたらした。アミーンは彼女たちを気に入り、心が惹きつけられた。彼は彼女たちを上流階級にも一般民衆にも見せびらかしたので、彼らもまた、髪を整え外套を着せベルトを付けた女奴隷を持つようになった。人々はこうした女奴隷をグラーミーヤと呼んだ［*Murūj*: 5/213–214; cf. Rowson 2003: 47; 清水 2005: 78–79; Thomann 2021: 54–55］

アミーンが性の対象として去勢者を好み、彼らと楽しむための私室を設けていたという情報は、年代記でも知られている。[16] 真偽はともかくとして、この逸話はそうした風説を前提に伝えられたものであろう。

ここでグラーミーヤは、明確に男性の性の対象として描かれている。母后ズバイダのこの行動はもちろん、カリフである息子に後継を作らせるための企てである。またグラーミーヤが、身体的には成人男性であったが性愛の場においては客体側として捉えられた去勢者と、代替可能な存在として描かれている点も興味深い［cf. 清水 2005: 78–79］。

さらにこの引用からは、グラーミーヤに施された具体的な描写も窺い知ることができる。ここで注目すべきは、あくまで外見的な装いの変更であって、必ずしも男性的な振る舞い全般を意図したものではない点である。その点において、女性的な振る舞いの一環として女装をすることもあったムハンナスとは異なる。

実際、彼女たちが男性のように振る舞うように描かれる事例は他の史料にも見当たらず、いずれもその外見に焦点がある。例えば先述の『ジャーリヤとグラームの美点の書』では、グラームがジャーリヤよりも優れている証拠のひとつとして、ジャーリヤの美点を表す際に「彼女はまるでグラームのようだ」や「グラームのような奴隷女」という表現がなされることを挙げていた。そこでは様々な詩が引用されるが、いずれも彼女たちの行動ではなく、その外見について詠まれている。

彼女はグラームの体つきと頰を持つ
　そして心をあやす艶っぽい美しさ［*Mufākhara*: 95］

ボタン付きシャツに切り詰められた髪の毛
　陰茎を持つ者の装いに包まれたその表情は、女の表情［*Mufākhara*: 96］

またグラーミーヤは完全な男性の外見になることを目指してはいなかった。初めてこの言葉を詩に用いたのは、アブー・ヌワース（第二章一節などを参照）だと言われている。彼は、先行研究でも指摘されるように、グラーミーヤを男女両方の身体的特徴を有する存在として描いている。

> 城の召使いのうち、二つの大きな胸がある
> 　こめかみの巻毛は、切り詰められた髪
> グラーミーヤらの装いにはバルマク家[17]の香り
> 　彼女のベルトは華奢な腰に消える［*Dīwān Abī Nuwās*: 5/101; cf. Rowson 2003: 51–52; Thomann 2021: 49–50］

トーマンはこれらを念頭にグラーミーヤの特徴を「両性具有性（androgyny）」の美にこそあると言う［Thomann 2021: 59］。この見解の妥当性については一旦保留するとしても、彼女たちはあくまで女性性を保った上で外見上の男性的要素を付加された存在だったと考えられる。

以上より、グラーミーヤの輪郭を窺うことができる。すなわち、彼女たちは男装することで、成人男性にとって性の対象として消費される存在であった[18]。しかしムハンナスとは異なり、あくまでも外見のみの「男装」であり、またその装いも胸や腰つきなど女性に特徴的とされた身体的性質を残したものであった。事実、他の史料においても、女奴隷にまつわる逸話と同様の展開のものがほとんどである[19]。

日本中世史家の辻浩和によると、平安末期から鎌倉時代にかけて白拍子として活動した女性の男装は、見ること自体の権力性を前提に貴族男性が珍しさや面白さを求めて行わせる、「不完全なもの」であったという［辻 2017: 35-40］。グラーミーヤの事例はこうした状況に似たものであり、成人男性が特に奴隷身分の女性を相手に行う、快楽を目的とした趣向として捉えるべきものと言えよう。

（4）成人男性の装いをする女性

成人男性の装いをする女性の事例も、多くは見られない。例えば、時代が下ると、著名な知識人マクリーズィー（al-Maqrīzī, d.1442）が、おそらく成人男性の装いをする自由人女性の事例を記している。これによると、当時の王朝の人々の間では、男性同士の愛（muḥibba al-dhakarāni）が広まっていたため、その妻たち（nisā'-hum）は、夫の心を惹きつけるために男の真似をした（tashabbuhu）とある[20]［*Mawā'iẓ*: 2/104］。しかしこのような記述が残っているのは稀である。

アッバース朝期の数少ない史料において成人男性の装いをする女性として現れるのが、シャーティラと呼ばれる存在である。ローソンやトーマンも指摘しているように、先に挙げたアブー・ヌワースの詩のなかには、明らかに男装を仄めかしながら、グラーミーヤではなく、シャーティラという言葉が用いられるものが存在する。

シャーティラはその顔の美しさを鼻にかけている
　暗黒の闇のなかの稲光のような
彼女はグラームの装いにこそ、最上の美しさを見出す
　罪と罰に最も近い者
彼女は振る舞い続ける
　行動や言葉までも真似るまでに
彼女は女奴隷にも横柄に振る舞い始めた
　その抜け目なさ（shāṭara）や情熱において優っているがために
彼女は不快さと不規律のためにタンバリンを嫌い、
　鳩で戯れに遊ぶ［…］

彼女は毎日、朝はポロ（ṣawālij）に興じ、
　また的当てや射矢を楽しんだ
彼女は髪を束ねず、こめかみまで伸ばし
　グラームがするように袖を緩めていた

［*Dīwān Abī Nuwās*: 5/92–93; cf. Zayyāt 1956: 164; Rowson 2003: 50; Thomann 2021: 50–51］

ここでは、確かに「グラームの装い」や「グラームがするように」という文言は出てくるものの、あくまで彼らのような服装・振る舞いを指すものであり、外見をグラームに近づけようとするグラーミーヤとは異なる。

グラーミーヤとシャーティラの描写の最大の違いは、後者が、外見だけでなくその振る舞い全般に男性的な行動を求める者として描かれる点にあると言える。この詩にも、シャーティラがついにはその「行動や言葉までも真似るまでに」なったとあり、彼女たちが好んで行ったとする具体的な行動が挙げられている。ここにある鳩での遊び・ポロ・的当て・射矢などを、トーマンは典型的な男性のスポーツであると指摘している［Thomann 2021: 51］。しかしより重要なのは、これらが全て賭博にかかわる事柄である点だと思われる［Rosenthal 1975: 52–57, 65 et pass.］。

そもそも「シャーティラ」という語の語源はよくわからないが、おそらく、シュッタール（shāṭir）という語に関連すると考えられる。シュッタールは、「フトゥーワ（futūwa 若者らしさ）」と「ムルーア（murū'a 男らしさ）」を掲げて活動した、アイヤールとほぼ同義の任侠無頼集団を指す語と理解される［佐藤 1994: 71; Irwin 1995=1998: 200–201; 清水 2002: 526–528］と同時に、バヌー・サーサーン（Banū Sāsān）という集団との同義性も指摘される［Bosworth 1976: 1/37］。バヌー・サーサーンとは、「乞食」を中心に社会からあぶれた者の集団を意味する自称であり、飲酒や売春、同性との性行為など反イスラーム的価値観を称揚する存在であった［保坂 1994: 123］。一三世紀の文人ジャウバリー（al-Jawbarī, d. after 1264）による彼らの定義には、詐欺師や神秘主義修行者、障害者を装う者、動物に芸を

仕込む者などと並んで、「女性に髭を生やす者」が挙げられている［Bosworth 1976: 1/24; 保坂 1994: 125］。

これらを踏まえると、シャーティラと呼ばれる男装者は、男らしさや社会からの逸脱性が強調されて描かれていると言える。グラーミーヤとは異なり、その行動に主眼が見出されるのである。引用した詩に戻ると、「罪と罰に最も近い者」と言われるシャーティラの、女奴隷への敵対や、女性やムハンナスが典型的に用いる楽器であったタンバリン［Rowson 2003: 56］を嫌うという表現はまさに、女性性を排除する存在としての描写である。またその装いについても、グラームの装いとは記されながらグラーミーヤとは異なり、ざんばら髪や緩い袖が強調されている。

シャーティラとは、少なくとも成人男性の性の対象として描かれる存在ではなかった。彼女たちは、自らに「男らしさ」をまとい、成人男性に近づくために男装をする者として描かれる存在だったのである。

第三節　異性装から見る「男らしさ」「女らしさ」とジェンダー構造

最後に本節では、当時の異性装の意味について、彼ら／彼女らがそれを自らのアイデンティティとしていたか、また彼ら／彼女らによるサブカルチャーの形成についても併せ、その背景にあるジェンダー構造を考えてみたい。まず、注目すべきは男装の多様なあり方である。理念上、男装者はムタラッジラと呼ばれ、禁忌とされる存在であった。その一方、逸話集や詩などから実態としてみた男装者は、非・成人男性の装いをする場合はグラーミーヤ、成人男性の装いをする場合はシャーティラと呼び分けられていた。また前者が、あくまで外見上、男性的な要素を付加された者と描かれていたのに対し、後者はその振る舞いをはじめ男らしさや逸脱性が強調される存在であった。

それではムタラッジラとグラーミーヤ、シャーティラというそれぞれのあり方を、どのように捉えればよいのだろうか。ここで重要なのは、身体的性差に基づく男性性と、社会通念としてあった観念的な「男らしさ」とを区別して理解することである。前者はいわゆる生物学的性差で、成人であるか否かや、奴隷身分か自由人かといった要素、さらには自らの性自認などにかかわらず、生得的に有しているとみなされた性質である。イスラームの理念において、身体的性別に基づく男／女の区分は重要であった[21]。一方後者は、前章で検討した、主に自由身分の成人男性とそれ以外を区分するのに用いられる指標である。すなわち身体的には男性であっても、例えば、前にも触れたように少年や奴隷、去勢者などは「男らしさ」を有さない存在として成人男性とはみなされず、その性の対象となりえた。

この後者の「男らしさ」は前章の内容ともかかわるが、やはり明確に定義することは難しい。例えばひとつの指標として、当時の法学書における成年／未成年の区分はこれを反映していると考えられる。小野仁美によると両者を分別する要件として、精通と初潮という身体的成熟度合いを測る基準が原則として設けられる。また客観的判断のための二次的な基準として、法学派ごとに違いはあるが、およそ具体的な年齢と陰毛が生えていることを成年の定義とする［小野 2019: 31-41］。これは婚姻締結における権利義務を明確にするために生殖能力の有無が重要な基準となるためであり、セクシュアリティの構造とかかわるものであった。

こうした男性の美点としての「男らしさ」は先述の通り、男性を意味する *mar'* から派生した「ムルーア（男らしさ）」という語で、「若者らしさ」と並び、騎士道や任侠道とも呼ばれ、社会倫理となっていた。こうした曖昧ながらも、明確に当時の社会に共有されていた「男らしさ」を有するとみなされることが、成人男性を成人男性たらしめる条件であった。

これに基づいて考えると、グラーミーヤとシャーティラの違いが明確になる。前提として、両者とも身体的な性は女性でありながら男性の装いをするという意味においては、ムタラッジラとみなされる禁止された存在であった。その上でまずグラーミーヤの場合は、そもそも女性がグラームの装いをするという点において「男らしさ」は介入しない。グラーミーヤはあくまで、成人男性にとっての性の対象である非・成人男性という区分内での、身体的性別の越境である。上で引用した逸話で、去勢者の代替として彼女たちが用いられたのも自然である。またその意味において、トーマンがこれを「両性具有的な美しさ」の希求とするのには疑問が残る。一方、シャーティラは「男らしさ」を身につけようとする存在として描かれていた。彼女たちは賭博という「反イスラーム」的で「男らしさ」を表現する行為[22]とともに描かれている。また男性の御前に召されるために綺麗に身を整えられたグラーミーヤと対照的に、彼女たちは放埒な外見を志向する者とみなされていた。

それでは一方、女装についてはどのように理解すべきだろうか。まずはムハンナスが「女らしさ」を身につける方法が、シャーティラが「男らしさ」を獲得する方法とは異なっている点に注意が必要である。彼らは異性装や手足を染めたり髭を抜いたりといった行為を通じて、女性性を獲得するというよりはむしろ男性性を放棄する存在とみなされていた。当時のイスラーム社会において成人男性の象徴としての「ムルーア」に対応して、社会通念ともなるような「女らしさ」を意味する語は存在しない。[23]それはなぜなら、男らしさを放棄すること自体が「女らしさ」の獲得とみなされえたためである。

ムハンナスが男性性を放棄する理由は先述の通り、様々であった。当時の社会通念上、特定の職に携わるために否応なく女装した者もいれば、性自認と身体的性の間に乖離を覚えていたために女装した者もいただろう。それらの者は全て、男性性を放棄することで、当時の社会においては成人男性でない者、すなわち女性や少年、奴隷などと同じカテゴリで認識されることが可能であったのである。しかし先に確認したように、そうした行為は理念上も実態としても忌避された。

社会通念としての「男らしさ」観念とその放棄によって得られる「女らしさ」観念から、当時の異性装にまつわる状況を看取できる。理念的には、どのような形であれ、異性装は禁止されていた。しかし実態としては歴史的に存在し、当時の社会通念としての「男らしさ」「女らしさ」観念と密接に結びついた行為であった。上で確認したように、特に問題となったのは「男らしさ」観念と強く関係する成人男性による女装（mukhannath）、あるいは、女性による成人男性への男装（shāṭira）であった。特に「男らしい女」にあたる後者の行為は、成人男性にとっての越権行為とみなされ強く忌避されたことが窺える。一方、非・成人男性への男装（ghulāmīya）は、「男らしさ」を介さない越境という点において、成人男性の趣向として消費される存在に過ぎなかった。また非・成人男性による女装（mukhannath）についてほとんど事例が見当たらないことについても、前提として非・成人男性の区分内で捉えられる存在であった両者において、あえて女装を行う必要性が低かったのだと理解できよう。

さて、これを踏まえるとまず、そもそも自らの意思で「異性装」を行うように描かれる存在は、ムハンナスとシャーティラに限られる。残念ながら、シャーティラについては特に事例が少なく、彼／彼女の描かれ方以上のことはわからない。もちろん、グラーミーヤと対比して自発的な男装が強調されている点から、現代で言うトランスジェンダーとして理解される可能性はあるが、限られた史料からそれを明らかにすることは難しい。その一方、ムハンナスについては、比較的多くの史料が残されている。

ムハンナスが自発的に女性的な振る舞いをする者として、また、忌避されつつもある種均質的な集団を形成する存在として捉えられえたことは確かである。史料に現れる、宮廷の周りに登場するムハンナスは少なくとも、その大部分が音楽や語りを芸として持つ、芸能者として描かれる。また、彼らの装いとして、ある程度共通した特徴が挙げられることも、彼らが一定の集団として捉えられていたためだと言えよう。また、ムハンナス自身が「自発的に」髭を剃るなどして積極的にそのアイデンティティを持つようにであったり、ムハンナス同士での集団意識を持っていたりするように描く史料も存在する。[24] これらはいずれも、上記のように成人男性でありながら「男らしさ」を捨てることによって、音楽や道化を演じる、忌避された存在としての集団意識である。そういった意味でムハンナスたちは、ある種のサブカルチャーを形成する集団と捉えられえたと言えるだろう。

しかし、それが性的指向と結びついて考えられていたとまでは言えない。前述の通り、ムハンナスは「女性的な振る舞い」の一環として、成人男性の性の対象となることはあったが、少なくとも九世紀時点で、彼らの持つ特徴のなかで中心となるものとは捉えられていなかったように見える。その意味で、この時点では、ムハンナスが形成したサブカルチャーを通じて、〈同性愛〉概念が定着したとまでは言えないだろう。

第四節　小括

以上、九―一一世紀イスラーム社会における「異性装」について、セクシュアリティとのかかわりから、その多様なあり方が確認できた。

まず理念においては確かに、男装と女装という身体的性に基づく二分法的区分がなされ、それを行う者はムタラッジラとムハンナスと呼ばれた。しかし、両者の指す範囲は若干異なり、前者に関する言及が主に装いに関するものであった一方、後者に関してはより広く女性的な振る舞い全般を規定するものであった。

逸話集や詩から確認できる異性装の実態はより複雑である。本章では、当時の社会状況を考慮に入れ、異性装行為を、成人男性による女装（mukhannath）、非・成人男性による女装（mukhannath）、非・成人男性への男装（ghulāmīya）、成人男性への男装（shāṭira）の四つに分類し、検討した。その結果、当時の異性装は社会通念としての「男らしさ」観念とそれを放棄することによって得られる「女らしさ」と密接に結びついた行為であったと看取できる。「男らしさ」観念を介する、成人男性による女装（mukhannath）と成人男性への男装（shāṭira）は特に強く忌避されていた。一方、非・成人男性の区分内で完結する異性装については、あくまで成人男性による性的趣向の範囲内で「用いられる」存在であり、性愛規範においては特に問題とならなかったという非対称性が窺える。ここからは、当該社会における「男らしさ」「女らしさ」観念とセクシュアリティの結びつきが確認できると同時に、成人男性を中心としたジェンダー構造が明確になる。

また、ここではムハンナスという存在について特に、忌避される存在としてある種のサブカルチャーを形成し、また一定の集団意識を有していた可能性は指摘できた。少なくとも外部からは、ムハンナスが自身たちのアイデンティティとして、ムハンナス意識を持ち、そのために行動する存在であるかのようにみなされることもあった。

そうしたムハンナスという存在は、後に、「リワートの対象となる者」として認識されるに至る（本章注5参照）。これは、序章で確認した「ソドミーから同性愛へ」テーゼないしは「ソドマイトから同性愛者へ」と概念が変容する要素として挙げられた、性的指向の問題とアイデンティティの問題の両者を満たした展開と言えないだろうか。ここに〈同性愛〉萌芽の可能性を見出し、次章以降では、特に同性間での性愛について、受動側の者の捉えられ方に着目したい。

第五章　同性間での性愛にまつわる医学的言説の展開

――医学書と性愛学文献――

この章では、前近代イスラーム社会における、同性間での性愛における受動側の者の捉えられ方について、医学的な言説の展開という点に着目して検討したい。前章までで見た通り、当該社会における〈同性愛〉概念が誕生する過程を見るにあたって、ムハンナスと呼ばれる存在を中心に、自ら好んで受動側を担ったと認識されていた成人男性の捉えられ方が重要であった。本章では、そうした存在が医学的にどのように捉えられていたのか、そしてその「医学的言説」が人々にどのような影響を与えたのかを検討してみたい。

医学知識は、前近代イスラーム社会においても、「科学的」な言説として重要な役割を担っていた。近代西洋社会で「ソドミー」が「同性愛」として本質主義的に捉えられていった過程において、医学的・性科学的議論の言説展開が重要であったことは、第一章において確認した通りである。もちろん、近代西洋社会と前近代イスラーム社会における医学的な言説を、同等に位置付けることはできない。しかし、実際に医学知識が、前近代イスラーム社会においても、ある種本質主義的な言説を成り立たせる後ろ盾としての役割を担いえたことは、例えば奴隷購入のための手引書の事例に見ることができる。奴隷購入手引きとして書かれた史料では、ギリシア医学・哲学から継承した知識に基づく、「科学的」に一般化された言説が、各地域出身の奴隷集団を機能的に使用するための、本質主義的とも言える「人種（jins）」観に強く影響を与えたことで知られている［清水 2009; Barker 2016］。

前近代イスラーム社会における医学史料にも、同性間での性愛関係についての言及は存在する。特に、オスマン朝治下のアラブ世界を扱う研究は、受動側での性愛を行う成人男性、すなわちムハンナスやマアブーンが、当時の医学書において、古代ギリシア・ローマの医学の影響から「病」として認識されていたことを指摘している。[1] しかし、オスマン朝期以前、同性間の性愛関係について明確に記した初期の医学書はほとんどない。同性間の性愛関係についての正確で専門的な記述は、前述のラーズィーを先駆けとして、次いでイブン・スィーナーが言及している他には知られていない。[2]

また、近代西洋の事例で重要であったのは、医学・性科学の分野で語られたこと自体に加え、医学的言説がどのように普及していったのかという点であった。しかし、初期イスラーム期の同性間性愛にまつわる医学的記述を扱った研究は、重要なものではありながら、ほとんどが医学的議論の紹介で完結し、その後の「展開」についてはほとんど触れられていない。[3] この一因として、医学史料とその他、多くの歴史学的・文学的と言われる史料との乖離が前提とされてきたからだと言えよう。

実際は、医学知識が文学作品に用いられることは、ごく普通にありえた。そもそも、前近代社会において医学と文学という区分が現在ほど明確でなかった［cf. Selove 2018］。また、医学的言説は文学作品の主題のひとつでもあった［岡﨑 2008］。例えば、有名な『千夜一夜物語』にも、医学的な話題は頻出し、なかには医学問答自体を主題とする物語も存在する。[4] また、より性愛にまつわる医学知識で言えば、一時はイブン・スィーナーも身を寄せていた、イラン北西部の王朝ズィヤール朝（九三一―一〇九〇年）において記された、『カーブースの書（*Qābūs-nāme*）』がある。これは、第七代君主、カイ・カーウース（Kai Kā'ūs）が一〇八二年に息子に宛て、ペルシア語散文で書いた教訓書（鑑文学）であり、全四四章にわたって、処世と人間行動の規律に関して記したものだと言われている。そのなかの「第一五章　性の愉しみについて」に以下の記述があるが、これには医学的言説との関連が指摘されている[5][Bürgel 1979; cf. 井谷 1994; 清水 2005: 70]。

女と若者（グラーム）のいずれの性に片寄ってもならぬ。いずれからも愉しめようし、いずれかがそなたの敵にならぬようにせよ。すでに述べたように房事過度は有害であるが、禁欲にも害がある。〔…〕欲求があろうとあるまいと、炎暑、酷寒には慎むがよい。この両季節にことを行うはきわめて有害で、特に老人にはそうである。季節としては春がもっとも適当である。〔…〕そこで大宇宙が若返り、小宇宙たる我らの体力もそうなると、体内のさまざまな体液が和らぎ、血管内の血液が増し、腰の液もふえる。〔…〕また同様に炎暑、酷寒にはできるだけ刺胳をするな。もし血が多すぎると思ったら、冷たい飲み物で血を静めよ。夏には若者、冬には女をかわいがれ。あまりその気にならぬようにこの章は簡略にしておかねばならぬ［カーブースの書: 62-63］

そこでこの章では、「同性愛」にまつわる医学知識が他のジャンルと接合する交点として、本書第二章二節で詳述した、性愛学文献に着目する。これらの史料は、文学や医学などジャンルを区分せずに、性愛にまつわる知識を包括的に収集し、読者の教養として資することが目的の「百科全書的」著作であった。医学的知も文学的知も「性愛」にまつわるという点において、そこに集約されたのである。その点において、医学と文学という両者の交点とも言えるこれらの作品からは、同性での性愛にまつわる医学的言説とそれがどのように用いられたのかという、展開の一端を見ることができよう。

以下ではまず、前例に倣ってラーズィーとイブン・スィーナーによる同性間性愛の記述を紹介し、当時の医学知識での扱いを知る。その後、性愛学文献において、医学知識との関連にも着目しつつ、同性間性愛がどのように描かれるのかを順に追ってみたい。残存する史料が少なく、また、明確な影響関係をここだけで示すことは難しいが、記述の変化を通じて、医学知識の受容・普及の状況と、それらの知識による「同性愛」に対する概念が変容する様子を素描することを試みる。

第一節　医学史料における男性同士の性愛についての記述

先述の通り、同性間の性愛関係について明確に記した初期の医学書は、当時より医学の分野で著名で、後代にも大きな影響を与えたラーズィーとイブン・スィーナーによるものを除いて、ほとんど残っていない。以下では両名の著作における同性間での性愛にまつわる記述を紹介しておきたい。

第一項　ラーズィー『秘密の病』

ラーズィー（al-Rāzī, d. ca. 925）は、ラテン名ラーゼス（Rhazes）でも知られる、九―一〇世紀の哲学者・医者である。特に医学の分野では、古代ギリシアより伝わるガレノスを中心とした医学知識に、自身の医術経験を加えた医学書を残している。

彼は、『秘密の病（*al-Dāʾ al-Khafī*）』と呼ばれる、同性間の性愛に関する短い専論を著している。この著作は、四種類の写本が残っているのみでいずれも現物を確認することは難しいが、ローゼンタールが、この史料を紹介する論考で二種類の写本をもとに英訳している[6]［Rosenthal 1978: 51–60］。ここでは、主に同性間の性愛行為において受動側であることを望む成人男性が記述の対象となっており、能動側の者については何も書かれていない。ラーズィーはこうした者たちを、生得的な「ウブナ（ubna）」という性質を持つ者、すなわち「マアブーン（maʾbūn）」と呼んで、その原因と治療の可能性について検討している。

前提としてラーズィーは、「女性性と男性性は、ふたつの精液のどちらかが量と質の双方において一方を上回ることによって決定する」［*Khafī*: 52; *Nuzha*: 302］と言うが、これは明らかに、ワンセックスモデルを基盤としたもので、ヒポクラテス（Hippocrates, d. ca. 370 BC）と、それを継承したガレノスの理解に則っている［Gadelrab 2011］。すなわち、男性も女性も同じ性質の「種子」を体液から作り、母親の持つ精液と父親の持つ精液が子宮内で合わさることによって子どもが作られると考えていたのである［Laqueur 1990=1998: 57–67; Ze'evi 2006: 37–38］。その際、男性の精液が女性の精液に優越してその性質を変えることで産まれる子どもは男性となり、その逆であると女性が産まれるとラーズィーは考えていた［*Khafī*: 52; *Nuzha*: 302］。

この前提を踏まえ、彼はマアブーンが産まれる「原因」を、父母それぞれから受け取る精液のバランスの不具合であると語っている。男性の精液が十分に女性の精液の性質を変えることができなかった場合、子どもは身体的には男性であっても女性的な性質を残して産まれることになる。[7] それこそが「ウブナ」という性質を持つ男性すなわち「マアブーン」であり、彼らには男性器や睾丸が比較的小さいといった特徴が現れると記している［*Khafī*: 55; *Nuzha*: 304; Ragab 2015: 447–448］。ローゼンタールがこうしたウブナに対する理解を「優勢遺伝説（a predominantly genetic cause of *ubnah*）」と呼んでいるように、ラーズィーはマアブーンを生得的なものだと理解していた［Rosenthal 1978: 50］。

さらに彼はウブナの「治療」が難しいことを記している。[8] 特に、ある人物が「ウブナである期間が長く、明らかに女性的になり（ta'nīth takhnīth）、女性のような恋愛をするようになると」、治療は不可能であると考えていた［*Khafī*: 56–57; *Nuzha*: 305］。一方、ウブナの影響を受けている人物に強い傾向が見られない場合であれば、薬物療法・食物療法を中心とした身体的治療や、特に性的な放埒を断つ精神的治療が可能であるとも記す。

こうしたラーズィーのウブナに対する理解に関係する史料は、彼の前後ほとんど見られない。そもそもラーズィー自身が、これまでにこのテーマを本格的に扱った者がいないために自分が記すという旨を記しているように［Rosenthal 1978: 51–52］、これは彼以前には主要なテーマではなかったようである。同テーマは、ラーズィー以降もオスマン朝期に至るまで重要視されなかったとも言われている［Ze'evi 2006: 38–39］。そうしたなかでも、クスター・ブン・ルーカーやイブン・フバル（Ibn Hubal, d. 1213）など、若干の者がウブナについて言及していたようであるが［Ze'evi 2006: 38; Myrne 2020a: 159-160］、彼らの著作は現存しておらず、その詳しい内容は明らかでない。ラーズィーの理解を批判的に継承し、初期イスラーム医学の史料で、同性間での性愛の医学的扱いに関して最もまとまった記述を残すものは、イブン・スィーナーの『医学典範』まで待つ必要がある。

ラーズィーはウブナを親の影響による生得的な性質だと考えていた。これはある種、本質主義的な捉え方と言えよう。また、これはあくまでも受動側の者に対する評価であり、能動側の者に対する言及がない点には注意が必要であろう。

第二項　イブン・スィーナー『医学典範』

イブン・スィーナー（Ibn Sīnā, d. 1037）は、ラテン名アヴィセンナ（Avicenna）でも知られる、イスラーム世界を代表する哲学者・医者である。中央アジアに生まれ、一〇—一一世紀にかけてイラン各地の宮廷に仕え活躍した。彼の記した多様な分野の多くの著作のなかでも、一般に『医学典範（*al-Qānūn fī al-Ṭibb*）』と呼ばれる大部の医学書は、包括的な内容で後世にも多大な影響を与えたと言われる重要な史料である。

『医学典範』で同性間での性愛にまつわる記述があるのは、①「性交の害とその状態、そしてそれに類似したことの悪さについての章」の一部分と、②「ウブナについての章」である。①では能動側の立場で少年と性行為を行うことについて、②ではウブナとマアブーンについて、それぞれ記されている。

まず注目すべき点として、彼はラーズィーと異なり、能動側で同性間での性交を行うことについても記述を残している。それが、①「性交の害とその状態、そしてそれに類似したことの悪さについての章」の一部分、「グラームとの行為（ityān）」について記した箇所である。

グラームとの行為は大衆とともにある醜いことであり、イスラーム法において禁じられている。それはある面からは害であるが、ある面からは害が少ない。本来的にこれは、精液を排出するために激しく動くことを必要とするという面において害がある。しかしその際に、女性について行うことのように精液が大量に出るということはないという面において、害は少ない。この行為は、女性器ではないという点を除き、女性との身体的な接触とほとんど同様のことであり、それと似たものである［*Qānūn:* 2/ 535］

ここではまず、グラームとの性行為が、イスラーム法で禁じられていることを述べた上で、医学的な見地からその長所と短所が記される。ここで挙げられる長所は、女性との性交よりも射精量が少ない点であり、短所は、女性に対する時よりも射精に至るまでの運動量が多い点である。しかし、その最後にはグラームとの性行為は、用いる部位が異なる以外は女性との性行為とほとんど同じだと記している。

こうした①の記述は、ラーズィーのウブナ／マアブーンの記述と対応していない。ここで、かかる性行為の対象として想定されているのは、少年や少年奴隷を意味するグラームであり、またその行為に対する長所・短所が記される。すなわち、ここで問題となっているのは、あくまで行為によって起こりうる医学的な影響であり、そうした行為の「原因」は検討の対象になってはいないのである。

ラーズィーが記したウブナ／マアブーンの記述と対応するのは、②の「ウブナについての章」である。ここでイブン・スィーナーは、ウブナを「習慣的に犯されている者に起こる病（ʻilla）」と理解し、そしてその「病」を患っている者の特徴として「多くの妄想による（wahmīya）強い欲望と活発ではないが多量の精液を持つ」ことと、精神の弱さと勃起不全を症状として挙げる。また、彼によると、そのためマアブーンが射精できるのは受動側での性交で快楽を得る時であるが、もし勃起することができれば能動側での性交も可能だとする。

ウブナとは実際は、男に犯されることが習慣となったところの者に対して起こる病（ʻilla）である。そうした者は、多くの妄想による強い欲望と活発ではないが多量の精液を持つ。その者の心は弱く、勃起も弱い。もともとか、あるいはその時に弱くなったのだ。その者は性交（jimāʻ）を習慣とし、自身の欲求を満たしたがるが、うまくできないか、あるいはできたとしても不十分である。〔…〕ウブナは総じて、精神の堕落や本来的性質（ṭabʻ）の悪さ、習慣（ʻāda）の悪さ、女らしい性質（mizāj unthawī）に由来する。おそらく彼らの器官（性器）は、［一般的な］男たちの器官よりも立派なものである。こうしたこと以外に言われていることの全ては嘘であるということを知れ［*Qānūn*: 2/ 549］

またイブン・スィーナーは、この「病」について、根本的な医学的治療は不可能だと考えているようである。彼は医学的にマアブーンを「治療」することは不可能であり、刑罰をもってその行為の禁止を強制するしかないと言う。

私は治療によって彼らを治すことを望む人々を愚か者と呼ぶ。彼らの病に関して、私の考えは私固有のものではない。彼らに対してその欲望を打ち壊すための効果的な治療があるとすれば、それはすなわち苦痛や飢え、不眠、抑制、打撃といったものである［*Qānūn*: 2/ 549］

彼が「効果的な治療（ʻilāj）」として挙げる苦痛・飢え・不眠・抑制・打撃といったものは、クルアーン第四章一六節の章句《そしておまえたちのうちそれをなした二人は痛めつけよ。それで二人が悔いて戻り、（行いを）正したなら、彼らから離れよ》に基づいたものだと言う指摘がある。[9] 彼は、マアブーンが実際に行為に至る要因として、精神の堕落・悪い本来的性質・悪い習慣・女らしい性質という四つの要素を挙げ、これらは刑罰でしか抑えられないと考えていたのである。こうした見解は、医学的「治療」を試みようとしたラーズィーとは対照的なものであると言える。

イブン・スィーナーはラーズィーのように遺伝的な性質としてウブナを捉えることはなかったが、マアブーンを、精神的な要素に由来する、医学的な「治療」が不可能な「病」だとは考えていた。彼にとってこれは、「彼らの病に関して、私の考えは私固有のものではない」と言うように一般論として捉えられるべきものであり、「こうしたこと以外に言われていることの全ては嘘であるということを知れ」と確信を持っている。ここで彼が批判する説とは、「ある者」として紹介される者の理解で、マアブーンは、本来は分岐せずに太く男性器と繋がっている、快感を感じる神経が、生まれつき細くしか繋がっておらず、そのため快感を得るために強い刺激を必要とすることに起因するとの説であった[10]。しかし、イブン・スィーナーはこうしたことはありえないと断じてこの章を終える。

> ある者が言うには、ウブナの原因は男性器（qaḍīb）に連なる過敏な神経が、男性器の根元で細い部位として結び合っている二つの分岐によって枝分かれしていることによる。太い部位は軸の方へと続いている。そしてその細い部位が、感覚を感じるまで激しく擦ることを求めるのである。そこで、それが人々を突き動かし、その時それは相互行為を起こすのである。しかし、これはありえないようなことである。前述のことはそのことを確証づけている［*Qānūn*: 2/ 549］

以上から、イブン・スィーナーはラーズィーと細部においては見解を異にしながら、受動側での性交を行う者について、先天的で治療不可能な精神的「性質」が原因としており、ある種の本質主義的判断を下していたという点においては同等の立場にあった。両者とも「ウブナ」を病理的な欠陥として捉え、それを持った者「マアブーン」の「治療」は困難だとする点でも共通している。また、医学的言説においても性交時の能動側と受動側は区別して記されていた。特に、イブン・スィーナーは、能動側での同性との性交についても扱いつつ、その行為自体を医学的に問題とするのではなく、その行為による影響を医学的見地から記していた点は重要である。次節では、こうした医学知識が、医学と文学との交点と目される、性愛学文献でどのように扱われているかを確認したい。

第二節　性愛学文献における男性同士の性愛についての記述

本書では、①性愛にまつわる事柄を主題とし、その知識を伝えることを目的としていること、②そのために様々な分野の知識が複合的に記されていること、③そうした知識のある種定型的な分類の意図が見られること、の三点を満たすものを、「性愛学文献」と呼んでいる（本書第二章二節参照）。そうした一四世紀までに書かれた現存する性愛学文献のなかで、同性間での性愛に関するまとまった記述を含む作品は、管見の限り以下の五点に限られる。

（1）アリー・ブン・ナスル『快楽大全』［*Ladhdha*］
（2）サマウアル・ブン・ヤフヤー『恋人と交際する友たちの楽しみ』［*Aṣḥāb*］
（3）シャイザリー『心の庭と愛し愛される者たちの楽しみ』［*Rawḍa*］
（4）ティーファーシー『比類なき書における心の楽しみ』［*Nuzha*］
（5）イブン・ファリータ『理知的な男の恋人との付き合い方』［*Rushd*］

『目録』によると、一〇世紀より前にも、同性との性愛を主題とした著作があったことがそのタイトルから窺えるが、いずれも現在では散逸している。「性愛について書かれた書」の項目以外にも、例えばナディームの著作を挙げる箇所に取り上げられているイブン・シャー（Ibn al-Shāh al-Ṭāhirī）という人物には、自慰行為や売春についての書と並んで『グラームと去勢者の書（*Nawādir al-Ghilmān wa-al-Khisyān*）』という著作があったことが記されているが[11]［*Fihrist* (Dodge 1998): 218 (335); cf. Rowson 2006: 48］、内容は不明である。また、明確に性愛学の文脈で書かれたものでも、例えば『匂える園』のように同性との性愛に関連する箇所のみが散逸したと伝えられているものもある。[12]

また、上記の基準では典型的な性愛学文献と言えるものであっても、同性間での性愛関係について語らない史料著者も存在する。その代表的な者が一五世紀マムルーク朝（一二五〇―一五一七年）下で活躍した多作な文人スユーティー（al-Suyūṭī, d. 1505）である。彼は、性愛学的な著作も多く記しており、その数は、彼自身が未完のものも含めて挙げる五点に加え［*Wishāḥ*: 34; Hämeen-Anttila 2017: 228］、その後に記されたものも含めるとおよそ七点にも及ぶ［Hämeen-Anttila 2017］。しかしそのいずれにも、同性との性愛に関する章は含まれない。[13]

パニーラ・マーン（Pernilla Myrne）はこれを、著作の性質が「バーフ」であるか、「ニカーフ（nikāḥ）」であるかの違いに拠るものであると言う。「ニカーフ」とは、一般的に「婚姻」や「夫婦関係」の他、「（夫婦間での）性交」を意味する語である。彼女によると、性愛を主題とする著作のなかには、「バーフ」についてのものと、スユーティーのものを代表とする「ニカーフ」についてのものがある。性的快楽について扱う前者に対して、後者はイスラーム法に則って性愛を語るものであるため、「同性愛」を含め露骨な性描写や明らかに不法な行為については触れないと説明される［Myrne 2018: 48–50］。実際、『快楽大全』を全面的に引用しつつも、同性との性行為や婚外での性交渉の描写のみを排している箇所があるという指摘からも［Myrne 2018: 54］、スユーティーが意図的に、「不法な」性行為の描写を避けたことは確かなように思われる。マーンはスユーティーの『性交による利益についての飾り帯（*al-Wishāḥ fī Fawā'id al-Nikāḥ*）』の他にティジャーニー（al-Tijānī, d. around 1310）の『花嫁の贈り物と魂の喜び（*Tuḥfa al-'Arūs wa-Rawḍa al-Nufūs*）』も取り上げ、この両者をタイトルからも明らかなニカーフ的著作とし、その特徴として、やはり「同性愛」について触れていないことを強調している［Myrne 2018: 52］。しかしティジャーニーは第二三章で「女性器（farj）以外での性交」を立項しているように［*Tuḥfa*: 385–391］、マーンの言うニカーフの定義とは齟齬も見られるが、いずれにせよ同性との性愛にまつわる記述はほとんど登場しない。

さて、以下では性愛学文献のなかで、同性間での性愛に関する記述を含む五点の著作を順に見てみたい。

（1）アリー・ブン・ナスル『快楽大全』

アリー・ブン・ナスル（ʻAlī b. Naṣr al-Kātib）によって記された『快楽大全（*Jawāmiʻ al-Ladhdha*）』は、性愛学文献と呼ばれるべき著作で現存している最初期のものであり、かつ、後代にも多く引用される、最も重要なものである。[14] 著者についてはよくわかっていないが、一〇世紀にバグダードで活躍した書記官僚だと考えられ、現在は散逸しているが『性交学の書（*Kitāb Kīmiyāʼ al-Bāh*）』という著作もあったと言われている［Newman 2014: 167］。『快楽大全』は、写本によって若干の異同はあるものの、およそ四三章からなる比較的大部なものである。この著作の冒頭で、知識欲を満たすことが執筆の目的であると記されていることからも［*Ladhdha*: 25］、いわゆるアダブ的百科全書のひとつとして書かれた著作であると言える。

このうち「二人の若者」章が、男性同士の性愛関係についての箇所である。ここでは、第三章で見たジャーヒズの『ジャーリヤとグラームの美点の書』と同様、性の対象として女性と少年のどちらが適しているかを議論する形式で話が展開する［cf. Rosenthal 1997］。内容もほぼ同様で、能動の側で男性と性行為を行う者を意味する「ルーティー（lūṭī）」と呼ばれる男と、「姦通者（zānī）」（一般には姦通を行う者を意味するが、ここでは、性の対象として女性を好む男）と呼ばれる男が、ハディースや著名人の逸話、さらには有名な詩人（特にアブー・ヌワース）の詩を根拠に、快楽の程度や月経の有無などを持ち出して、各々の主張の応酬で展開する［*Ladhdha*: 147–179］。

本章で重要なのは、男性同士での性行為における受動側の者に対する記述であった。アリー・ブン・ナスルは、受動側の者についても基本的に、髭が生える前から生えかけの少年（ghilmān, murdān, shubbān）を扱うが、特異な存在として、成人しても受動側の男性もいたと記している［*Ladhdha*: 162–163］。彼は、「男が男と共にあるためには」ルーティー・バッガー（baghghāʼ）・ハラキー（khalaqī）の三つのあり方が存在すると言う[15]［*Ladhdha*: 160］。バッガーとハラキーはどちらも、受動側での性行為を行った成人男性に対して用いられる語であるが、その違いは明らかではない。アリー・ブン・ナスルは、ハラキーを「性交への欲望と性欲が過剰（shadda shawq-hu wa-shabaq-hu bi-al-nīk）

なために、犯すことだけでなく犯されること（an yanīka wa-yunāka）を望むようになった者」と説明している。バッガーについては「純粋さが乏しい」ために語らないと言い、具体的な言及はない。またこの章では、彼らについて医学的な記述はなく、若干の逸話や詩が掲載されるのみである。また、ここで「ムハンナス」の語が男性同士での性行為における受動の者の意味で用いられることはほぼなく、数箇所で、その女性性を揶揄されるような逸話の主人公として登場するのみであった［*Ladhdha:* 177］。

男性同士の性関係において受動側の者に対する医学的な言及は、最後の「その他のこと」の章にごくわずかに現れる。ここでは、売買春や去勢者、動物の性愛についての逸話［cf. Rowson 2006: 51］と並んで、以下のような記述がある。

> 雄のハイエナ（ḍabʿ）であればその肛門（faqḥa）周りの毛を抜き、それを油で燃やして粉にしたものを、ムハンナスである男の尻（dubr）に塗れば、その者からウブナ（ubna）は消えてなくなる。もし雌のハイエナであれば、その毛を抜き、擦り潰して粉にしたものを、マアブーンでない（ghayra maʾbūn）男の尻に塗れば、彼の心にウブナが芽生える［*Ladhdha:* 426］

これは明らかに、受動側での性行為を行う男性について記した箇所であるが、バッガーでもハラキーでもなく「マアブーン（maʾbūn）」の語が用いられている。また文中では、「ムハンナス」が前提としてウブナを持っているように描かれている点も興味深い[16]。

この箇所では、「ウブナ」が一種の「病」や「性質」のように描かれてはいるものの、ラーズィーやイブン・スィーナーの見解とは異なり、「治療」が可能なものとして記されている。引用元は示されていないが、これと類似した記述はプリニウス（Plinius, d. ca. 79）の『博物誌（*Naturalis Historia*）』にまで遡ることができ、また、後代にはアンターキー（Dāwūd al-Anṭākī, d. 1599）をはじめ一六世紀以降のオスマン朝期の医者たちの医学書にも引き継がれた[17]［El-Rouayheb 2005: 166–167 n.36］。

『快楽大全』全体には多くの医学知識が含まれているにもかかわらず、男性同士の性愛にまつわる医学的な言及は当該箇所のみであった。あくまで「その他のこと」章においてではあるが[18]、男性同士での性愛に関する医学的な記述を掲載する意図はあったと思われる。しかし、後代に影響力を持つラーズィーの見解が、当時はまだ普及していなかったのかもしれない。

（2）サマウアル・ブン・ヤフヤー『恋人と交際する友たちの楽しみ』

『恋人と交際する友たちの楽しみ（*Nuzha al-ʾAṣḥāb fī Muʿāshara al-Aḥbāb*）』を記したサマウアル・ブン・ヤフヤー（al-Samawʾal b. Yaḥyā al-Maghribī, d. 1180）は、バグダードにおいて活躍したユダヤ教からの改宗者で、医学や数学の分野で多くの著作を残した人物であった［Anbouba 1970］。彼には、他に『性交についての書（*Kitāb fī al-Bāh*）』もあったと言われているが散逸している［Newman 2014: 167］。没年で言うと、先のアリー・ブン・ナスルとおよそ二百年もの開きがあるが、現在ではこれは一三世紀までほとんど性愛学についての著作が残されなかったという事情にもよる。

『恋人と交際する友たちの楽しみ』は、全一二章からなり、その第六章「病によって本来的に彼らが備えているものの原因について」の第一節が「女性よりも少年を優先して好むことの原因について」として、男性同士の性愛について伝えている[19]。しかし、ローソンが「目新しい見解はない」と言うように［Rowson 2006: 55］、基本的には強い愛（ḥubb）の力により、少年の魅力から逃れられなくなった男の話が、逸話を交えて語られるのみである。また、タイトルからも明らかなように、性行為において受動側の者についての言及は基本的になく、医学的な言及も見られない。サマウアルは医学にも造詣が深く、本書も後半は勃起不全や性病の「治療」、妊娠・中絶についてなど、ほとんどが医学的内容で占められている。本編を通じて、サマウアルは情熱的な愛（ʿishq）のみを治療が不可能なものとして挙げており［Rowson 2006: 55］、同性間の性愛関係については、その点が強調されていると考えられる。

（3）シャイザリー『心の庭と愛し愛される者たちの楽しみ』

シャイザリー（Jalāl al-Dīn al-Shayzarī, d. 1193）によって一二世紀に記された『心の庭と愛し愛される者たちの楽しみ（*Rawḍa al-Qulūb wa-Nuzha al-Muḥibb wa-al-Maḥbūb*）』にも、男性同性愛に関する記述が見られる。シャイザリーはサラディンに仕え、市場監督官の手引書を記したことで有名であるが、他にも天文学や君主鑑などアダブ書を残した多才な人物である［"al-Shayzarī," EI^2］。

この著作は、純粋に性愛学的なものというよりは、恋愛倫理書・作法書に近い性質を持つ。ニューマン（Daniel Newman）が、この著作は清純な愛情（chaste love）を扱ったものであるから、エロトロジーやセクソロジーには該当しないと言うように［Newman 2014: 20］、実際、全一一章のうちほとんどの章が、愛そのものについての解説や、その愛にとらわれた者たちの逸話からなる。その点で、ウズリーの伝統を引き継いだプラトニックな作品（本書第二章80頁参照）にあたるものだとも言えよう。しかしその一方で、最終章では特に純潔な愛にかかわるものに限られない雑多な逸話や詩を掲載している他、「恥知らずの男女のやり取り」と題された第一〇章では男性器と女性器の長所と欠点が、逸話や詩を交えて延々と論争形式で記されるなど［*Rawḍa*: 265–275; cf. Semah 1977: 194］、様々な性愛にまつわる情報も扱う。

『心の庭と愛し愛される者たちの楽しみ』の第八章「高貴な精神が厭い避ける状況について」に同性間での性愛にまつわる記述がある。章題の通り、ここでは、避けるべき愛の形の一例として、カイナ（歌姫）に入れ上げることや婚外での情愛と並んで、「グラームへの愛（ʿishq al-ghilmān）」が挙げられている。ここでは、女性への愛との比較から、少年への愛が不名誉なものであると言われ、その後、『快楽大全』と同様、少年と女性とではどちらが優れているかという論争形式の逸話や詩の応酬が描かれる［*Rawḍa*: 233–245］。内容も『快楽大全』と似て、顔や体の各部位の美しさの比較や髭の有無、または諸預言者の言葉や楽園の描写からの類推など、この種の作品に典型的な記述がなされ、受動側での性行為を行う成人男性の描写はない。

ここにも医学的な記述は見られない。シャイザリーには、性愛にまつわる医学書『婚姻の秘密の解明』もある。これは「男性の秘密」「女性の秘密」の二部に分かれ、それぞれ一〇章ずつを含むものであり、ローソンの指摘によると『快楽大全』の内容も数箇所で引用されている［Rowson 2006: 55］。ヒポクラテスやガレノスからの引用を交えつつ、医学的見地から媚薬や避妊について克明に記されるこの著作のなかに、同性間での性愛についての記述は見当たらない。先のサマウアルもシャイザリーも、いずれも医学に対する造詣の深い者でありながら、同性間での性愛について、医学的見地からは何も記していない。アラビア語でも、すでにラーズィーやイブン・スィーナーによる言及があるにもかかわらず、それらにあるような同性間の性愛関係や性行為を、「病」と結びつけて捉える認識が、より一般的ではなかったと言えるのかもしれない。

（4）ティーファーシー『比類なき書における心の楽しみ』

ティーファーシー（Shihāb al-Dīn al-Tīfāshī, d. 1253）は当時鉱物学の分野で知られていたようであるが［"al-Tīfāshī," *EI*^{2}］、ローソンが「一三世紀性科学（sexological）の「スター」」［Rowson 2006: 55］と言うように、現在では性愛学の分野で言及されることが多い人物である。性愛にまつわる彼の著作は、ローソンによると四作、ニューマンによると三作挙げられ、いずれも後代の性愛学史料にもしばしば引用されるほど影響力のあるものであった［Rowson 2006: 55; Newman 2014: 36, pass.］。このうち、純粋な医学書にあたるものや散逸したものを除き、性愛学的著作として本章で取り上げるべきは『比類なき書における心の楽しみ（*Nuzha al-Albāb fī-mā lā yūjad fī Kitāb*）』である。[20]

『比類なき書における心の楽しみ』は文学寄りとも言える作品で、艶笑譚のような逸話や詩が多く掲載されている。また著者が直接知人から伝聞した逸話をしばしば掲載しており、他の著作と比べて独自の情報が多い特徴を持つと言われている［Rowson 2006: 56］。全一二章からなるが、ここで注目すべきは第六章「ルーティー（lūṭa）の条件とムアージル（muʾājir）の印について」［*Nuzha*: 139–145］と第七章「髭が生える前のムアージルの逸話」［*Nuzha*: 147–161］、第八章「ルーティーの逸話」［*Nuzha*: 163–206］、そして第一二章「両性具有者（khināth）とムハンナスについて、その逸話・情報・警句・詩」［*Nuzha*: 249–308］である。校訂本の頁数からもわかる通り、男性同士での性愛関係に関しての記述量が他書に比べても多いのが本書の特徴のひとつである。

第六―八章に出てくる、「ルーティー」と「ムアージル」の語は、前者が能動側で男性と性行為を行う者を意味し、後者が、それほど一般的な用法ではないが、本文を読むと、金銭と引き換えに自身の体を売る男のことを意味しているようである［cf. *Nuzha*: 144 n.13］。章題の通り、まず第六章が概要となる情報とそれにまつわる逸話を伝え、後二章で各々に関する逸話と詩が掲載される。

特に両者の定義を行う第六章は重要である。しかし、ここでの定義とは、実際はかなり曖昧なものであった。「ルーティー」の条件は、彼らがまず素晴らしい宿を持っていて、そこに様々な備品（チェス盤や愛にまつわる詩や伝承の冊子、酒など）が揃っていること、そして何よりたくさんの銀貨を持っていることが挙げられる［*Nuzha*: 141］。すなわち、ここでの「条件」とはその者の持つ本質的な性質ではなく、ムアージルを買うことができる条件に過ぎない。一方、ムアージルの「印」とは、すれ違う時に目を離さずに微笑みかけてくることや、ふらふらとした歩き方、体毛を剃っていることなどが挙げられる［*Nuzha*: 144］。また「少年のムアージル（al-ghilmān al-muʾājir）」や「髭が生える前のムアージル（almurd al-muʾājirīn）」といったように、大抵の場合は、彼らが明確に年少であることを示す表現がなされている［*Nuzha*: 144, 147］。その後現れる両者にまつわる膨大な数の逸話や詩については、成人男性が美しい少年への恋に落ち、詩を送るような定型的な逸話が多く、本章においては特筆すべきことはない。

また第六章で行った「定義」に反して、必ずしも売買春に関係しないように思われる逸話も多数収められている。

一方、第一二章の内容は、医学的知見が中心となっている点で興味深い。本章でも他の章と同様、全編を通じて、過去の王朝下で知られていた者や当時有名であったムハンナスにまつわる逸話・警句・詩が大量に配されている。しかし何より特徴的なのは、章末に、ラーズィーの『秘密の病』が全編引用されていることである（少なくとも現存する写本には引用が確認できる）[*Nuzha*: 302–308]。ラーズィーがここでウブナ／マアブーンについて論じ、それを生得的な「性質」で「治療」が必要なものであると、ある種、本質主義的な理解を示していたことは上記の通りである。

また、ティーファーシーが『比類なき書における心の楽しみ』で「両性具有者」と「ムハンナス」を並列させていることには大きな意味がある。この章題の「両性具有者（khināth）」という語は、まさにラーズィーの『秘密の病』にも現れる概念である。先述の通り、彼は、男性の精液と女性の精液のどちらが優越するかによって、子どもの性別が決まると考えていたが、その両者がちょうど同等の力だった場合、「男性器（dhakar）と女性器（faraj）を両方持ちさえする新生児」すなわち「両性具有者（khināth）」が産まれると言う[21] [*Khafī*: 52; *Nuzha*: 303]。すなわち、「両性具有者とムハンナスについて」という章題を持ちながら、実質的にはマアブーンについての医学的言及が多くを占めるこの章からは、女性的な振る舞いをする成人男性を意味していたはずのムハンナスという存在が、生得的な身体的・精神的特徴を持つ両性具有者やマアブーンと同様の存在とみなされていた可能性が看取できる。

そうした区分が、自らの意思とは無関係に、本質的に変えがたい「性質」を持って生まれた者という認識のもとに語られている点は興味深い。これは、能動側であれ受動側であれ、自らの意思に則った行為[22]であるという認識が前提としてあった、第六―八章の「ルーティー」と「ムアージル」と対照的である。性愛学文献である『比類なき書における心の楽しみ』の文学的要素として、当該章中盤部には、イスラーム勃興からウマイヤ朝、アッバース朝を経て、執筆時までの著名なムハンナスの名前やそれぞれの事績、逸話・詩が列挙される[*Nuzha*: 258–301]。例えば、同章には著名なムハンナスに由来してできた警句とその由来となった人物の解説を行う箇所がある［*Nuzha*: 253-254］。ここに登場するヒート（Hīt）やトゥワイス（Ṭuways）といったムハンナスたちはいずれも、預言者ムハンマドと同時代に、女性的な装いをした、主に歌手として芸能の分野で人気を博した者たちである。[23] 彼らはあくまで芸能者として異性装を行い、時には売買春にも従事することはあっても、人々が彼らの第一の特徴としてその性的指向と結びつけて捉えることは、当時なかったと思われる。しかし、百科全書的に医学的言説と文学的・歴史的言説が交差する、性愛学的な著作において、このように両性具有者や、さらにはウブナ／マアブーンと同じカテゴリーのなかで語られることで、そのイメージや認識に変化が生じることは想像に難くない。

またこうしたことの背景として、ティーファーシーがすでに、ウブナという本質主義的な「病」の存在を踏まえ、ある程度、性的指向に基づいて事態を峻別していたことが指摘できる。当時、男性同士での性愛行為・関係において重要なのは、能動か受動かの別と各役割を担う者の立場であった。しかし、『比類なき書における心の楽しみ』では、そのような分類ではなく、第六―八章で「ルーティー」と「ムアージル」、第一二章で「両性具有者」と「ムハンナス」という分類を行っている。ここでムアージルと呼ばれる存在、すなわち金銭や他の見返りのために「能動的に」受動側の役割を担う者が、本質的に受動側の役割を担う者とは区別して記載されている点にも注意すべきであろう。

(5) イブン・ファリータ『理知的な男の恋人との付き合い方』

イブン・ファリータ（Ibn Falīta al-Yamanī, d. 1331）が記した『理知的な男の恋人との付き合い方（*Rushd al-Labīb ilā Muʿāshara al-Ḥabīb*）』は、全一三章からなる性愛学的著作であり、その第一〇章「美しい女性よりも少年を好むこと」に男性との性愛に関する内容を含む[24]［*Rushd*: 133-163］。

内容は、すでに見た『快楽大全』や『心の庭と愛し愛される者たちの楽しみ』と同様、少年と女性とではどちらが優れているかという論争形式の逸話や詩の応酬であり、月経や髭の有無など定型的な内容に留まる。また単にヤフヤー・ブン・アクサム（Yaḥyā b. Aktham, d. 857）やアブー・ヌワースなど、ルーティーとして有名な人物の、必ずしも性愛にかかわらない逸話や詩を無秩序的に掲載したり、ムハンナスと女性との当意即妙な言い合いを描く逸話を挿入するなど、論争形式を無視して、隣接的に関連する逸話を並べる側面も見られる。また、幼い頃から歳を取るまで継続的に性的な関係を持ち続けた二人の老人の逸話など、本書独自の記述も見られ［*Rushd*: 141］、興味深い著作ではあるが、医学的な言説は一切含まれていない。

第三節　小　括

以上、まずは医学書における男性同士での性愛関係にまつわる記述を確認したのち、そうした医学的言説と性愛学文献との関係についても考えてみた。

同性間での性愛関係について記すラーズィーとイブン・スィーナーの見解は、大きく見れば一致していたと言える。すなわち、そうした性愛において、性交時に受動側を担う男性は一種の「病」とも言える先天的な性質を持った者だという認識である。それがウブナと呼ばれる特殊な性質であり、それを持つ者はマアブーンと呼ばれた。これは、ある種、本質主義的な見方だとも言える。その一方、イブン・スィーナーは能動側の男性についても扱っていたが、その行為は、受動側の者のように特殊な性質によるものという認識はなく、むしろ、そうした行為によって起こりうる医学的影響が記されていた。

事例の少なさもあり、これらの同性間の性愛にまつわる「医学的言説」が、性愛学文献にどれほど取り込まれているのかを厳密に追うことはできなかった。特に、イブン・スィーナーの主張がその後の性愛学文献に採用されている痕跡を確認することはできなかった。ラーズィーの見解が、ほぼ同じ頃に著されたと目される『快楽大全』に見られず、およそ四世紀も後の著作に初めて見られたように、受け入れられるまでの時間差によるものなのかもしれない。いずれにせよ事例の数が少なく、明確なことは言えない。

実際、本章で見たほとんどの性愛学文献が、他の箇所では医学的な言及を取り入れつつも、同性間での性愛については、本書第三章で見たような、挿入モデルに基づいた文学的なパターンに沿う逸話の記述に留まっていた。しかし、そのなかでアリー・ブン・ナスルとティーファーシーは、同性間での性愛における受動側の者について、医学的見地からの記述を試みている。

アリー・ブン・ナスルはそうした存在として、まずバッガーやハラキーと呼ばれる者を挙げるが、そうした行為の理由を性欲の過剰とするなど、彼らが特別な性質や病を持つ者とはみなしていない。一方、最終章において、唐突にウブナとその「治療」方法が単発的に記され、医学的な記述が取り入れられる。しかし、これを、バッガーやハラキー、あるいはムハンナスと関連づけていたようには見られない。

ティーファーシーは、より本格的に医学的言説を取り入れて、「受動側の者」について言及していた。特に注目すべきは、「両性具有者とムハンナスについて、その逸話・情報・警句・詩」という章において、ラーズィーのウブナに関する議論が全編引用されていたことである。ここで、本来的には別の概念であったはずの、両性具有とムハンナス、そしてマアブーンが全て、ウブナの議論という医学的な知見を通して、性愛において本質的に「受動側」を担う者という、新たな括りで捉えられたのである。これはまさに、性的指向を個人の性質と結びつけて理解するという、一種の〈同性愛〉概念が芽生える過程とも言うことができるのではないだろうか。

そこで次の章では、このムハンナス概念の変容過程を考えてみたい。本章の内容だけで言っても、アリー・ブン・ナスルとティーファーシーの間、約三百年の間に、「ムハンナス」概念に変化が起きていた。それはどのように起こり、また、ティーファーシーによる言説がどのような影響を及ぼしていたのだろうか。医学的なものに限らず、あらゆる言説のうちに、個人に対して本質主義的な性質が想定され、そうした認識が固定化されていくことはありうることである。この後、こうした性愛学文献が、一般的な逸話集や他のジャンルの著作にどれほどの影響を与えたのかを明確に示すことは難しい。しかし、性愛学文献の登場と並行して、露骨な性描写を含む逸話集が増加したことは確認できる（本書第二章二節参照）。次章ではそうした逸話集や、さらには年代記、人名録という、直接性愛について語ることを目的とはしていない史料を用いて、九―一四世紀という比較的長い時間軸のなかでのムハンナス概念の変遷を追う。

第六章　前近代イスラーム社会におけるムハンナス概念の変遷

――「ムハンナスのアッバーダ」にまつわる言説を通じて――

この章では、「ムハンナス」という言葉の指す意味が変容する過程とその背景について考えてみたい。前章までにおいては、前近代イスラーム社会の性愛を、成人男性と非・成人男性が各々能動側と受動側を担う、挿入モデルに基づいて捉えつつ、そこから「逸脱」しているとみなされる、成人男性でありながら受動側を担う者の存在に着目する必要を強調してきた。なぜなら、そうした存在こそが、本書で検討する〈同性愛〉概念が芽生えていく過程を表しうると考えられるためである。

この「ムハンナス」という語は、すでに述べた通り、「女性的な」という意味の語源を持ち、文脈によって様々に用いられる語であった（特に本書第四章107－108頁を参照）。九世紀アッバース朝におけるムハンナスは、異性装をはじめ女性的に振る舞う男性を意味し、その一環として受動側での性行為も行いうる存在であった。[1] 一方、一六―一九世紀のオスマン朝下アラブ・イスラーム社会を対象に同性間での性愛関係を検討したルアイヘブは、ムハンナスをマアブーンと同義だとみなしている［El-Rouayheb 2005: 20–23］。実際、一五世紀マムルーク朝の知識人アイニー（al-ʻAynī, d. 1453）は、ブハーリーのハディースに対する注釈書のなかで、ムハンナスとは「現在では」リワートの対象となる者を意味すると書いている［*ʻUmda*: 22/65; cf. Rowson 1991a: 675］。遅くとも、一五世紀半ばにはすでに

「受動側での性交を指向する成人男性」という意味で、「ムハンナス」の語が用いられていたようである。

以上を踏まえると、ムハンナスの語は九世紀から一四、一五世紀までに、「女性のように振る舞う成人男性」から「受動側での性交を指向する成人男性」という意味に変化したと理解できる。これはすなわち、前近代社会において「行為」として捉えられた「女性らしい振る舞い」が、生得的「性質」としての性的指向と結びついて捉えられるに至る変化だと言えよう。かかる変化は、〈同性愛（者）〉概念の誕生過程を明らかにする上で注目すべきであるが、十分に検討されてこなかった。

そこでこの章では、特に一四世紀までを主な対象とし、アラビア語史料に描かれたムハンナス像の変遷を追うと同時に、史料に描かれることでムハンナス概念が変容し定着する過程を明らかにする。

分析にあたり、九世紀アッバース朝宮廷で活躍したとされる「ムハンナスのアッバーダ（'Abbāda al-Mukhannath）[2]」にまつわる言説に注目したい。その性質上、ムハンナスの個人名が明記されることは少ないが、アッバーダは史料にしばしば登場する比較的有名な人物である。特にローソンが彼について取り上げているが、そこではアッバース朝初期のムハンナスの一事例として紹介されるに過ぎない［Rowson 2003: 57–59］。そこで本章は、実在した有名なムハンナスとして後代にも描かれ続けたアッバーダにまつわる記述を、彼の情報を伝えるものとしてではなく、時代ごとのムハンナスのイメージを反映する言説として捉える。また同時に、ムハンナスの代表として描かれた彼にまつわる言説が、各時代のムハンナス像を形作る機能も有したことを示す。これによって、アッバーダというひとりの人物に関する事例から、彼に対する認識の変化、ひいては当時のムハンナスに対する認識の変化が示される。

そのためにまず、表4に示した通り一四世紀までのアラビア語史料に描かれるアッバーダの記述を、管見の限り網羅的に収集した。以下では便宜的に、同時代史料である『バグダードの書』を除いたものを、著者の死亡年代をもとに一二世紀までに没した者による著作（第一節）と、一三世紀以降に没した者による著作（第二節）に分けて議論を進める。表4に示したように、アッバーダは前者では逸話集に、後者では人名録や年代記に主に登場するという明確な傾向が見られる。こうした性質の異なる史料における記述傾向に着目することで、各時代のアッバーダ像の変遷を読み取ると同時に、その背景にあるムハンナス観の変化、あるいはそれへの影響を動態的に看取する。

アッバーダはアッバース朝宮廷で活動した、料理に秀でたとされるナディームである[3]。マアムーン、ムウタスィム（al-Muʻtaṣim, r. 833–842）、ワースィク（al-Wāthiq, r. 842–847）、ムタワッキル（al-Mutawakkil, r. 847–861）の四代のカリフに仕え、八六五年までには没していたとされる。

彼に関する唯一の同時代の記録は、『バグダードの書』のマアムーンの治世にまつわる詩を紹介する章にある。著者イブン・タイフールは、大法官ヤフヤー・ブン・アクサムへの中傷詩を紹介する導入として、マアムーンとそこに控えるアッバーダが、出陣するヤフヤー[4]を見送るという逸話を残している［*Ibn Ṭayfūr*: 213］。ヤフヤーは、その地位にありながらリワートを行った者（ルーティー）として、当時の史料でしばしば言及される人物である[5]。実際、ここで引用される詩も彼のリワートを非難するものであることを踏まえると、この逸話は明確にアッバーダとヤフヤーの性関係を前提としており、さらにはカリフまでもが二人の関係を公認している状況を描いたものだと言えよう。本書からは、アッバーダが存命中よりすでに、ヤフヤーの性愛の対象と周囲から認識されていたか、少なくとも彼とのそうした関係を想起させる存在であったことが窺える。

管見の限り、彼に言及した同時代史料は他に見当たらない。現在では散逸した史料に言及されていた可能性は高いが、アッバーダやイブン・タイフールと同じ時代・地域に暮らした著名な文人、ジャーヒズやイブン・クタイバの、現存する多くの著作にも記述が見られない点は興味深い。この理由としてまず挙げられるのは、執筆目的の違いだろう。すなわち特定のパトロンに向けて執筆活動を行った彼らにとって、アッバーダはあえて記録する対象ではなかった。しかし年代記として『バグダードの書』を執筆した[6]イブン・タイフールは、当時人々の間で確からしい出来事として伝えられていた、アッバーダとヤフヤーの関係性を示唆する記述を実際にあったことだと捉え、お

史料略語	史　料　名	著　者　名	著者没年	ジャンル
Dimashq	ダマスカス史 （*Ta'rīkh Madīna Dimashq*）	イブン・アサーキル （Ibn 'Asākir）	1176 年	人名録
Inbā'	カリフ史 （*al-Inbā' fī Ta'rīkh al-Khulafā'*）	イブン・イムラーニー （Ibn al-'Imrānī）	1184 年	年代記
Adhkiyā'	聡明な者たちの情報 （*Akhbār al-Adhkiyā'*）	イブン・ジャウズィー （Ibn al-Jawzī）	1200 年	逸話集
Ḥamqā	愚か者と間抜けな者たちの情報 （*Akhbār al-Ḥamqā wa-al-Mughaffalīn*）	イブン・ジャウズィー	1200 年	逸話集
Kāmil	完史（*al-Kāmil fī al-Ta'rīkh*）	イブン・アスィール （Ibn al-Athīr）	1233 年	年代記
Nuzha	比類なき書における心の楽しみ （*Nuzha al-Albāb fī-mā lā yūjad fī Kitāb*）	ティーファーシー （al-Tīfāshī）	1253 年	逸話集 （性愛学文献）
Wafayāt	名士の逝去（*Wafayāt al-A'yān*）	イブン・ハッリカーン （Ibn Khallikān）	1282 年	人名録
Ghurar	明瞭な資質の白斑と不名誉な欠点の疥癬（*Ghurar al-Khaṣā'iṣ al-Wāḍiḥa wa-Urar al-Naqā'iṣ al-Fāḍiḥa*）	ワトワート（al-Waṭwāṭ）	1318 年	倫理書
Mukhtaṣar	人類史要綱 （*Mukhtaṣar fī Akhbār al-Bashar*）	アブー・フィダー （Abū al-Fidā'）	1331 年	年代記
Nihāya	学芸の究極の目的 （*Nihāya al-Arab fī Funūn al-Adab*）	ヌワイリー（al-Nuwayrī）	1333 年	事典
Ta'rīkh al-Islām	イスラーム史（*Ta'rīkh al-Islām*）	ザハビー（al-Dhahabī）	1348 年	人名録
Fawāt	逝去の看過（*Fawāt al-Wafayāt*）	クトゥビー（al-Kutubī）	1363 年	人名録
Wāfī	逝去の充足（*al-Wāfī bi-al-Wafayāt*）	サファディー（al-Ṣafadī）	1363 年	人名録
Shāfi'īya	シャーフィイー派大伝記集 （*Ṭabaqāt al-Shāfi'īya al-Kubrā*）	タージュッディーン・スブキー（Tāj al-Dīn al-Subkī）	1370 年	人名録

※表中の網掛けは逸話集に分類できる史料であることを，二重線は論考中で用いた区分を示す。

表 4　アッバーダについての言及がある 9-14 世紀の史料一覧

史料略語	史　料　名	著　者　名	著者没年	ジャンル
Ibn Ṭayfūr	バグダードの書（*Kitāb Baghdād*）	イブン・タイフール（Ibn Ṭayfūr）	893 年	年代記（逸話集）
Tashbīhāt	直喩の書（*Kitāb al-Tashbīhāt*）	イブン・アビー・アウン（Ibn Abī ʻAwn）	933 年	逸話集
Ajwiba	論駁するための応答（*al-Ajwiba al-Muskita*）	イブン・アビー・アウン	933 年	逸話集
ʻIqd	類稀なる首飾り（*Kitāb al-ʻIqd al-Farīd*）	イブン・アブド・ラッビヒ（Ibn ʻAbd Rabbih）	940 年	逸話集
Aghānī	歌書（*Kitāb al-Aghānī*）	イスファハーニー（al-Iṣfahānī）	967 年	逸話集
Diyārāt	修道院の書（*Kitāb al-Diyārāt*）	シャーブシュティー（al-Shābushtī）	998/9 年	逸話集
ʻUqalāʼ	理性ある狂者たち（*ʻUqalāʼ al-Majānīn*）	ニーサーブーリー（al-Nīsābūrī）	1015/6 年	逸話集
Jamʻ	機知に富んだ話や珍奇な話における宝石の集成（*Jamʻ al-Jawāhir fī al-Mulaḥ wa-al-Nawādir*）	フスリー（al-Ḥuṣrī）	1022 年	逸話集
Baṣāʼir	洞察と秘宝（*al-Baṣāʼir wa-al-Dhakhāʼir*）	タウヒーディー（al-Tawḥīdī）	1023 年	逸話集
Wazīrayn	二人の宰相の倫理（*Akhlāq al-Wazīrayn*）	タウヒーディー	1023 年	逸話集
Durr	真珠の散乱（*Nathr al-Durr*）	アービー（al-Ābī）	1030 年	逸話集
Ikmāl	疑念の除去（*al-Ikmāl fī Rafʻ al-Irtiyāb*）	イブン・マークーラー（Ibn Mākūlā）	1082 年	人名録
Muntakhab	文人の換喩と雄弁家の隠喩に関する概要（*al-Muntakhab min Kināyāt al-Udabāʼ wa-Ishārāt al-Bulaghāʼ*）	ジュルジャーニー（al-Jurjānī）	1089 年	逸話集
Muḥāḍarāt	文人の座談（*Muḥāḍarāt al-Udabāʼ*）	ラーギブ・イスファハーニー（al-Rāghib al-Iṣfahānī）	1108 年	逸話集
Ḥamdūnīya	ハムドゥーン覚書（*al-Tadhkira al-Ḥamdūnīya*）	イブン・ハムドゥーン（Ibn Ḥamdūn）	1166/7 年	逸話集

そらく批判を込めて書き残したのだと考えられる。[7] 以下ではこうした執筆目的や背景に留意しつつ、まずは「物語」としての逸話史料におけるアッバーダの描写を追う。

第一節　「物語」としてのアッバーダ——一二世紀以前没の著者による記述——

没年が一二世紀以前の著述家たちは、『バグダードの書』以降、主に逸話集のジャンルでアッバーダについての記述を残した。本書第二章で確認した通り、逸話集の特徴とは、広くは、編者が自らの価値観や目的に則って、関連の逸話を真偽問わず収集あるいは自ら創作し、選択、配置したものだと言えよう。それらの逸話は、読者が行動の指針や教訓、知識や教養を身につけるため、あるいは気晴らしを得るための「物語」であり、必ずしも実際に起こったことを伝えることが目的ではなかった。本節では、アッバーダがそうした史料で、どのように描かれたのかを確認したい。

第一項　トリックスターとしての「ムハンナスのアッバーダ」

アッバーダの描写はまず、イブン・アビー・アウンの『直喩の書』と『論駁するための応答』に見出せる。機転の利いた応答を含む逸話を収集した両逸話集は、「九世紀のアラビア語レトリックの礎となった作品のひとつ」［*Tashbīhāt*: xiv］とも評される。アッバーダの逸話は、前者にひとつ、後者に四つ掲載されている［*Tashbīhāt*: 318; *Ajwiba*: 180, 181, 183, 186］。これらは全て、ムハンナスに関する逸話が集められた箇所にあるが、いずれも内容は性的なものでなく、彼の機知を表す逸話である。[8] 続いて、イブン・アブド・ラッビヒの『類稀なる首飾り』で、アッバーダはムタワッキルのお付きのナディームとして登場し、機転の利いた言い回しでワースィクを揶揄して彼を楽しませる［*'Iqd*: 6/430-431］。

イスファハーニーの『歌書』にも、アッバーダの登場する逸話がある。同書は、アッバース朝宮廷の様子も克明に伝える大部の著作であるが、アッバーダについては、「マアムーンはいくつかの遠征にはヤフヤー・ブン・アクサムとムハンナスのアッバーダの両者を同行させた」[*Aghānī*: 20/255] という、先述の『バグダードの書』の内容を示すであろう一文のみが残されている。この後には同じくヤフヤーのリワートを非難する詩が続くが、『バグダードの書』にある詩とは異なるものであり、イスナードからも直接の引用関係は見出せない。注目すべきは、ここでカリフがヤフヤーとムハンナスのアッバーダを共に同行させたという記述のみをもって、リワートに関する中傷詩の導入たりえている点にある。両者の性的関係への疑いが、時代を下っても自明の前提として共有されているのである。ムハンナスは必ずしも性愛に関する逸話にのみ登場するわけではないが、「アッバーダと共にいる」こと自体がリワートを想起させるものなのであった。

続いて彼が登場する史料は、シャーブシュティーの『修道院の書』である。この書は、逸話や詩を通じて、ムスリムの視点から各地の修道院を酒や性に開放的な場所として記した逸話集である。アッバーダは以下の「シャイターンたちの修道院（Dayr al-Shayāṭīn）」[9] の逸話に描かれ、その後で彼にまつわる一二の逸話が紹介される。

> ムタワッキルがアッバーダをモスル（al-Mawṣil）に追放した際のことである。彼はシャイターンたちの修道院を訪問してはそこで酒を飲むようになり、そこを離れようとしなかった。彼はその修道院の修道士のうち、顔と体型が最も美しい若者（ghulām）を好きになった。彼は恋に落ち、夢中になってしまったがために、修道院にいついたのである。アッバーダはその若者を唆したり、おだてたり、贈り物をしたりし続け、ついには修道院から引き離して共に外に出ていくまでになった。修道士たちはアッバーダが若者に行った邪な行為に気が付いた。そこで彼らはアッバーダを修道院の最も高いところから谷底に投げ落として殺すことを企んだが、彼は彼らに気づいて逃げ出し、その地に二度と戻らなかった [*Diyārāt*: 185]

ムスリム側から見た、当時の修道院のイメージを伝えるという趣旨に合わせて創作されたものであろうこの逸話で、彼が「女性らしい」役割を演じるわけではなく、ただ飲酒や性に放埒な修道院の様子を表すために用いられている点は重要である。ここではむしろ能動的に同性の若者を誘惑しているように、ムハンナスは受動的な指向を持つ特殊な存在というより、諸事に放埒な者という印象で捉えられていることが窺える。

これに続く逸話のひとつでアッバーダは、「ビガー（bighā'）がなくても、ムハンナスたりうるのか」と尋ねられて「ありえるが美しくはない。それは法官帽のない法官のようなものである」と答えている［*Diyārāt*: 188］。ビガーとは、バッガーが生得的に有するとされた、受動側での性行為を指向する性質のことであり、少なくとも編者のシャーブシュティーはムハンナスとバッガーを同一視していないことが看取できる。

別の逸話では、アッバーダがトリックスターの役割を演じる存在として描かれる。

ある日ムタワッキルはアッバーダに「ムハンナスであること（takhannuth）をやめよ。そうすればお前に妻をあてがってやろう」と言った。すると彼は「あなたはカリフ（khalīfa）か、あるいは女衒（dallāla）か」と返したのである［*Diyārāt*: 187］

この逸話の主題は、当意即妙な返答と秩序の攪乱にある。ここではムハンナスであるアッバーダの、規範からの倒錯性を前提としつつも、「正しい性」を強要する規範者としてのカリフと、それに抵抗する社会・権力秩序の攪乱者としてのアッバーダの応酬こそが重視されているのである。他の逸話を見ても、上で挙げた三つと基本情報を除く八つの逸話のうち、性愛にまつわるものはひとつのみであり、それ以外は機転を利かせてカリフや高官をやり込める逸話であった。ここではやはり、アッバーダの性的指向ではなく、ムハンナスという属性を前提とした彼の放埒さや機知が描かれていると言えよう。

こうしたトリックスターとしてのアッバーダの描写は、以降の逸話集にも共通して見られる。ニーサーブーリーが編んだ『理性ある狂者たち』では、アッバーダがワースィクの行うミフナ[10]の対象となるも、クルアーンの「生死」を語ることで狂人のふりをして処罰を免れる一幕が描かれる[11]。本書は、一見愚かな狂人や道化師とみなされる人物が見せる機知という主題のもと、社会風刺を目的として編まれたもので、この逸話もムウタズィラ派やその神学論争の不毛さを、狂人を通じて風刺・批判するという当時の文学様式に則って描かれたものであろう［杉田 1995: 179–183］。ここでアッバーダは、その様式に沿う人物の類型として採用されているのである。フスリーの『機知に富んだ話や珍奇な話における宝石の集成』でも、アッバーダが登場する逸話が六つ掲載されている［*Jam'*: 17–18, 182–183, 340］。これらも同様に、全て酒宴などでのムタワッキルとの親密なやり取りのなかで、カリフを恐れない応答や皮肉がムタワッキルを喜ばせる構図の逸話である。

ここまで見た通り、アッバーダは一貫して、機転の利いたやり取りで身分が上の者を言い負かす、場の攪乱者として描かれている。こうした描写を理解するのに、ザカー（dhakā'）とカイド（kayd）という、主に文学理論で用いられる概念が有用である。『千夜一夜物語』における女性観を検討した西尾哲夫によれば、アッバース朝期に入るとザカーと呼ばれる、婉曲な性表現も含む巧みな言葉遣いや当意即妙の機知といった内面美への着目が、女奴隷に対して見られるという。その一方で、「女性が男の言葉と論理を利用してそれを逆手にとり、言葉尻で男をやっつけることになると、ザカーはカイドへと変化する」［西尾 2006: 9–10］。さらにカイドは、月経や妊娠といった肉体的機能に基づくもので、女性は社会秩序の混乱をもたらすという認識に関係している［西尾 2006: 10–11］。すなわち男にとって有益な女性の機知がザカーであるのに対し、カイドは女性が本源的に持つ小賢しい悪知恵であり、男性の優越性を脅かしかねないという点で忌避されるものであった。

アッバーダのムハンナスという属性は、女性でも成人男性でもないという認識のもと、秩序を攪乱する要素として逸話中で用いられた。自ら女性的に振る舞うムハンナスは、性愛観念上は成人男性とはみなされない存在であった。その点で、彼の性的な婉曲表現を含んだ機知は、修辞や機転を重視する逸話で、ザカーとして好意的に捉えられた。一方で身体上は男性であるムハンナスは、絶対的な無力者でありながら、宮中では成人男性の象徴たるカリフの御前に加わる社会集団でもあった。そこでの、宮廷の人々に対するアッバーダの機知はカイドとして、上位者を脅かす越権行為となった。こうした場を攪乱するトリックスターとしての性格が付与されたことで、彼は「物語」である逸話の登場人物として重宝されたのである。

第二項　アッバーダ認識の変化――逸話集における著述形式の変化と医学知識の浸透――

時代が下るにつれ各逸話集編者は、トリックスター的なアッバーダの認識を引き継ぎながらも、彼の性的指向を取り上げた記述を多く残すようになっていく。

タウヒーディーの『二人の宰相の倫理』という史料にアッバーダが確認できる。著者はブワイフ朝宮廷とのかかわりを持ち、宰相イブン・アミード（Ibn al-ʿAmīd, d. 970）とイブン・アッバード（Ibn ʿAbbād, d. 995）への非難として本書を記したと言われている。ここでイブン・アッバードは次のように描かれている。「彼が高揚したり、心が揺れ動いたりした時には、彼からアッバーダやジャフシャワイフ（Jahshawayh）[12]、それに類する者たちの話題しか聞かれなくなる」〔*Wazīrayn*: 175〕。またムハンナスを、「習慣が、スフフ（sukhf）で放蕩（khalāʿa）でムジューン（mujūn）である」者と記し、代表例としてアッバーダの名を挙げて彼にまつわる逸話を三つ配置する〔*Wazīrayn*: 145, 149–150〕。

タウヒーディーは様々な警句を含む逸話を収集した逸話集、『洞察と秘宝』でもアッバーダについて一〇の逸話を採用しており、やはり彼をムハンナスの典型と捉えていたようである。そこには例えば、性的な振る舞いを交えたカリフとのやり取りが残されている。

　ムタワッキルがアッバーダに「お前にこの宦官をやろう」と言った。

彼は「信徒の長よ。私は帆柱のない舟には乗らぬ」と応じた［*Baṣā'ir*: 7/94］

また、ムハンナスはあくまでもムスリムであるため、ズィンディーク（異端者）よりはましだとアッバーダが語る逸話［*Baṣā'ir*: 6/50］を掲載するなど、タウヒーディーはアッバーダひいてはムハンナスをムスリムの成人男性でありながら、女性らしい振る舞いをするという両義的・越境的性質を持つ、秩序の攪乱者として捉えていたようである。

ブワイフ朝のもとで活躍した文人アービーの『真珠の散乱』にも、アッバーダが登場する。「最大級のアラビア語百科事典」とも評されるこの史料は、数千の短い逸話を百以上の章に分類して掲載する逸話集であり［Owen 1934］、「アラビア語世界で培われてきた主題別分類の典型」とも言われている［竹村 2011: 160］。興味深いのは、すでにローソンも指摘しているように［Rowson 2003: 59］、「ムハンナスの逸話章」「ルーティーの逸話章」「バッガーの逸話章」の三章が並存して設けられている点である。[13] なおこの著作でマアブーンは、バッガーの同義語として「バッガーの逸話章」に描かれている。この「ムハンナスの逸話章」に収録される一八個の逸話と「バッガーの逸話章」の三個の逸話にアッバーダが登場する。

問題はこの二つの章の内容の違いである。「ムハンナスの逸話章」では、男性が女性的に振る舞うことで生じる混乱や珍奇な出来事と、それに伴う機知に富む応答や警句が広く収集されており、必ずしも具体的な性愛にまつわる逸話のみが掲載されるわけではない。例えば、比喩表現を多用して女性器を揶揄する警句や、髭を抜きたがる男性とそれをやめさせようとする父親[14]の当意即妙な応答などがある［*Durr*: 5/278, 291］。また、たとえ性的な内容が含まれていたとしても、それは「落ち」となる当意即妙な言い回しのための前提として記される逸話がほとんどである。

アッバーダが小道で男に目配せして誘惑し、ある家の門の前で立ち止まると、男は彼を犯し[15]始めた。ある女性がそれを［邸宅の窓から］見下ろし、［アッバーダが男に襲われていると勘違いして］「追い剥ぎだ（luṣūṣ）」と叫ぶと、「邪魔されて怒った」アッバーダは頭だけを彼女の方に向けて言った。「ああ、あばずれめ[16]。お前の壁に「穴(naqb)」が開いているのと同様、私の壁にも「穴」はあるのだぞ」と言った［*Durr*: 5/286］

それに対して「バッガーの逸話章」では、基本的に全てが受動側での性行為に関する逸話や、男性の身体・男性器を求める者の逸話で占められる。どちらかというと、珍しい情報や実在の人物の噂話を伝えるものが多く、「落ち」のない逸話も多い。例えば、次の逸話は、アッバーダは登場しないが、ムハンナスと「性的指向」としてのビガーとの関係を考える上で興味深い。

「お前はルーティーなのか、あるいは女を持つ者なのか（ṣāḥib nisāʼ）」と尋ねられたある男が答えた。「私はルーティーでもあり姦通者でもあります。しかし、最も好ましいのはムハンナスであることです（amīlu ilā al-mukhannathīn）。私は、夜には少しのビガー（bighāʼ）が取り憑き、這いまわるのです」［*Durr*: 5/303］

女性も男性も性の対象とする「一般的な」男を、受動側での性行為に駆り立てる何らかの要素として、「ビガー」の語が用いられている。「バッガーの逸話章」では、こうした、特記すべき興味深い事例を示す逸話を掲載する意図があるように思われる。ここからも『真珠の散乱』では、ムハンナスは女性的に振る舞う者全般を指し、単に性交時に受動側に立つ男性を意味するバッガーやマアブーンとは別概念として捉えられていることが窺えよう。

さて注目すべきは、『洞察と秘宝』の箇所で引用した「宦官と帆柱の逸話」が、『真珠の散乱』では「ムハンナスの逸話章」に収録されている点である［*Durr*: 5/279］。当該史料でこの逸話は、アッバーダの性的指向を示すものではなく彼の当意即妙なやり取りを伝えるものとして採用されていることが看取できる。これに関連して、アービーとおよそ半世紀没年に差があるジュルジャーニーの『文人の換喩と雄弁家の隠喩に関する概要』を見てみたい。文人の手引書でありながら、猥褻をテーマとした格言集としての性質も孕むこの逸話集［Rowson 1991b］において、アッバーダは二話に登場しており［*Muntakhab*: 37, 46］、そのひとつが「宦官と帆柱の逸話」である。本書はこの逸話を『洞察と秘宝』から引用したと明記した上で、「ビガーやウブナ[17]について」の章に収録している。『洞察と秘宝』と『真珠の散乱』では彼の当意即妙な応答を示すものだった逸話が、ジュルジャーニーによって、アッバーダそしてムハンナスの性的指向を表す逸話として編纂し直されているのである。

　これが、当時のアッバーダ（ムハンナス）に対する認識の変化を反映した結果なのか、あるいは、こうした編纂によってアッバーダへの認識に変化が生じたのかはわからない。実際、一二世紀内に没した者が描くアッバーダ像に、大きな変化は見られない［*Muḥāḍarāt*: 1/128, 278, 373, 3/508, 571, 4/152, 165, 445; *Hamdūnīya*: 3/164, 5/446, 9/62, 354, 375, 422, 423; *Adhkiyā'*: 128; *Ḥamqā*: 186–187］。しかしこれらの史料全体の傾向として、ムハンナスにまつわる逸話に、性愛に関するものが増加していることは指摘しておきたい。例えば、一二世紀初めに没したラーギブ・イスファハーニーの逸話集『文人の座談』でムハンナスが最も頻繁に登場するのは、「ムジューン（mujūn）とスフフ（sukhf）についての章」のリワートや姦通、売春にまつわる逸話が並べられている箇所である［*Muḥāḍarāt*: 3/473–504］。なかには彼らが受動側での性行為を指向することを前提とした警句も含まれ、ムハンナスが性愛に直接関係する存在として認識されつつある様子が窺える。

　それでは、こうしたムハンナスの性的指向にまつわる記述傾向の変化は、どのようにして起こったのだろうか。本節で示した通り、一一世紀初め頃に没したタウヒーディーやアービーらの逸話集において、かかる変化は始まっていた。まず重要だと考えられるのが、本書第二章でも少し触れた、逸話集というジャンル内での形式の変化である（本書63–66頁も併せて参照）。歴史叙述研究の泰斗タリフ・ハリーディーは、その変遷をアダブとヒクマの別として説明する。彼はおおよその枠組みとして、九―一一世紀をアダブの時代、一〇―一一世紀をヒクマの時代と位置付けた。ここでのアダブとは、君主やそれに相対する者が適切な振る舞い方を身につけるために編まれた知識としての「教養」、ヒクマとは、それがより一般化され自然科学の知識や合理性を反映した「知恵」だとする［Khalidi 1994: 232-233］。また岡崎桂二は、八世紀後半以降宮廷社会で必要とされた博識と雄弁、即興能力の修得のために専門知識（イルム）と相補関係をなしていたものが学識（アダブ）であったと言う。その後、より網羅的・体系的な「アダブ的百科全書」が指向されるようになり、特に一〇世紀以降は諸学問の発展・体系化と翻訳を通じた古代ギリシアの知識の移入によって、章立てや配置順による「学知の分類」が集中的に起こった［岡崎 2011: 61, 63-64］。

これを踏まえると上記の変化は、アダブとしての逸話集が、より体系的・実践的な知識として捉え直される過程で生じたものと理解できる。アダブとしては、女性的に振る舞うムハンナスという属性を持ったアッバーダの、当意即妙さや機転を示すことを目的とした逸話が重視されていた。ところが特定の主題への特化や主題ごとの細かな章立てによる分類が進むにつれて、その焦点はアッバーダ自身の行動から彼の持つムハンナスという属性へと移り、それに伴いムハンナスという存在の輪郭が明確化していったのだと考えられる。

さらにもうひとつの重要な点に、自然科学の知識・古代ギリシアの知識の移入という指摘を踏まえて、医学的な知識の浸透が挙げられる。ジュルジャーニーが「ビガーやウブナについて」の章冒頭で、これらを「病（dāʾ）」の状態と記している［*Muntakhab*: 35］点は注目すべきであろう。一般に、一〇―一一世紀には、ガレノスをはじめとするギリシア由来の知がイスラーム社会に定着しつつあった。ラーズィーやイブン・スィーナーが、自らの医学書のなかで、ウブナという生得的性質に由来する不治の「病」の存在を想定し、それを患った者（マアブーン）は受動側での性行為を求めるようになると説明していたことは本書第五章で確認した通りである。この時代、性交時の受動性が医学的言説のなかで認識されたことで、これまでは単に女性的振る舞いと捉えられていた「ムハンナスのアッバーダ」の逸話が、その内容に応じては「ビガーやウブナ」の範疇で捉えられることとなった。先述の、「宦官と帆柱の逸話」を扱う章の変化は、その一例である。ここに、女性らしく振る舞う者としてのムハンナスという観念が、受動側での性交を好む「病」という個人の性質を持った者としてのバッガー、マアブーンという観念と同一化していく過程が看取できる。

これと同様の例が、前の章で扱った性愛学文献、ティーファーシーの『比類なき書における心の楽しみ』である。ティファーシーの没年は一三世紀半ばと時代は下るが、先にここで触れておきたい。当該著作の第一二章「両性具有者とムハンナスについて、その逸話・情報・警句・詩」における、有名なムハンナスの逸話を羅列する箇所にアッバーダは二箇所登場している。ひとつは『真珠の散乱』の箇所で引用した、女に「追い剝ぎだ」と叫ばれる逸話であり（本章159–160頁参照）、もうひとつは同行者が自分の分にだけ砂糖をかけて食事しようとしたのを見て、工夫を凝らして自身の分にも砂糖をかけるように仕向ける逸話である［*Nuzha*: 286, 287］。前者もその性的指向に焦点が当てられた逸話ではなかったことは上で確認したが、特に後者には性的な要素は含まれておらず、彼の当意即妙さや、ムジューン的な下品さを表す逸話だと言える。しかし、先述の通り、ティーファーシーが同じ章にラーズィーによるウブナについての小論という医学的な知識を含めたことで、こうした逸話の登場人物として用いられるのみであったムハンナスが、バッガーやマアブーンと同様の存在として受け入れられていくことは想像に難くない。

以上、逸話史料でのアッバーダの描かれ方を通観した。当初、彼はムハンナスであるという性質を有することを前提に、主にトリックスターとして登場していた。およそ一一世紀頃逸話集がより体系的・実践的な知識として編纂されるようになると、こうした放埒さや機転を主題としたアッバーダの逸話は、ムハンナスの、さらに内容によってはバッガーやマアブーンの逸話として、各逸話集で捉え直される。ここには、当時受容されつつあった医学的知識の影響もあったことが窺える。あくまで「物語」の集成である逸話集において、どの逸話を採用し、どの章に配置・分類するかは、編者次第である。各時代において生じる編者間の意図のずれから、アッバーダひいてはムハンナスに対する彼らの認識の変化が確認できる。また同時に、そのずれこそが当時の人々の認識に変化をもたらしていたとも言えよう。

第二節　「史実」としてのアッバーダ——一三世紀以降没の著者による記述——

本節で扱うのは、一般に著者が「史実」を伝えることを目的とした史料における記述である。ここでの「史実」とは、史料著者が実際に起こった出来事や確からしいものだと考えていたことを示すものである。前述の通り、一三世紀以降に没した者によるアッバーダの言及は、主に人名録・年代記においてなされる。こうした傾向は、およそ一三世紀を境としたアラビア語叙述史料による、歴史の扱い方の変化と軌を一にしている。すなわち歴史を、教養のための「物語」として捉えるのではなく、手段として記録・行政のための「史実」として用いる動きである。例えば先のハリーディーは一二―一五世紀の歴史叙述を指して、行政のための官僚的・正史的歴史として、より実践的な叙述へと向かったスィヤーサ（統治）の段階と位置付ける［Khalidi 1994: 233］。また一〇世紀後半から一三世紀前半に、いわゆる「地方史人名録」が盛んに編纂されたとする指摘も、この一環と捉えられる［Khalidi 1994: 204–210; 森山 2009］。以下では、そうした史料における、アッバーダの扱われ方と、そこに記されることによる彼やひいてはムハンナスに対する認識への影響を見る。

第一項　アッバーダの逸話の「史実化」——一二世紀以前の人名録・年代記から——

まずは一三世紀以降に没した著者による著作を扱う前に、一二世紀以前の人名録では、イブン・マークーラーの『疑念の除去』とイブン・アサーキルの『ダマスカス史』がアッバーダに言及している。前者では「ムタワッキルのナディームであり、冗談（nawādir）と滑稽（maḍāḥik）の持ち主」［*Ikmāl*: 6/28］と一行足らずの記述に留まるが、後者では、『疑念の除去』を引用した基本的な情報の他に、五つの逸話が収録される［*Dimashq*: 26/221–223］。このうち三つは、借金取りをやり過ごすものなど彼の機転を主題としたものである。また残り二つは『理性ある狂者たち』にあった「ミフナの逸話」と同内容で、一方はニーサーブーリーからの引用と記されたもの、他方は細部の異なる、別の引用元からのものである。

森山央朗によると、「地方史人名録」に取り上げられるのは代々の名家から短期滞在者まで、当該地域と何らかの関係を持った者で、主にムスリムの著名人、特にハディース伝承者・ウラマーであった。それ以外の一定数記載される人物については、ハディースやイスラームの知識に関する情報が記載されたと言われている［森山 2009: 29, 35–39］。アッバーダの記事冒頭には「彼はムタワッキルに同伴してダマスカスを訪れたことがある」［*Dimashq*: 26/221］とあり、ハディースを伝えていないアッバーダが立項された理由は、ダマスカスに関係のある者の記録としてのみであろう。その際に選択されたのが、彼の機転を示す三つの逸話と、イスラームの知識を端的に伝える二系統の「ミフナの逸話」だったのである。この「ミフナの逸話」は、『理性ある狂者たち』ではムウタズィラ派風刺の文学様式に則って描かれ、アッバーダが秩序の攪乱者として登場人物に用いられたことは先述した。その逸話がここでは彼の事績の記録のための人名録に掲載されることで、「史実」としての機能を帯びるのである。

年代記におけるアッバーダの最初の記述は、前述の『バグダードの書』を除くと、一二世紀に執筆されたイブン・イムラーニーの『カリフ史』にある。民衆の間で語り伝えられる話を多く収録している点が特徴的なこの史料において、アッバーダは二つの場面に登場している。ひとつは、ムウタスィムからムタワッキルまで三代のカリフのもとで宰相を務めたイブン・ザイヤート（Muḥammad b. ʻAbd al-Malik al-Zayyāt, d. 847）が、自ら作成した鉄窯状の拷問器具（tannūr）にかけられて処刑されるのを見て、「人々を入れて焼くつもりの窯で、あなた自身が焼き上がるとは」と皮肉を発する場面［*Inbāʼ*: 117］であり、もうひとつはムタワッキルが殺害された酒宴の現場にナディームとして従事していたという場面［*Inbāʼ*: 120］である。

前者の記述の初出は、確認できた限りでは既出の逸話集『機知に富んだ話や珍奇な話における宝石の集成』である。これ以前の史料にもイブン・ザイヤート処刑の言及はあるが、アッバーダは登場しない[18]。フスリーはこの逸話を、実際の出来事の伝承としてではなく、皮肉の利いた警句を伝えるために収録し、アッバーダをその発言に適した人物として用いたのだと考えられる。しかしそれが『カリフ史』という年代記において、おそらくより克明に事件を伝えるべく採用されたことで、後代には「史実」のひとつとして捉えられる。

より重要なのは、後者のムタワッキル殺害の記事である。事件の様子は、タバリー（al-Ṭabarī, d. 923）の年代記『諸使徒と諸王の歴史（*Taʾrīkh al-Rusul wa-al-Mulūk*）』やマスウーディー（al-Masʿūdī, d. ca. 956）の『黄金の牧場（*Murūj al-Dhahab*）』など、先行史料にも残されている［*Taʾrīkh al-Ṭabarī*: 9/222–230; *Murūj*: 5/37–38］。特にその様子を詳細に伝える『黄金の牧場』によると、ムタワッキルは八六一年、腹心のファトフ・ブン・ハーカーン（Fatḥ b. Khāqān, d. 861）[19] とともにナディームや歌手を侍らせ酒宴に興じていた。そこに突如、彼の息子ムンタスィル（al-Muntaṣir, r. 861–862）と結んだ奴隷軍団の襲撃を受ける。グラームや歌手、ナディームが逃げ惑うなか、ファトフのみが果敢に抵抗するも最終的に両者とも殺害された［*Murūj*: 5/37–38; 清水 2005: 73］。しかし『黄金の牧場』を含め、『カリフ史』以前にこの事件を記す史料に、アッバーダは登場しない。

事件よりかなり後の記述でありながら、『カリフ史』は余興の内容や暗殺の方法など詳しい状況を物語る。その最後にはファトフが、まさに斬りかかられているムタワッキルの前に身を投げ出し、「あなたの［死］後に［私の］命はない。ああ信徒の長よ」と勇敢な文句を放ったのに対し、同じ場にいたアッバーダは飛び跳ねて「あなたの［死］後にも一千の命がある。ああ信徒の長よ」と言ったと記される［*Inbāʾ*: 120］。ここでアッバーダは、前者の発言と掛けた当意即妙な言い回しを披露すると同時に、ファトフの男らしさとムタワッキルの悲劇的な最期を際立たせる役割を果たす。いかにも逸話性の高い記述であるが、これも後述の通り、後代の人名録のアッバーダの項目に、より分量を増して採用される。

以上見たように、一二世紀以前の人名録・年代記におけるアッバーダは、従来の逸話集に描かれていた性格を引き継ぎ、ムハンナスという属性を前提に、当意即妙さや機転を強調した姿で登場する。しかし人名録や年代記は、逸話集と異なり、基本的には事実を伝える目的で編まれたものである。そうした史料にアッバーダにまつわる逸話が収録・付加されることで、それが本当にあった出来事として受け取られていく。

第二項　「史実」としてのアッバーダとムハンナスに対する認識の固定化

一三世紀以降に没した者が執筆した年代記では、まずイブン・アスィールの『完史』の八五〇年の記事に、ムタワッキルの御前でおどけるアッバーダが登場している。

> ムタワッキルはアリー・ブン・アビー・ターリブ――彼に平安あれ――とそのお家の人々を激しく嫌っていた。〔…〕彼のナディームにムハンナスのアッバーダという者がいた。彼は服の下に枕を入れて腹のまわりに結びつけて禿頭に被り物もつけずに、ムタワッキルの御前で踊った。歌手たちは「禿げて太ったムスリムたちのカリフがやってきた」と歌った。アッバーダがこうしてアリー――彼に平安あれ――の物真似をし、ムタワッキルは酒を飲んで笑うのだった。ある日もそうしたことをしていると、そこにムンタスィルがおり、彼はアッバーダに脅すような仕草をした。そこで彼は恐怖で黙ってしまった［*Kāmil*: 7/55］。

この後、ムンタスィルはムタワッキルに反省を求めるも、彼がさらに歌手たちにアリーを揶揄する歌を歌わせる姿を見て、「この事件は、彼を殺すことが合法であるとムンタスィルが考えた理由のひとつとなった」と締められる［*Kāmil*: 7/56］。

当逸話は管見の限り『完史』が初出であるが、以降はアブー・フィダーの年代記『人類史要綱』にも採用される［*Mukhtaṣar*: 2/38］。ここで彼が、アリーをめぐる政治上の緊張関係に介入しうる存在として用いられている前提にはやはり、逸話集に描かれてきた当時の宮廷における秩序の破壊者という評価があるのだろう。こうした「もっともらしい」逸話が後代に、年代記において創作・誇張されることで、アッバーダのムハンナスという属性を強化する機能を果たしたことは想像に難くない。

一三世紀以降没の者の手によるアッバーダを扱った人名録[20]はいくつかあるが、多くに「ミフナの逸話」と、「ムタワッキル殺害現場の逸話」が含まれている。先述のように、前者はニーサーブーリーの逸話集に端を発し、イブン・マークーラーやイブン・アサーキルの人名録に採用されていたもの、後者は『カリフ史』に見られたものである。いずれも引用元は明記されないが、クトゥビーの『逝去の看過』とサファディーの『逝去の充足』ではこの二つの逸話を用いてアッバーダに言及している［*Fawāt*: 2/153–154; *Wāfī*: 16/359］。またザハビーは『イスラーム史』で「ミフナの逸話」ともうひとつ別の逸話を、タージュッディーン・スブキーは『シャーフィイー派大伝記集』で「ミフナの逸話」を掲載する［*Ta'rīkh al-Islām*: 12/304-305; *Shāfi'īya*: 2/60］。

一三―一四世紀にかけて、人名録と年代記以外にアッバーダが登場する史料には、ヌワイリーの百科事典『学芸の究極の目的』と、ワトワートが倫理について説く『明瞭な資質の白斑と不名誉な欠点の疥癬』がある。前者には二つの年代記にあった「アリーの物真似の逸話」が、後者には年代記『カリフ史』にあった「イブン・ザイヤートの処刑に際しての逸話」が残されている［*Nihāya*: 22/204; *Ghurar*: 522］。例えば、八つの項目を取り上げ、対比技法を用いて物事の良し悪しを論じた『明瞭な資質の白斑と不名誉な欠点の疥癬』［Ghersetti 2013］で、当該話は「復讐に関する項目」に引用される。ワトワートは本書において、同時代のものよりも初期アッバース朝までを題材とした歴史上の故事から、自説に合うものを選択して用いたと言われており［Ghersetti 2013: 86–87］、このアッバーダの記事が後代にも説得力のあるものだと捉えられていたことがわかる。

このように、先代の伝承を著者の目的・尺度によって選択する書物において、年代記の記述が目立って採用されている点は興味深い。状況説明に彩りを添えるため、または人物像を強調するために付加されたに過ぎなかった記述が、後代には実際に起こえりえた出来事の記述として用いられる。単に「物語」に相応しい登場人物として利用されていた「ムハンナスのアッバーダ」が、「史実」に取り込まれることで実際にそれらの事績を残した人物として語られるのである。

その後、一五世紀以降もアッバーダは史料に現れ続ける。引用元は明確に記されないものの、特に「アリーの物真似の逸話」や「ミフナの逸話」など年代記・人名録で用いられていた記述は、人名録にも繰り返し引用される［*Tawḍīḥ*: 6/78–79; *Muntabih*: 896; *Saniya*: 1/305］。またカリフ性について論じ、後代に強い影響力を持ったカルカシャンディー（al-Qalqashandī, d. 1418）の著作には、「アリーの物真似をする逸話」が採用されている［*Maʾāthir*: 1/230–231］。

同時に、イブン・アースィム（Ibn ʿĀṣim, d. 1426）が編んだ逸話集に顕著なように、アッバーダが女性と相対する場面では性的に不能なことが前提として描かれる逸話も新たに登場するなど[21]、やはり一四世紀時点でムハンナスに対する認識が変化していたことが窺える。特に、同書に掲載されるファトフ・ブン・ハーカーンとの逸話は興味深い。長い逸話であるため、以下に要約を挙げる。

> ムタワッキルの息子が宮中でアッバーダの尻に指を入れて性的指向をからかったことに対して、当意即妙に応答してやり込めるも、ムタワッキルがそれに立腹する。アッバーダは宮廷を飛び出し洞窟に逃げ込んだが、そこには獅子がいた。彼は怯えて手持ちのトゥンブール[22]を鳴らし始めると、ちょうど狩りに出ていたファトフ一行がそこに出くわす。音を怪訝に思ったファトフが洞窟に入ろうとすると獅子は驚き逃げ去った。アッバーダは機転を利かせて状況を逆手にとり、カリフの指示でトゥンブールを鳴らす芸を調教していた獅子が逃げてしまったと嘆いて、ムタワッキルへの取りなしをファトフに約束させる。その後ファトフから一連のやり取りを聞いたムタワッキルは、彼が担がれたことを知って笑い、アッバーダを許してしまう［*Ḥadāʾiq*: 175］

いかにも「物語」らしいこの逸話では、女々しく振る舞うも機転の利いた企みで窮地を脱するアッバーダと、勇敢であるが芳しくない結果に至るファトフの対比構造や、カイドの発露によるカリフの立腹と、ザカーによる許しという展開など、過去の逸話集の構造が受容されている。こうした従来の「ムハンナスのアッバーダの逸話」に用いられた要素が、「アッバーダの逸話」として採用されることで、彼がムハンナスであるという点は前提として強調される。ここではその結果、後代に形成された一般的なムハンナスのイメージである楽器の演奏[23]や、性的受動性にまつわる描写が彼に付加されていることが確認できる。

以上見てきたように、アッバーダのトリックスター的描写が、人名録や年代記史料に「史実」として組み込まれることで、実際の彼自身の特徴として捉えられるに至る。またそれに合わせて、トリックスター的な行為の前提にあった、ムハンナスであるという彼の特徴が「性質」として捉えられるようになったと言える。すなわち、女性的な振る舞いの一環として同性とも性行為を行う者だと認識されていたアッバーダが、同性との性行為のみを指向する特定の心的性質を持つ存在だと認識されるに至るのである。かかる変化は、ムハンナスに対する認識の変化を反映したものであると同時に、こうした著述活動によってもたらされた、相互作用によるものであったと捉えることができよう。

第三節　小括

以上、「ムハンナスのアッバーダ」に付される言説を悉皆収集し、通時的に追うことで、アッバース朝初期以降のムハンナス概念の変遷を明らかにすることを試みた。

本章の結論として、以下の三つが挙げられる。

（1）一二世紀までに没した著者によってアッバーダが描かれる際は、ほとんどが逸話集においてであった。そこでは、彼のムハンナスとしての振る舞いに焦点が当てられ、放埒さや当意即妙な応答にまつわる逸話が多く残された。これは、本来は女性の美質／欠点であるザカーやカイドを有し、場の攪乱者となりうる彼のトリックスター的な属性が、「物語」の登場人物として便利に用いられた結果である。

（2）およそ一一世紀を境に逸話は、より体系的・実践的な知識として逸話集のなかで捉え直され、また外来の知と結びつく傾向がある。それに応じて、同じアッバーダの逸話であっても、それがムハンナスやさらには隣接概念のバッガーやマアブーンの逸話として捉え直されることとなった。これによって、受動側での性行為を行う者は本質的にその性質を持った者だという、外来の医学知識に支えられた理解が「ムハンナスのアッバーダ」にも付与される。知識の「分類」が行われたことでムハンナスという概念が、アッバーダという象徴的人物の属性として認識され、さらにバッガーやマアブーンと同義のものに「分類」されるのである。

（3）一三世紀以降に没した著者による史料では一転、アッバーダは人名録や年代記を中心に描かれる。ここで、逸話集で形成されたムハンナス概念とアッバーダに付与されたトリックスター的性格が「史実」として組み込まれていった。これにより、アッバーダ個人の「特徴」・「行為」としての描写と、性的受動性という「性質」が結びつけられることとなる。すなわちここでは、トリックスター像に基づいて描かれたアッバーダの描写が、彼個人の性質として理解され、それが彼のムハンナスというアイデンティティに由来するものとみなされたのである。同時並行的にバッガーやマアブーンという生得的な性質を持つ存在への認識が、アッバーダという人物に対する認識と共振し、ムハンナスのイメージとして同一化するのである。

以上三つの段階的な過程により、ムハンナスという語が、女性的に振る舞う者という理解から、本質的に性愛において受動側を指向する者を指すに至る過程の一側面を窺い知ることができた。これは、イスラーム社会ですでに〈同性愛〉概念が芽生えつつあったことを示すものだと言えるのではないだろうか。

終章

本書のまとめ

本書は、およそ九世紀から一四世紀までを対象に、アラブ・イスラーム社会において、〈同性愛〉概念が芽生える過程を明らかにするものであった。以下では本書で行った議論を改めて提示し、一応の結論としてまとめた後、今後の展望についても記しておきたい。

第一章ではまず、フーコーの提示した「ソドミーから同性愛へ」というテーゼを中心に、「現在我々の想像する「同性愛/同性愛者」概念」がどのようなものであり、どのように「構築」されたか、西洋社会を対象とする「同性愛」にまつわる研究史を確認した。「ソドミーから同性愛へ」のテーゼで言うソドミーとは、生殖を目的としない性的な行為全般を指し、宗教上の罪として扱われるものであった。そのひとつとしてあった同性間での性行為が、近代という時代を経て、特定の「性質」を持つ「同性愛者」によってなされる、特殊な行為や関係性としての「同性愛」概念が「構築」されたという見方が、現在の歴史学で一般的に認められている見解である。その「構築」については、大きく、①**「挿入モデル」に基づく社会構造**、②**サブカルチャーの発展**、③**医学・性科学の展開**、④**言説上における性的指向の確立**という四つの要素から説明できる。この展開をイスラーム社会の事例に当てはめてみようというのが、本書の試みである。その点で本書は、「ソドミーから同性愛へ」テーゼを、イスラーム史の文脈から再検討したものだとも言える。しかしもちろん、そこで「構築」された「同性愛」的概念は、近代西洋社会において「誕生」したものと同じではありえない。そのため、本書では便宜的に、イスラーム社会に芽生えるそれに類似した概念を〈同性愛〉と表すことにした。

以降、イスラーム社会の歴史学的研究で「同性愛」がどのように捉えられてきたかを辿り、そこに存在する問題点と本書の狙いを提示した後に、続く第二章で、初期イスラーム史において使用することのできる性愛にまつわる史料を概観した。一般的な学術書としては、なかなか本編に至らない、やや特殊な構成と言えるかもしれない。しかし、逸話をはじめとする文学的な作品を用いて、前近代イスラーム社会の同性愛を扱う研究が日本においてほとんどなされていない現状を顧みると、日本語で本書を刊行するにあたって、まずは当該分野における研究の流れやどのような史料が使用されうるのかを示したいという意図から、このような構成となった。また、より重要な目的として、研究史や史料の整理を通じて、本書で扱う〈同性愛〉概念の定義づけと、分析の道筋を明確にすることがあった。先述の通り、「現代の我々が想像する「同性愛」」という概念自体が、極めて曖昧なものであるため、まずは前近代イスラーム社会を扱う本書において、〈同性愛〉が何を示しているのかを提示する必要があったのである。以下では、第一章で示した四つの展開と、第二章で示した史料類型の流れの順に沿って、議論を展開した。

第三章では、まず前近代イスラーム社会においても、**「挿入モデル」に基づく社会構造**から、同性間の性愛関係・性行為が説明できることを確認した。これは、年齢や地位に基づく支配／従属の関係が、性行為における能動側（挿入側、主体）／受動側（被挿入側、客体）の役割に対応するという構造を示したものである。古代ギリシア世界を対象とする研究で示されたこの構造は、その説得力の高さから、これまで無批判的に他の前近代社会においても前提とされてきた。古代ギリシア世界の研究では、その構造から漏れる者、例外とされる者の存在に対しても、その背景が精緻に説明されているが、特に初期イスラーム社会を扱う研究では、その点は等閑視され、この構造のみが一人歩きしていたのである。

そこで本書では、まずイスラーム社会における「ソドミー」の基本構造を確認すべく、現存する史料のなかで、初めて性愛が、本格的な主題として現れるジャーヒズの著作から、「挿入モデル」の再検討を行った。その結果、基本的には挿入モデルに則った、成人男性が「非・成人男性」を一方向的に性愛の対象としうる構造が窺えた。しかしそのなかでも受動側にあたる、奴隷や去勢者など身体的には「成人男性」である者や、ゆくゆくは成人男性の側に移行する少年・青年との区分の問題、そして「ムハンナス」と呼ばれる、成人した男性でありながら受動側を担う「女らしい者」の存在が浮かび上がる。これらは、挿入モデルの構造内で一応の説明は可能なものの、曖昧な境界にある。特に、当該史料において自らの意図でその境界を越境する者として描かれるムハンナスの存在は、本書の目的である〈同性愛〉概念の萌芽を示すために検討すべき課題であることが明確になった。

そこで第四章では、**サブカルチャーの発展**という発想にも助けを得て、前章で重視されるべき存在であると位置付けたムハンナスを中心に、挿入モデルの区分の問題を、「異性装」と「男らしさ」という視点から検討した。まず当時「ムハンナス」の語は、女々しい者という原義の通り、かなり広い対象を指して用いられていたことを示した。基本的には異性装の芸能集団として捉えられる者の呼称であると同時に、単に女性的な格好や振る舞いをする者、そしてその一環として性行為の際に受動側の成人男性を指す語でもあったのである。さらに史料によっては、ムハンナスは集団意識を持ち、自らの意図によって挿入モデルの構造から出ようとする存在として描かれる。こうした側面から、先行研究では集団としてのムハンナスをサブカルチャーの発露と取る向きもあった。[1]それでは、何が成人男性と「非・成人男性」を分ける要素であり、さらに、ムハンナスはどのような集団意識、ひいてはアイデンティティを持ちえたのだろうか。

そこで、ムハンナスの最たる特徴として描かれることの多い具体的な行為、「異性装」を取り上げ、それを従来のような身体的性に基づく二分法ではなく、それに上記構造の分類を加えた四つの形に分類し検討した。すなわち、成人男性による女装、「非・成人男性」による女装、「非・成人男性」への男装、成人男性への男装の四つである。九―一一世紀のそれらの各事例を検討した結果、やはり成人男性を中心とした当時のジェンダー構造が明らかになる。上記四つのうち、「非・成人男性」による女装と「非・成人男性」への男装は、性愛規範上ほとんど問題にならなかった。これらは主に成人男性が、性的趣向の範囲内で行う（行わせる）ものであり、異性装者たちの自発的行為のように取れる記述は見られなかった。一方、ムハンナスを含む成人男性による女装と成人男性への男装の事例は特に強く忌避された。これは、成人男性が「男らしさ」を失うこと、あるいは「非・成人男性」が「男らしさ」を得ようとすることへの忌避とも読み替えることができる。当時の異性装は社会通念としての「男らしさ」観念と、それを放棄することによって得られる「女らしさ」と密接に結びついた行為だったのである。こうした「反社会的」行為を通じて得られた、シャーティルやムハンナスとしての集団的なアイデンティティというものが、ある程度存在したことが看て取れる。少なくとも外部の視点からは、ムハンナスが自身たちのアイデンティティとして、一定の「ムハンナス意識」を持つ存在であるかのように描かれることが確認できる。ここに、ある程度のアイデンティティとしての「ムハンナス」意識の発露のようなものは認められるものの、それはあくまで女性的な成人男性としての意識であり、必ずしも性的指向にまつわる意識が伴っていたとは限らない点には注意が必要である。

次に第五章で論じたのが、**医学・性科学の展開**との関連である。この章では、外部からの知識の流入も含め、高度な医学・性科学にまつわる知識を有した初期イスラーム社会では、〈同性愛〉にかかわる記述はどのようになされたのかを検討した。もちろん、医学や性科学の影響力やその作用を、近代西洋社会におけるものと同じとみなすことはできない。しかし、前近代イスラーム社会においても、医学知識が「科学的」言説として一定の影響力を持ち、それが観相学や人種観などの様々な概念にかかわり、また一般にも普及していたことは知られている。そこでここでは、従来の研究では不十分であった、医学的・性科学的知識がより広範に普及するのに貢献したであろう、文学的な著作への影響も見つつ、特に、医学知識と文学知識のある種交点として捉えられる「性愛学文献」と呼ばれる文献を扱った。それによって、医学的言説において同性との性愛関係がどのように描かれているか、そしてその知識がどのように文学作品に取り込まれたのかが確認できる。

まず医学知識においては、男性同士での性行為を受動の側で行うことを好む者の存在は、少なくとも九世紀の段階で認識されていた。そうした存在は、ウブナという特異な性質を生まれつき持つ「病」の状態の者、「マアブーン」として描かれた。おそらくガレノスに由来するこうした知識を伝える医学書は少なく、現存するものでは、ラーズィーとイブン・スィーナーの著作にまとまった記述があるのみであった。しかし、いずれも本質的に、受動側での性行為を好む者が存在していたという見解は共通していた。イブン・スィーナーは、能動側での同性との性行為、すなわち少年を性の対象とする行為についても医学的見地から記しているが、こちらは行為者が病であるという記述ではなく、そうした行為による影響について記している点で、非対称性が見られる。

こうした、「受動側の者」に対する医学的言説は、全てではないものの性愛学文献にも取り入れられていた。そもそも同性間での性愛に関してまとまった記述を残す性愛学文献は、ほとんどが第三章で見たジャーヒズの著作のような形の論争文学作品として関連する逸話を並べるものであった。しかしそのなかでも、アリー・ブン・ナスルの『快楽大全』のように、医学的見知を交えて同性間性愛を語るものもあった。最も重要なのは、一三世紀の人物ティーファーシーによる『比類なき書における心の楽しみ』である。この著作には、「能動側」の者についての記述に加え、金銭と引き換えに「受動側」となる少年についての記述も同じ章に描かれている。しかし、その内容はこれまでの著作と同様、同性間での性愛にまつわる艶笑譚的な逸話がほとんどで、それを医学的に記す試みは見られない。一方、「両性具有者とムハンナスについて、その逸話・情報・警句・詩」と題された章はこの著作で最も長く、また重要な点として、ラーズィーのウブナ論を全文引用していた。必ずしも性的なものにかかわらないムハンナスの逸話や、面白おかしい話が並ぶ一方で、本来的には別の概念であったはずのムハンナスとウブナ（マアブーン）の概念、そして両性具有者という存在が一緒くたにこの章で記されることによって、概念の混同・融合が起こる。すなわちここで、ウブナの議論という医学的な知見を通して、この三つの概念が指す者全て、性愛において「受動側」を担う性質を本質的に持つ者として捉えられうる余地が生み出されたのである。それが、アリー・ブン・ナスルとティーファーシーの間に起こった変化を反映したものか、あるいはこの著作が端緒となり後に大きな影響を与えたのかはわからない。またラーズィーのウブナ論という医学知識が前提となって起こった、この概念の融合が、その後の逸話集などにどれほど引き継がれたか、明確になるほどのサンプルを確保することは、残存史料上の限界もあり困難であった。しかし、こうした医学知識を中心とした性的指向を個人の性質と結びつけて理解するという概念の変容はまさに、〈同性愛〉概念が芽生える過程とも言えよう。

そこで最後に第六章で行ったのが、**言説上における性的指向の確立**という視点から「ムハンナス」という概念の変容過程を追う作業であった。具体的には、九世紀にアッバース朝宮廷で君主の「お相手役」や道化のような役割で活動していたと伝えられる、ムハンナスのアッバーダという人物を取り上げ、彼に付される言説を通時的に追うことを試みた。第二章でも確認した通り、性愛学文献の登場とほぼ並行する形で、アダブ的な逸話集にも赤裸々な表現の性描写が増える。これがどれほど性愛学文献の影響を受けた結果なのかはわからない。しかし、できる限り様々な逸話を蒐集し分類・配置する「百科全書」的な逸話集において、それまではただ面白おかしく語られていた同性間での性愛関係・行為に関する逸話までもが、何かしらの項目に「分類」されることになった。ここに、前章同様、概念の変容過程が見出せると考えたのである。そうした逸話集に収録された逸話は、さらには年代記や人名録などの、直接性愛について語ることを目的とはしていない史料にも収録されることになる。その過程に生じたであろう言説から、その背景にある概念の変容を浮き上がらせることで、〈同性愛〉概念の萌芽過程を窺うのが、本章の目指すところであった。

この章ではアッバーダの逸話を通して、ムハンナス概念の変容を見ると同時に、彼個人がムハンナスとして特徴づけられていく過程を追った。アッバーダは当初、必ずしも性愛、特に受動側での性行為をする者とは描かれず、単にトリックスター的な存在として当意即妙な受け答えや場の攪乱者として活躍する逸話の主人公として登場していた。しかし、それが一〇―一二世紀に盛んに記された逸話集に「分類」される際に、同じアッバーダの逸話であっても、ムハンナスの逸話や、バッガー、マアブーンといった隣接領域の逸話となった。アッバーダの実際の性的指向は当然わからない。彼の女性的な振る舞いが面白がられて宮廷に雇われたのか、あるいは宮廷で職を得るために女性的に振る舞って道化を演じていたのかも不明である。[2] しかしいずれにしても、アッバーダの逸話が、特に受動での性行為を行った者を意味するバッガーやマアブーンの逸話として分類されることで、「ムハンナスのアッバーダ」がバッガーやマアブーンとして捉えられるようになる。

特に性行為において受動側の者はしばしば、構造からの逸脱や理念上の忌避感から、揶揄や中傷の対象となり、そうした逸話が多く「創作」されたと考えられるが、一方で、逆にそうしたムハンナスやマアブーン、バッガーの逸話として収録されたものが、アッバーダの逸話として捉えられる動きもあった。特に一三世紀以降の史料では、アッバーダは人名録や年代記といった史料類型に描かれることが多い。ここで「ムハンナスのアッバーダ」の項目において、様々な逸話が収録されることで、そこに記されていることがなかば事実として捉えられる作用が起こったと考えられる。ここに、ムハンナスのアッバーダが生得的に性愛における受動側を指向する者であったという理解が生じる余地があったのである。これはまさに、ムハンナスという語が、女性的に振る舞う者という理解から、本質的に性愛において受動側を指向する者を指すに至る過程と言えよう。

以上、大きく四つの章によって、前近代イスラーム社会における〈同性愛〉概念の萌芽を眺めた。この四つの章はそれぞれ、第一章で見た、近代西洋社会において「同性愛」概念が「誕生」する過程となる四つの要素を踏まえたものであった。すなわち、はじめは「ソドミー」に近いものとして捉えるべき、挿入モデルに基づいた同性間での性行為が、生得的に特殊な「性質」を持った個人が行う、特別な行為として捉えられるに至る過程である。その意味において、近代に誕生したとされる「同性愛」概念と類似した〈同性愛〉概念が、イスラーム社会では前近代に芽生えつつあったと言えるのではないだろうか。

今後の課題──前近代イスラーム社会における〈同性愛〉概念の「誕生」に向けて──

もちろん本書には課題も多く残されている。本書のみをもって、〈同性愛〉概念の「誕生」と言うことはできない。本書で見出した「萌芽」から「誕生」に至る過程を示すには、今後、どのような作業が必要だろうか。

本書では主として性行為における「受動側の者」の言説上の展開を追うことによって、〈同性愛〉という社会通念が形成されていく過程を追った。この着目によって本書は、イスラーム社会を対象とする研究のなかでも新しいアプローチから同性間の性愛を扱うことができたが、今後は、「能動側の者」についても同様の作業が必要となる。この点に関しては、法学的な側面からのアプローチが可能であると考えている。序章で少し触れた通り、イスラーム法学では、同性間での性行為における能動側の者に関する議論が多い傾向にある。本書第二章冒頭で述べた通り、イスラーム法学を扱う研究は、その分野で独立して行われる傾向があり、本書ではほとんど扱うことができなかった。今後は改めて法学的な側面を通して、能動側の者に対する扱いを見ていきたい。

実際、イスラーム法を扱う研究と、本書のように文学的作品を主史料とする研究は、うまく組み合わせることでより画期的な成果が見出せるように思われる。

例えば、本書第六章で触れた、アッバース朝の大法官ヤフヤー・ブン・アクサムを「ルーティー」だとして中傷する言説からは、「能動側の者」に対しても、アッバーダのような言説上の展開が確認できる。法を司る立場の人間がリワートを行うことに対する批判が、徐々に、誹謗中傷や揶揄を含めた形で後代に伝えられ、ある種の定型的な言説となっていく。そのなかで、あくまで文学的表現として語られていた言葉が、固定化されて彼の「性質」として捉えられる過程が窺えるのである。これに関してはまた稿を改めたい。

さらに、本書第二章末で挙げた「性倫理」に関する著作は、様々な逸話がハディース学的・法学的な方法で扱われたものだとも言える。実際、法学者であるイブン・ジャウズィーが執筆した『熱愛への非難』のように、ある法学的なテーマのもと、著名な人物の逸話が、クルアーンや預言者のハディースと同様に論拠として大量に並べられるなかで、元々は文学的技法・表現として書かれた記述が、法学的議論に組み込まれることが起こる。まさに『ジャーリヤとグラームの美点の書』のなかで言われていたように、「真面目と冗談」が混同してしまうのである。イスラーム法学の性質上、必ずしも実態に則していなかったとしても、論理的にありうるトピックは法学議論の俎上に載せられる。そのため、『熱愛への非難』のように、髭のない若者を見つめることや同席することの是非に関しての議論がなされるのである。これは言い換えれば、行為に基づかないプラトニックな関係性も罪として問われうるか否かの議論であり、性行為がなくても「能動側の者」が想定されうる状況だと言える。これはすなわち、言説上で「性質」としての〈同性愛者〉を想定することにも繋がるとは言えないだろうか。法学的な側面の研究を通じて、本書の内容をさらに展開させることができる可能性は大いにあるように思われる。

そして、本書では取り上げなかった、より大きな点として「女性同性愛」の問題があった。序章10頁に書いたように、残存史料の少なさと、挿入モデルに基づくことができないために、男性の〈同性愛〉とは別の扱いが必要であることは確かである。しかしその一方で、ハビーブやアメルによる研究や、最近ではマーンによるシスターフッドと女性同性愛にまつわる研究が、これが不可能ではないことを示している。[3]

実際、残存史料は少ないながらも、全くないわけではない。性愛学文献の『快楽大全』には「二人の女性」の章が設けられており、医学的な言及も含まれる。[4] またアメルの研究によると、こうした女性同士での性愛にこそ独自のサブカルチャーを読み取ることができるとある。[5] さらに法学史料にも、特に後代になるにつれて女性同士での性行為に対する議論が見られる。そしてこれらの記述が、ほとんどの場合、男性同士での性愛関係と連なり記されている点からは、女性同性愛にまつわる議論を男性同性愛にまつわる議論と組み合わせて考えることも将来的には可能であるように思える。

以上、前近代イスラーム社会における〈同性愛〉概念の「誕生」に向けて進むには、課題が山積している。今後、これらの課題に向き合いつつ、「萌芽」に留まらない〈同性愛〉概念の「誕生」に向けて進むべく、本書は一旦ここで完結させたい。

史料　ジャーヒズ著『ジャーリヤとグラームの美点の書』訳注

はじめに

本訳注は、アッバース朝期の文人ジャーヒズによる小論『ジャーリヤとグラームの美点の書』の和訳と注釈である。史料の性質や内容の分析については、本書第二章66-67頁および、第三章を参照されたい。

この著作の現存する写本は、スレイマニエ図書館に所蔵されるジャーヒズの『書簡集（*Rasā'il al-Jāḥiẓ*）』（Ms. Damad Ibrahim Paşa 949, Istanbul: Süleymaniye Library）に含まれるもの一点しか確認されていない。この写本は、比較的解読しやすい書体で書かれており、執筆年代は一二世紀と推定されている。『ジャーリヤとグラームの美点の書』はこの『書簡集』に収録される一八編の小論のうちの一編にあたる。

校訂本はいくつか出版されているが、代表的なものは、シャルル・ペラが一九五七年に刊行したもの（ペラ版）と、ハールーン（'Abd al-Salām Muḥammad Hārūn）が一九六五年に刊行したもの（ハールーン版）の二種だと言える。今回は、より一般的に使用されているハールーン版を底本として用いつつ、適宜ペラ版も参照した。

またこの著作には英訳も、筆者が知る限り二編存在する。ひとつはウィリアム・ハッチンス（William M. Hutchins）によるものである。これは、ハッチンスがハールーン版を底本に、九編の小論を選んで英訳して『ジャーヒズの九つのエッセイ（*Nine Essays of al-Jahiz*）』として出版したものである。このなかに『ジャーリヤとグラームの美点の書』も含まれている［Hutchins 1989: 139-166］。しかし注釈はごく簡素なもので、また、本書に対する書評では、多くの誤りが見られることが指摘されている［Beeston 1989］ため、本訳注でも参照程度に留めた。もうひとつはジム・コルヴィル（Jim Colville）によるものである。これは、上記『書簡集』から一四編を選択して英訳とごく簡単な注釈を若干数付けた一般書であり、そのなかに『ジャーリヤとグラームの美点の書』も含まれている［Colville 2002: 202–230］。その性質上、本訳注で積極的に参照することは少なかったものの、できる限り目を通すように努めた。日本語では清水和裕が論考中で詳細に扱っている他、岡﨑桂二が論文内で抄訳を含め検討を加えている［清水 2005: 76–78; 岡﨑 2009: 308–311］。またこの他、アヤロンやケネディによるものなどこの著作を専門的に用いた研究［Ayalon 1999; Kennedy 2008］は多くあり、それらの知見も本訳注作成にあたって適宜参照した。

凡例は基本的に本文と同様であるが、ハールーン版で付される頁番号を〔　〕で文中に示す他、本文後半部の逸話が列挙される箇所では、参照の便を考えて、同じくハールーン版で付される段落番号を［　］で示した（注129も参照）。前半部のグラーム支持者とジャーリヤ支持者の論争部分はわかりやすいように、区切りとなる各支持者の会話の始まりをゴシック体にして示した（注25も参照）。また頻出する詩の韻律については、詩の最後に［　］で示した。[1] なお、今回は紙幅の都合と読みやすさを優先し、写本や校訂間の異同は内容に大きく影響するもののみ注記し、逐一言及しなかった。

翻　訳

〔91〕慈愛あまねく慈悲ふかき神の御名において

我々は神の助けを求め、神の導きを祈り、神にすがる。

どのような種類の知識であっても、それを求め好む人がいる。知識の種類は数え切れず、そのなかには真剣なものもあれば馬鹿らしいものもある。冗談の範疇に属する面白おかしい話題を話している時に、そうした馬鹿らしい話題が真剣な話題に取って代わられてしまうと、雰囲気は一変する。人々を楽しませるために編まれた話が、その人々を悩ませ苦しめるようになるのである。

訓練を積み苦難を乗り越えた知識の持ち主、思索と探求と研究の友、知の追求に味方する者、そしてそうしたことが習慣となっている者。こうした者たちにとって、真面目と冗談[2]のどちらに属するいかなる種類の話題であっても、それについて学ぶことが害となることはなかった。実際、このようにして、ある形からまた別の形へと進んでゆくべきなのである。いかに、心地よい歌声や澄んだ弦の音色、美しい歌であっても、もしそれらがずっと続けば、耳は飽きてしまうことだろう。

アブー・ダルダー[3]――神が彼に満足せんことを――から伝えられていることによると、「私は役に立たないことによって魂を満たした。真理で満たされることで魂が退屈することを恐れたために」。

アリー・ブン・アビー・ターリブ[4]――神が彼に満足せんことを――から伝えられていることによると、「知識は数えきれないほどたくさんある。だから、そのなかから最良のものを選び取りなさい」。

〔92〕シャアビー[5]から伝えられていることによると、「身体が疲れるのと同様に心も疲れる。そこで、珍奇な知識が必要なのである」。

敬虔で禁欲主義的な人々のなかには、女性器や男性器、性交などにまつわる話になると、嫌気を催し、心を閉ざしてしまう者もいる。あなたの知る大半の者はこのようであろうが、そうした男は、深い知識や高邁な精神や寛大さや落ち着きを持ち合わせておらず、ただ偽善だけがあるような者なのである。もし、アブドゥッラー・ブン・アッバース[6]がムフリム[7]であった際に、聖なるモスクでこのように歌ったことを知っていたならば［卑猥な話題を嫌がる者たちは何と言うだろうか］。

彼女たちは我々の側を静々と歩いていく
もしこの鳥が真実を告げるなら、我々は優しく［彼女たちを］犯す［震調］

「これは卑猥なことだ」と言われたイブン・アッバースは、「卑猥というものは女にのみある」と応じたのである。

また、そのようなことを考えもしなかったと思われているアリー——神が彼に満足せんことを——が、バスラ[8]の人々を訪ねた時の話もある。彼が「これらの家には誰がいるのか」と尋ねると、誰かが「選りすぐりのアラブの女たちです」と答えた。そこでアリーは「父親の男性器が長い者はそれで自身を縛るものである」と言ったとのことである。［こうした言葉を口にしていたにもかかわらず］清廉なアリーは信頼されていたのだ。

〔93〕フダイビヤの日[9]、アブー・バクル・シッディーク[10]——神が彼に満足せんことを——は、神の使徒——神が彼に祝福と平安を与えんことを——を脅すブダイル・ブン・ワルカー[11]に言った。「ラート[12]の陰核にすがりつく者よ。我々がこの方を見捨てるとでも思うのか」。

ハムザ・ブン・アブドゥルムッタリブ[13]——神が彼に満足せんことを——の言葉にこのようなものがある。「ああ、陰核切りの息子よ。我らに楯突く有象無象のひとりよ」。これは、神の使徒にまで辿ることのできる伝承には「陰核切りのウンム・スィバー（Umm Sibā'）の息子から、誰が私を守るのか」とある[14]。

こうした［偉大な人物が卑猥な言葉を口にした］事例やこれに類するものをいざ探そうとすると、際限なく見つけることができよう。

これらの言葉は、その言語を母語とする者が、実際に使うためにこそできたのである。もしそれが、実際に口から発せられることはないが、ただその存在のみが知られているというものであったなら、第一にそれが存在する意味はないし、また、アラビア語を浄化し保護するために、そうした名詞や言葉は［すでに］アラビア語から除かれているはずだろう。

「全ての場には、それに応じた言葉がある」と言った者は全面的に正しいのである。

もし、神秘主義者や禁欲主義者が、リファーア・クラズィー（Rifāʻa al-Quraẓī）の妻の話を知ったならば〔何と言うだろうか〕。彼女は、神の使徒――神が彼に祝福と平安を与えんことを――に向かい合って、恥ずかしがることもなくこのように言った。「私は〔94〕アブドゥッラフマーン・ブン・ズバイル（ʻAbd al-Raḥmān b. al-Zubayr）と結婚しています。しかし、彼は服の房飾りのようなものしか持っていませんでした。私はかつてリファーアのもとにいたのですが、彼が私を離婚してしまった〔ので今はこの有様です〕」。神の使徒――神が彼に祝福と平安を与えんことを――は、微笑んで彼女の話を聞いて言った。「あなたは〔イブン・ズバイルと別れて〕リファーアのもとに戻りたいのでしょうが、それはできません。あなたがイブン・ズバイルの蜜を楽しみ、彼もまたあなたの蜜を楽しむまでは」[15]。この話は、アーイシャ[16]――神が彼女に満足せんことを――からウルワが聞いて伝え、それをズフリー[17]が伝え、それをマアマル[18]が伝え、それをイブン・ムバーラク[19]が伝えたものである。〔もし、神秘主義者や禁欲主義者がこの話を知ったならば、〕自分が偽善や見せかけの道にあるということがわかるだろう。

もし彼らがイブン・ハーズィムの伝承を聞いたならば〔何と言うだろうか〕。イブン・ハーズィム[20]は、陰茎を勃たせ、それで妻と繋がったまま階段を上ったと伝えられている。

また、アブー・ズィナード[21]の甥の伝承を聞いたならば〔何と言うだろうか〕。アブー・ズィナードは、甥が「性交の際に私は鼻を鳴らしてしまうのです[22]」と言った際に「ああ、我が息子よ。私的な時間のことは好きなようにしなさい」と答え、さらに「ああ、叔父さんよ。あなたは鼻を鳴らしますか」と尋ねられると、「ああ、我が息子よ。もしもお前が、叔父の性交中の姿を見た時には、きっと、叔父は全能なる神を信仰していないのだと思うことだろう」と答えたと伝えられている。

〔95〕この二つの事例が、ただの恥知らずによる言葉だと言えるだろうか。

さらに、預言者より後の世代のある敬虔な者――神が彼に慈悲をかけんことを――について伝えられていることによると、彼はしばしば「ああ、神よ。あなたがお許しくださる限りにおいて、性行為のために私の陰茎を強くしてください[23]」と言って祈っていたとのことである。

私がここに様々な情報を書き連ねるのは、こうした事柄を忌み嫌う者への応答としてではない。以前私は、冬と夏の論争について記した時、一方を好む者がもう一方を言い負かそうとする［様を描くという手法をとった］ことがあった。またそれと同じようにして、山羊と羊についても、各々を好む者がもう一方を言い負かそうとする［様を描いた］ことがあった。[24] そこで［今回は］、ルーティー（lāṭa）と姦通者（zunā）の間で起こった議論について記したいと考えたのである。また私は、伝承家が伝え講談師が語る詩や格言について、たとえそこに馬鹿げたものが混じっていようともここに記した。どうか、本書の冒頭に記した私の信条が護られますように。

私が罰せられたり破滅させられたりすることを口にしてしまわないよう、神に加護を求めます。また神からの支援と保護を願い、神の慈悲によって信仰と現世において無事であることを求めます。

グラーム贔屓の男が言うには[25]、ジャーリヤよりもグラームの方が優れていること［を表す証拠］のひとつに、非の打ちどころのないジャーリヤの美しさを描く際に、「彼女はまるでグラームのようだ」や「グラームのような奴隷女」[26]という表現が用いられるということが挙げられる。

ある詩人がジャーリヤを描いて詠むに、

彼女はグラームの体つきと頰を持つ
　そして心をあやす艶っぽい美しさ[27]［豊調］

〔96〕また続けて、

歓談を楽しめ。気の合う飲み仲間や、
　大人には満たないぐらいの年齢の[28]女の酌人[29]との
彼女が立ち上がると、その背の高さは「六」（sudāsīya ṭāl-hā）
　細やかで美しい体つき［長調］

ワーリバ・ブン・フバーブ[30]が詠むに、

相続された女[31]が誇らしげに歩く
　その軽蔑から、彼女は［人々の］会話を打ち切る
彼女はグラームの装い。私はそれを計りかねたが、
　グラームと見誤ることはなかった［豊調］

ウッカーシャ[32]が詠むに、

ボタン付きシャツ（qumṣ muzarrara）に切り詰められた髪の毛
　陰茎を持つ者の装いに包まれたその表情は、女の表情［拡調］

それらの詩人の言葉よりも重要なのは、至高偉大なる神の言葉である。《また彼らには彼らの小姓が回る。彼らは隠された真珠のようである[33]》。祝福されし至高なる神はこうも言った。《彼ら（の周り）には永遠の少年たちが回っている。グラスと水差しと（酒）泉からの酒杯を持って[34]》。神は自らの書（クルアーン）のなかで、他の箇所でもこうした少年について語り、［それを読む］神聖な者たちの欲望を掻き立てている。

ジャーリヤ贔屓の男が言うには、神——彼の名が崇められますよう——は、［楽園の］少年よりもフーリー[35]について、より多くを語っている。それ故に、このことに関してあなたが言うことは、我々が言いたいこととは真逆なのである。

〔97〕神が女性を守るためになさったことのひとつに、以下のことがある。神は、全ての判決において二人の証人が必要であると定めている。これは、至高なる神が禁じた、多神崇拝や自殺においても同様である。そうしたなか神は、姦通の罪で告発された女に対しては、当事者二人を除く四人の証人が必要であり[36]、また、その証人たちはクフル容器に浸かった筆[37]の

ように〔はっきりと〕それを見たと証言せねばならないと定めているのである。この実現は困難である。これはつまり、この罪では石打ちで死刑に処すことが定められており、そのために曖昧なままでこのハッド刑[38]を実施することを神は望んでいないということなのである。[39]

また何より神は、女からこそ男を創ったということがある。

さらに、ジャーリヤの香りはより匂やかで、身につけている衣服はより芳しく、歩き方はより美しく、歌の調べはより繊細で、彼女に向けられた心はより一層惹きつけられるものである。あなたが前からでも後ろからでも、合法的に楽しむことを望むのであれば、それはまさに詩人が詠んだ通りのことだと気づくだろう。

グラームのような奴隷女は、二つの事柄に適している

彼女が身を屈めると、まるで若枝のよう

神が彼女を完全なものにした。神は彼女について言った

「彼女を請け合いなさい」と、彼女の美しさが完成した時のことである〔流調〕

またこのような話もある。ある巡礼者が、祭壇に掲げられた聖像のようなジャーリヤを見た。彼女は、まるで椰子の木の芯の部分のような〔白い〕腕を剥き出しにして、卑猥な言葉を発していた。そこで彼が「ああ、これはどうしたことか。あなたは巡礼者なのにもかかわらず、そのようなことを口にするとは」と呼びかけると、彼女は「私は巡礼者ではありません。ただ、このラクダが巡礼しているのです。〔98〕あなたは、私がただ座っているだけで、このラクダのみが歩いているのが見えないのでしょうか」と答えた。彼はそれに応じて、「なんということか。私はあなたのような者を見たことがない。あなたは誰なのだ」と問うと、彼女は「私は詩人らが描いた通りの者です」と答えたのである。その詩人が詠むに、

彼女は華奢で素晴らしく、背が高くて完璧

もしも、人が美によって狂うならば、彼女は人を狂わせよう〔長調〕

グラーム贔屓の男が言うには、楽園に入ることができるのは、髭のない若者だけである。ある伝承に伝えられていることによると、「楽園に行く人々は、髭を剃り、クフルを塗ってそこに入る」[40]。女は髭のない若者に心惹かれ、より強く望むのだ。

アアシャー[41]が詠むに、

　私は知っている。美女は男とは情を通じない
　　若さを失った男とは。美女が情を通じるのは髭のない若者と〔完調〕

またイムルウ・カイス[42]が詠むに、

　ああ、いくつもの日々。私は日が暮れると、髪を梳いて出かける
　　白く滑らかな肌の嬢たちのもとに、その恋人として〔出かけるのだ〕
　私は知っている。彼女たちが財産の少ない者に恋することはないことを
　　そして白髪であったり腰が曲がっていたりする者とも〔恋することはないことを〕〔長調〕

〔99〕アルカマ・ブン・アバダ[43]が詠むに、

　お前たちが女について尋ねるならば、私はこう答えよう
　　私は女の病気に目が利く医者のようなもの
　男の頭が白くなるか、あるいは、財産が減ってしまった時、
　　彼女たちの愛は、幾分も分け与えられることはない
　彼女たちは、［新しく］男に会うと、その者が財産に富んでいることを望む

またその者が若さの盛りであれば、彼女にとっては素晴らしいこと〔長調〕

ジャーリヤ贔屓の男が言うには、神の使徒――神が彼に祝福と平安を与えんことを――の伝承によると、「女性と香水は私にとって愛しいもの。祈りのなかで私の目を楽しませるもの」[44]。このような栄誉は、グラームには訪れなかった。ダビデやヨセフ――両者に平安があらんことを――といった預言者たち――彼らに平安があらんことを――は、女性にこそ心を奪われたのである[45]。

グラーム贔屓の男が言うには、姦通は女との関係においてしか起こりえない（男性との関係は姦通とは言わない）という事実なしに、女に罪がないということがあるだろうか。〔いや、ありえない。〕姦通の忌避については、書かれた書物や口頭の伝承において、何よりも強調して伝えられている。《姦通に近づいてはならない。まことにそれは醜行であり、そのなんと道として悪いことか》[46]祝福されし至高なる神が言うに、《姦通を犯さない者たちである。そしてそれをなした者は罪の応報を被る。〔100〕彼には復活（審判）の日、懲罰が倍増され、そこに屈辱を受けて永遠に留まる》[47]。《姦通を犯した女と男は、そのそれぞれを一〇〇回、鞭打ちにせよ。アッラーの宗教（教え定めた規定）において両者への憐憫がおまえたちを捉えるようなことがあってはならない》[48]。神は、その行為について証人が揃わない場合には、現世では〔ひとまず〕二人が互いに呪い合って引き離されるように定め、来世においてどちらかのうち嘘をついた者に向けて呪いと怒りを準備しているのである。

ジャーリヤ贔屓の男が言うには、神は、姦通者には罰を定めなかったが、ルーティーには罰を定めている。アリー・ブン・アビー・ターリブ――神が彼に満足せんことを――について伝えられていることによると、ルーティーが連れて来られ、ミナレットの上から頭から逆さに投げ落とされた時に、彼は「こうして彼は地獄の業火に投げ込まれるのだ」と言ったとのことである[49]。

アブー・バクル――神が彼に満足せんことを――について伝えられていることによると、ルーティーが連れて来られると、彼は、その者の足の腱を断ち切って不具にしたとのことである。
同じくアブー・バクル――神が彼に満足せんことを――の伝承によると、ハーリド・ブン・ワリード[50]がルーティーの集団について書簡で知らせてきた時、彼は火刑に処すことを命じたとのことである。[51]
またヒシャーム・ブン・アブドゥルマリク[52]はルーティーたちを火刑に処す［ことを決め］、その命令によってハーリド・ブン・アブドゥッラー[53]が［実際に］火刑に処した。
ムジャーヒド[54]の伝承によると、ロトの民（qawm lūṭ）の行為を為した者は、天からの全ての雫によって身を清めたとしても、大地における全ての雫によって身を清めたとしても、その不浄が消えることはない。[55]
〔101〕ズフリーの伝承によると、ルーティーは過去一年間のうちに純潔であろうとなかろうと石打ちの刑にされる。[56]
ハカム・ブン・ウタイバ[57]について伝えられていることによると、アリー――神が彼に慈悲をかけんことを――はルーティーを石打ちの刑にして言った。「神の使徒――神が彼に祝福と平安を与えんことを――は、一方がもう一方を弄ぶような関係にある二人を呪った[58]」。

アナス[59]の伝承によると、「神の使徒――神が彼に祝福と平安を与えんことを――は、女性的な男性と男性的な女性を呪った[60]」。

神の使徒――神が彼に祝福と平安を与えんことを――は、メディナからヒート（Hīt）という名のムハンナスを追い出した。これはなぜなら、ヒートが、預言者――神が彼に祝福と平安を与えんことを――の妻であるウンム・サラマ[61]にこのように言うのを聞いたためである。[62]「あなたたちがターイフを征服した暁には、バーディヤ・ビント・ガイラーン[63]があなたのもとに差し向けられましょう。彼女は細身で快活であり、〔102〕おぼつかない足取りで立ち、歌うように話します。また彼女は、前を向けば四で後ろを向けば八であり、その両脚の間（女性器）は逆さまにした水差しのよう［な形］になっています。あなたの息子ウマル（ʻUmar）の結婚相手としていかがでしょうか」。神の使徒――神が彼に祝福と平安を与えんことを――はこれを聞き、「ああ、神の敵よ。お前がそれほど鋭い洞察を持つとは。お前にそうした才覚があるとは思ってもみなかった」と言って、ヒートをメディナから追放したのである。[64]

グラーム曩屓の男が言うには、女の欠点を挙げよう。男が女と付き合うと、それによって頭が白くなり、臭いは悪くなり、色は黒くなり、尿が多くなる。

女はイブリースの罠でありシャイターンの仕掛けである。[65] 女というものは、金持ちは疲弊させ、貧乏人は今以上に貧しくする。何人の誠実な商人が、妻によって破産に追い込まれ、家に居座られ、ついには自身の店や生計までをも奪われて、路頭に迷ったことだろうか。

預言者――神が彼に祝福と平安を与えんことを――はこのように言った。「私の死後、女性以上に、男性にとって有害な試練を残すことはない[66]」。

ジャーリヤ曩屓の男が言うには、神の使徒――神が彼に祝福と平安を与えんことを――からの伝承に伝えられていることによると、「結婚せよ。さすれば私は、あなたたちのおかげで他のどのウンマにも［人口において］勝ることができる[67]」。また同じく神の使徒から伝えられていることによると、「遠征を終えた後は、一にも二にも『袋』である[68]」。この「袋」とは、性行為のことを意味している。

〔103〕また預言者――神が彼に祝福と平安を与えんことを――はこのようにも言った。「みじめなみじめな、妻のいない男。みじめなみじめな、夫のいない女」。

また同じく預言者――神が彼に祝福と平安を与えんことを――から伝えられていることによると、「結婚して子を求めよ。それらは心の果実である。どうか不妊の老人には気をつけよ」。

神の使徒――神が彼に祝福と平安を与えんことを――には、同時代では誰よりも多くの妻がおり、こうしたことは、彼以前のどの預言者――彼らに平安があらんことを――にもなかった。

至高偉大なる神は、クルアーンにダビデ――彼に平安があらんことを――についての情報や、ソロモン――彼に平安があらんことを――が持っていたものについての情報を伝えている。[69]

イブン・マスウード[70]は、死ぬ直前の病床でも結婚したと言われている。[71]

ムアーズ[72]は言った。「誰か私と結婚してください。私が独身のまま、至高なる神と会う（死を迎える）ことがないように[73]」。

ウマル[74]――神が彼に満足せんことを――について伝えられていることによると、彼は「私は性行為にこそ精を出す。なぜなら、神を讃える者を、神が私から生み出させるのだから」と言ったとのことである[75]。

また伝えられていることによると、「若い処女を持つのがよい。処女の若い女は甘露な口と実りの多い子宮を持つためである」と言われている[76]。

こうしたことに関する伝承は、ここで言及し尽くせないほど多い。

〔104〕**グラーム贔屓の男が言うには**、ジャーリヤの欠点のひとつは、男が奴隷女を購入しても、月経（妊娠判断期間）が過ぎるまでは、性行為の相手とすることが禁じられる点である。しかし男の奴隷にそうしたことは必要ない。

ある詩人が詠むに、

あなたの身を保証しましょう。私はあえて〔男性の〕あなたを選んだのだ
あなたには月経がこないし、子を産むこともないのだから[77]〔豊調〕

ある伝承に伝えられていることによると、姦通は六つの特徴があり、そのうちの三つが現世においてのこと、あとの三つが来世においてのことである。現世でのことに関して言うと、それは美を損なわせ、破滅を早め、楽園での生活を断つ。来世でのことに関して言うと、それは精算〔の対象〕であり、罰則〔の対象〕であり、業火へと入ることである。

ムジャーヒドについて伝えられていることによると、彼は「業火の人々は姦通者の臭いに悲鳴をあげる」と言った。また「業火の人々は姦通者の臭いによって害を受ける」とも言われている。

ジャーリヤ贔屓の男が言うには、グラームへの愛のあまりに死んでしまった恋人の事例は聞いたことがない。一方、特にイスラームの詩人たちにおいて、そうした〔ジャーリヤへの愛のあまりに死んでしまった恋人の〕事例は数えきれないほどある。例えば、ブサイナへの愛によって死んだジャミール・ブン・マアマル[78]や、アッザ（ʻAzza）への愛によって死んだクサ

イイル（Kuthayyir）、アフラー（ʻAfrāʼ）への愛によって死んだウルワ（ʻUrwa）、ライラー（Laylā）への愛によって狂ってしまったアーミル族（Banū ʻĀmir）のマジュヌーン（Majunūn）、ルブナー（Lubnā）によって死んだカイス・ブン・ザリーフ（Qays b. Dharīḥ）、ヒンド（Hind）によって死んだアブドゥッラー・ブン・アジュラーン（ʻAbd Allāh b. ʻAjlān）、〔105〕ジュムル（Juml）によって死んだウマル・ブン・ディラール（al-ʻUmar b. Dirār）などが挙げられよう[79]。これらはわずか数例であり、ここに言及できなかった者も多くいる。

グラーム贔屓の男が言うには、もし、クサイイルやジャミール、ウルワをはじめ、ここにあなたが名前を挙げた者たちが、我々と同時代の高額で買い取られた従者[80]で、機敏に動き、背丈が高く、〔肌の〕色が清らかで、体型の均衡の取れた、体格・体つきのよい者を見たならば、彼らはブサイナやアッザやアフラーを上から投げ捨て、犬を放り出すかのように彼女たちを捨て去ってしまうことだろう。

しかしながらあなた方は、惨めさと不幸を糧にして育った無礼で粗野な遊牧アラブを持ち出して反論する。彼らは、贅沢な生活やこの世の楽しみを何も知らない。ただ荒涼とした砂漠に、まるで野生動物が人を避けるのと同じように人間を避けて暮らし、ハリネズミやトカゲを食べ、コロシントウリ（ḥanẓal）を割る。そうした〔生活の〕なかで、〔感性が〕極限にまで達し、野営地の面影を悲しむ〔詩を詠む〕ような者は[81]、女性を雌牛やガゼルに喩えている。女性は雌牛やガゼルよりも美しい〔ことは明らかなのにもかかわらず〕。また彼らは女性を蛇に喩えたり、また「醜い者」や「皮膚病の者（jarbāʼ）」と呼んだりさえする。しかし彼らが主張するところによると、これは、彼女への邪視を恐れるためとのことである。

一方で、洗練された文化的な男たちは、グラームをより美しく表現すべく語ってきた。そうした描写によって、グラームはよりよいものとされ、真面目にも冗談にもジャーリヤよりも優先される存在となった。

〔106〕ある詩人がグラームを描写して詠むに、

〔このグラームは〕まるで枝と砂丘のよう
並外れた体つきに宿る、並外れた美しさ

神は、若枝の上に満月をくっつけ、
　その腰には砂丘の山をぶら下げ［て彼を創った[82]］
歌を歌えば、そこには欲望が宿る
　心に生じた情が、彼を放っておくことはない
彼に見惚れることさえなければ、
　罪の思いからは解放され、逃れることができるのに
私は彼に情を抱いては背いて［を繰り返し］、
［結局は、］穢らわしい疑惑にまみれ、汚れることを免れた［豊調］

また別の詩人が詠むに、

私は羚羊に夢中になった
　それは白い産毛を生やした羚羊
［その体つきは、］砂場に刺さった枝で、
　その砂場の下には、二本の柳の小枝がある［ような体型[83]］
彼は野生［動物］のような目つきでありながら、
　人間の言葉を話す[84]

アブー・ヌワース[85]が詠むに、

雨が降り注ぎますように。山頂と斜面以外に
また、荒れ果てた地のマイヤ（Maya）の宿の跡以外に

ああ、雲から溢れるものよ。もしあなたが、
　一度、リワー（al-Liwā）に雨となり降り注いだなら、それをやめないでくれ
あなたはその地に雨をもたらさない
　諸国のことを考えれば、苦労が増す
〔107〕もし私が烏から身を守ろうとするのなら、
　私は百舌鳥のもとへと逃げるだろう
その道が続くところはどこにも
　あなたの耳には羊の騒がしい声だけが聞こえる
私にとっては、あなたが打つよりもよいことがある
　何度もその小石を杭で打つよりも
それは、耳の上に香草を置いて、
　手で口に杯を運ぶこと
イバード族（banū al-'Ibād）の男があなたにそれを撒き散らした
　それは日曜日の祝日
水がその上に水泡を作った（酒を水で割って泡ができた）時、
　額にはその泡で模られた十字架の印が浮かぶ
私は、掌から生の酒を飲み、
　口から雹のように唾を流す
これは、その場で泣くよりも良く、
　精神的にも肉体的にも成長をもたらす[86]［流調］

ジャーリヤ贔屓の男が言うには、あなたの［証拠として挙げた］詩人アブー・ヌワース・ハカミーはこのようにも詠んで

いる。

ライラーのために泣くな。ヒンドのために嘆くな
　薔薇のように赤いものを、薔薇の上で飲め
〔108〕杯［から酒］がそれを飲む者の喉を流れ落ちると、
　目にも頬にもその［酒の］赤さが現れる
その酒はルビー、その杯は真珠
　細身の体つきをした真珠の掌から
彼女は色っぽく、その目と手からあなたに酒を飲ませる
　そうすればあなたは、二度酔うことからは逃れられない
私にあるのは二度の陶酔。しかし飲み仲間には一度だけ
　彼らのなかでも私だけがそれを授けられているのだ[87]［拡調］

また、さらにこうも詠んでいる。

私を非難するのはやめてください。非難は誘惑なのだから
　私を癒してください。私は病気であるのだから
黄色いもの[88]。それがある場所に悲しみはない
　たとえ石でもそれに触れれば、幸せを感じる
陰茎を持つ者の装いに身を包んだ、女性器を持つ者の掌から［注がれる酒］
　彼女には二人の恋人。ルーティーと姦通者
夜がまだ暗いうちに、彼女は水差しを手に起きてきた

その家のなかでは、彼女の顔から出る輝きが絶えない
〔109〕彼女は、水差しの口から生の酒を注いだ
その目がまどろんで見えるほどに
時間が首を垂れるほど［永遠の若さの］華やかな青年たち
全てにおいて、彼らが望む通りに進む
私はそれを思って泣くのであって、その宿を見て泣くのではない
ヒンドやアスマーがかつて住んでいたその宿を[89]［拡調］

［グラーム贔屓の男が言うには、[90]］ナッザーム[91]が詠むに、

あなたには、似たものも同等のものもない
私の心があなたを描こうにも、それを超越してしまっている
どんなものも、あなたを試して、秀でることはできない
物事の小ささや大きさは関係ない
あなたは、何かの見本からではなく、理想から創造された
それがこの光輝く姿なのである
あなたに触れる場所は炎であり
あなたを目にする場所は光である［拡調］

また、アブー・ヒシャーム・ハッラーズ（Abū Hishām al-Kharrāz）が詠むに、

ああ、容姿において［神の］僕（人間）を凌駕する者よ

　彼を形容する言葉は、その実態に及ばない
ああ、その一瞥で人を虜にしてしまうガゼルよ
その目にクフルが塗られていようと、塗られていなくとも
彼は、男たちの魂を殺すことを気晴らしとする
　その魂はまさにその楽しみのうちに死んでいく
私はあなたにお仕えします。呼びかけのままに。私は彼に言った
　「私の心は苦悩と情熱的な愛のなかにある
〔110〕私のこの心は、あなたのもとへ届く。それは新奇で、
　従順に。決してあなたたちが不本意なように届くのではない
私の心はあなたたちと出会うことを熱望している
　ああ、その熱望を反故にしてしまう心の惨めさよ
そして今、夢のなかにいる者に告げよ。『夜のうちに訪ねておきなさい
　起きている間には交流できないような者を』と」〔流調〕

ハカミー（アブー・ヌワース）が詠むに、

瞼の間に残る眠りの痕跡は移ろいゆくもの
　あなたのために長い間泣いていると、それは拭い去られる
ああ、見ている者よ。彼の眼差しは途切れない
　その眼差しのなかで、誰かが殺され苦しみでもしない限りは
私は、自分の心からその場所へと、あなたへの情を解き放った
　飲んだり食べたりが許されないその場所へと〔完調〕

また、さらにこうも詠んでいる。

私の恋人。彼は私のなかで大きくなる
　私と彼が、離れれば離れるほど。その都度、私の欲求は募っていく
彼はその顔［が美しい］と同様に、全身も［美しい］
　顔を含め、両眼が捉える全てにおいて［美しいのである］
それは真珠のようなもの。その青年自身にはわからない
　彼自身の眼に映る最も美しいものが［伸調］

また、さらにこうも詠んでいる。

私がどこかで感じている、あなたのなかにある不満や、
　私が出会ってきた災いの言葉を滅ぼした
私はその言葉の地平をよく考えてみたが、
　それでも自分が意味を見過ごしたとは思えなかった
私は、自分が不満を言わないことを欺瞞だと考え、
　またそこに立ち返る
〔11〕もし私が不満を言うことが、人間に対してであったとしたら、
　その者は、私の思考を不満から解放する
しかし私は、石に対して不満を言う
　鶴嘴がその上で弾み、より固くなるような石に対して［完調］

こうしたことや、これと同様のことを描いた詩は、他にも多くある。
また、「冗談」を言う者について見てみると、女の欠点について語った者もいる。

私に飲ませ、歌わせろ　ムスアブ（Muṣʻab）の息子よ
　この酒は、お前が飲め
　そして私にも飲ませろ。ああ、
　この惨めな心にいるのは誰か

柔な娘が私を望んだ
　望む者はヴェール（mujannab）の持ち主
私は彼女を見た時、このように言った
　「ヴェールをしなさい（tanaqqabī）」。彼女は私のためにヴェールを外していたのである
そして続けた「神かけて。私は入れる者ではない
　蠍の『巣穴』[92]に指を入れる者ではないのだ」と［軽調］

また別の者が詠むに、

私は、髪を短く刈り込んだ女性[93]でもって、髭のない若者の代わりとすることはない
　兎を羚羊の代わりとすることがないのと同様に
私は、好んで「巣穴」に手を入れることはしない
　［そのなかにいる］蛇や蠍が恐ろしいから［速調］

また別の者が詠むに、

私に必要なものは、女性器にはない
　私にとって、女性器での性行為は忌むべきこと
〔112〕女性器を犯す者はいない
　貧しく困窮している者を除いては
もしあなたたちが犯すのならば、こうした者を犯しなさい
　象牙のような色をした髭のない若者と［走調］

ユースフ・ラクワ[94]が詠むに、

女との性交に価値はない
　私の男性器にとっては、二塊の糞ほどの価値もないのだ
ジャーリヤとの性交は
　借金を次から次へと返すようなもの
男性器は生きていけない
　二つの睾丸の香りなしには［走調］

そして、これ［のような有名な一節］も彼こそが詠んだものである

リワートのことで書記を責めてはならない
　リワートは書記が持つ性質なのだから[95]
その書記は、全ての禁じられたことを悔いることができる
　しかし睾丸に関することについては、生涯、悔悛することはない［完調］

またハカミー（アブー・ヌワース）が詠むに、

私が、髭のない若者から受けた平手打ちは、
　目と顎を捉えた
しかしそれは、私の手のなかにある林檎よりも甘く、
　それを齧ると、麝香［の香り］で満たされる［速調］

また別の者が詠むに、

ムフサン[96]の女性が姦通を犯したなら、その者は公の場で石打ちの刑に処される
　一方、もし未婚の男性がリワートを犯したとしても、その者が石打ちの刑に処されることはない[97]［拡調］

〔113〕また別の者が詠むに、

男の利点のなかで、最も勝手がいいことに、
　月経と妊娠［という面倒事］を避けられるということがある[98]

これは、多く語られていることのなかでも、ほんの一部である。詩人たちはグラームについて真面目かつ冗談交じりに語り、それを洗練させてきた。叙情詩や恋愛詩[99]で詩人たちが詠んできたようなことは、過去においても最近においても、善良な者を傷つけることはなかった。

ジャーリヤ贔屓の男が言うには、あなたは懸命に［グラーム擁護の事例を］集め、ハカミーやラカーシー、ワーリバ、また

それに類する者たちを挙げた。しかし彼らは、後代においては傑出した［詩人とみなされた］ものの、罪深く忌まわしい考えの者であり、男らしい者に対して卑劣な者であり、卓越した者に対して卑しい者なのである。なぜなら彼らは、グラームを長々と描写するだけでなく、リワートを賞賛し、それにまつわる話を称揚しているのだから。

祝福されし至高なる神が、ロトの民について語ったことや、彼らに恥辱と石打ちをもたらし、痛苦の懲罰を用意したことを知っているでしょう。神が非難したものを褒め称え、神が咎めたものを美化する者以上に悪い者がいるだろうか。あなたが名前を挙げた者たちの言葉は、叙情詩や恋愛詩といった女性［にまつわる詩］の大家の言葉と比べて、いかがだろうか。泣くことや恋愛詩を詠むこと、悲嘆に暮れることとは、常に女性について、女性に向けて、女性のためになされてきたのではないのか。アラブ人が、［本来は］敬意を抱くべき白髪の老人を嫌がるのは、〔114〕女性が年老いた者に対して不快感を抱くからという理由以外にありえるだろうか。これは、古代から現代にかけて何人もの詩人が詠んでいる通りである。

イムルウ・カイスが詠むに、

私は知っている。女たちが、財産の少ない者を愛することはないということを
　そして白髪で猫背の者には目を遣りさえしないということを［長調］

イムルウ・カイスと同時代人である、アルカマ・ブン・アバダ・ファフルが詠むに、

男の頭が白くなるか、あるいは財産が少なくなると、
　その者には愛が割り当てられなくなる
女は男と出会うと、まず彼の財産が富んでいることを望み、
　そして彼が若さの盛りであれば、女にとって最上の喜び［長調］

古代の者が詠んだ恋愛詩は、［現代に生きる］我々が知っているよりもずっと偉大である。あなたが引いたイムルウ・カイ

スが、恋の詩のなかでグラームの価値を描いているだろうか。〔いや、描いてはいない。〕彼が詠むに、

あなたの目は涙を流すことはなく、ただ打つためだけにある
　その〔視線という〕二本の矢で、殺された者の心臓を十等分に〔打つために〕
あなたは私を欺く。あなたの愛情は、私を殺す者であると
　そして、あなたは私の心に、何でもするように命じているのだと〔長調〕

アアシャーが詠むに、

もし彼女が、その死者を胸に寄りかからせていれば、
　その者は今でも生きていて、埋葬されてはいなかっただろう
〔115〕人々は、自身が目にしたものについて語った
　ああ、驚くべきこと。この人殺しは人に命を与える者でもある〔長調〕

ジャリール[100]が詠むに、

あなたの心を訪ねてきた者は、去っていった
　あなたの目に浮かんだ涙は、まだその泉に留まっている
彼女たちは涙を堪えて私に言った
　「あなたと私がそれぞれ直面した、情とは何なのでしょうか」と〔完調〕

ジャミールが詠むに、

私の二人の友よ。あなたたちは生きている間に、見たことがあるだろうか
殺された者が、自分を殺した者への愛情によって泣くのを［長調］

クターミー[101]が詠むに、

誰も知らない言葉によって、彼女たちは我々を殺す
神を畏れる者が知らない言葉によって。そこに隠された真意は明瞭ではない
彼女たちは、相手に幸運が降りかかるような言葉を話すことを拒む
それはまるで、激しい喉の渇きを感じる者に水場を与えるかのような言葉［拡調］

ここに挙げたのは、イスラーム以前・以降の大家の言葉である。これらの言葉を、あなたが引用してきた者の言葉と比較すると、いかがだろうか。私の知る限りにおいて、あなたが現代人の例として挙げるハカミー（アブー・ヌワース）と同じほどにグラームについて詠んでいる者はいない。古代の者は、まず何より女性［との恋愛］の詩を熱烈に詠んでいるにもかかわらず、なぜあえてアブー・ヌワースのような者の言葉を挙げるのか。ラカーシーやワーリバ、ハッラーズ、そして彼らと同様の者たち［を引用するの］はやめておきなさい。我々の議論において、彼らの詩は［有効な論拠になら］ない。〔116〕そして最後に言っておくと、天賦の才と豊かな才能でもって詩を詠み、自身のみで完結できる詩人は、自分以外の者を必要とし、他者の詩を追いかけてそれと似たようなものを模倣する詩人とは全く異なる。後者［の才能］は前者の十分の一にも及ばないだろう。

グラーム贔屓の男が言うには、あなたはこの論争において不公正な応答を行い、適切な議論をしていない。我々は、古代の詩人たちが優れていることを否定してはいないのだから。我々は、彼らが粗野で無礼な遊牧アラブであり、洗練された生活や現世での楽しみを知らなかったのだ、ということを述べたのみである。彼らは、どれほど努力しても、女性を雌牛やガ

ゼルや蛇に喩えるのが精一杯であり、また均衡の取れた体型の女性を描写するのに「枝」と喩え、その脚を描写するのに「葦」と喩えた。これはなぜなら、彼らが野生動物や蛇と共に育っており、それ以外のものを知らなかったために他ならない。

我々は、傑出した美貌を誇るジャーリヤが、雌牛やガゼル、その他彼らによって挙げられたどの比較対象よりも美しいことはわかっている。

またこうしたことは、彼らの「彼女は月のようだ」「彼女は太陽のようだ」という表現においても言える。太陽は確かに美しいが、それはただ素朴な美しさに過ぎない。美しい人間の顔は、深みのある魅力や驚異的な造形による［ので、素朴な美である太陽で喩えるのは不適である］。人間の目は、ガゼルや雌牛の目とはそもそも別物であり、比較にならないほど美しいということを疑う者がいるだろうか。

これは、グラームとジャーリヤのどちらにも共通して言えることである。なので、このあなたに反論する議論は、これらの特徴に関しては、あなたを支持する議論と同じことなのである。

あなたの我々に対する議論はクルアーンや伝承や法学者たちに拠っているが、我々もそうした伝承をあなた方と同じように読み、聞いている。もしあなたがこの世における喜びへと向かい、そこでの快楽を望むのであれば、その言葉はまさに我々が主張するものと同じである。

ある詩人が詠むに、

〔117〕人生は、若さ故の狂気あってこそ
　その時期が去ると、葡萄酒を飲む時が来る
老人は、杯を五度手に取る間に、
　グラームの外套を着る［速調］

もしあなたが快楽を節制したり避けたりしようとするのであれば、意図的に、女性や他のよりよい者に対する欲望を、全

て捨て去ってしまうのがいい。また、あなたが公正であろうとするなら、私たちがするのと同じやり方で議論しなさい。あなたは我々にクルアーンを読み上げ、自分たちでまとめた諸伝承を伝えてくる。しかし［そのようなやり方では］[102]、今回の議論はあなたとは分かたれる。この我々とあなたの議論の状況は、バスラの者とクーファの者が、バスラとクーファではどちらの方により貴顕の数が多いかについて、互いに誇り競い合った状況に似ている。

あるバスラの者はクーファの者にこのように言ったという。「バスラの四氏族における四人の［優れた貴顕たる］男にあたる者を、クーファの四氏族のなかから連れて来てみよ。クーファのタミーム（Tamīm）族における［バスラの］アフナフ[103]に値する者を、クーファのバクル（Bakr）族における［バスラの］マーリク・ブン・ミスマア[104]に値する者を、クーファのカイス（Qays）族における［バスラの］クタイバ・ブン・ムスリム[105]に値する者を、クーファのアズド（Azd）族における［バスラの］ムハッラブ[106]に値する者を［連れて来られるか］」。

それに対して、クーファの者はこのように言ったという。「ミフナフ・ブン・スライム[107]はアズド・サラート族の出身であり、彼らはアズド・オマーン族よりも高貴である[108]」。

そこで、バスラの者はこのように言ったという。「氏族の高貴さやそれら両氏族間の区別については、関係ない。それよりむしろ、ムハッラブ自身［に値する者］についてだけ聞きたいのである。私は、無知ゆえにミフナフ・ブン・スライムのことを誇りに思い、彼がムハッラブよりも優れていると言う者がいるとは思わない。ムハッラブの子どものなかで最も無名な息子であっても、その領内においても騎手や民衆たちの間においても、ミフナフよりは有名である。ムハッラブは、彼の美徳やその統治の日々、多数の征服活動において、匹敵する者がイラクにはいないだろうというほどの男である。ムハッラブはあまりに偉大であり有名であるため、我々が彼をミフナフと同列に置くことを許すには遠く及ばないのである。人々は今なお、『ムハッラブのバスラ』というほどなのである。もし、ムハッラブ［の功績］が〔118〕ムハッラブの息子ヤズィード[109]を生み出したことだけだったとしても、それで十分なほどである。

また我々が『クーファのカイス族にクタイバ・ブン・ムスリムのような者はいない』と言った時に、誰かが『ファザーラ（Fazāra）族[110]はバーヒラ族よりも高貴である』と言ったとしたら、我々はこのように応じることだろう。『それでは反論になっていない。あなたがすべき適切な返答とは、アスマー・ブン・ハーリジャ[111]について語ることであろう。もしあなたがそう答えていれば、我々はクタイバによる偉大な征服活動や、その豪胆さ、高尚な魂、勇気、見識、見方、忠義、そして高潔なその統治について語っていたであろう。そうしてあなたが、アスマーの統率力や、その寛大さ、恩恵について語る。［こうした、氏族には氏族を、個人には個人を比べるやり取りこそが、適切な議論なのである。］あなたがムハッラブやミフナフという個人を飛び越してアズド・オマーン族やアズド・サラート族［の話］に移ったのと同じように、もし我々がその両者自身を飛び越してその両者の属する氏族［の話］に移ったとしたら、これは学問的な議論だとは言えないだろう』。

これと同様のこととして、我々がバスラの敬虔な人々や、禁欲主義者、信者たちについて語るのであれば、『我々には、アーミル・ブン・アブド・カイス（ʿĀmir b. ʿAbd Qays）やハリム・ブン・ハイヤーン（Harim b. Ḥayyān）、スィラ・ブン・アシュヤム（Ṣila b. Ashyam）といった者たちがいる』と言う。するとあなたは言うことだろう。〔119〕『クーファの敬虔な人々としては、ウワイス・カラニー（Uways al-Qaranī）やラビー・ブン・フサイム（al-Rabīʿ b. Khuthaym）、アスワド・ブン・ヤズィード・ナハイー（al-Aswad b. Yazīd al-Nakhaʿī）といった者たちが挙げられる[112]』と。これこそが［適切な］応答である」。

あなたがこの世の芳香や享される快楽、様々な美しさについて語り、雅人や主人たちについて話す時に、禁欲主義者や法学者たちの伝承を持ち出してくるならば、私たちとあなたとの議論は分かたれる。私たちは本書の冒頭で、ここに書くことは戯言や冗談のためであると述べた。あなたたちはそれを、真面目なものへと変えてしまったのである。そうすると、この意味は変わり、無価値なものとなってしまう。

伝えられていることによると、ある日、クライシュ族の若者たちがいるところで、ムアーウィヤ[113]がアムル・ブン・アース[114]に尋ねたことがあるという。ムアーウィヤが「ああ、アブー・アブドゥッラーよ。快楽とは何だろうか」と尋ねると、アムルは「クライシュ族の若者たちに席を外させてください」と応じた。そこで彼らが出ていくと、アムルは「男らしさを打ち捨てることです」と言ったとのことである。

〔120〕とある詩人[115]が、それと同様のことを詠んでいる。

他人のことを気にかける者は、悲しみのうちに死ぬ
　厚かましい者こそが快楽を得る［拡調］

ハカミーが詠むに、

私は厚かましくも、あなたに［愛を］告げた
　それは私の自制心が打ち負かされた時のこと
どれほど美しいことだろうか
　あなたのような者から帷が引き離されたなら［顫調］

ジャーリヤ贔屓の男が言うには、あなたたちは我々を否定したが、我々はそれを退けて言おう。もしハラールでもハラームでもなく、報奨も罰則もなかったとしても、ジャーリヤとの楽しみの方が、理性的な判断の面でも感覚的な面でも、そして感情の昂りという面でも、より大きく長期間にわたって続くということは確実であると。ジャーリヤとの享楽は少なくとも四〇年間は続くのだから。またジャーリヤには、グラームが持つよさの、二倍のよさがあるのだから。

あなたが素股[116]を楽しみたいと思えば、ジャーリヤには、グラームにはない肉付きがよく突き出た尻がある。また抱きつきたいと思えば、ジャーリヤには、グラームにはない丸く膨らんだ胸がある。そして、あなたが具合のよい「訪れる場所」を欲するならば、言うまでもないことであるが、それはグラームにはない。いざ彼［の男性器］が、グラームの「鎌[117]」に入るならば、そこには汚物があり、その汚らわしいものは互いの生活を乱し、また互いの快楽を台無しにするである。
〔121〕また他にも、ジャーリヤはグラームにないものを多く持っている。柔らかな肌やしなやかな関節、可愛らしい手の平と足、全身の柔らかさ、揺れ動く歩き振り、体臭の少なさ、芳しい香り。こうした素晴らしい性質は数えきれない。
　まさにある詩人が詠むに、

…………　…………[118]

この詩は、優れた体型とほっそりとした体型の美しさを描いたもので、ひきしまった体つきとふくよかな体つきを区別して詠んでいる。彼らの言う「ひきしまった体つき（majdūla）」とは、よく筋張っていて贅肉が少ないことを意味している。そこで彼らは「［彼女は］お腹が薄く細長くて、蛇[119]のようであり、編まれた手綱のようであり、葦の茎のようである」と言う。ジャーリヤの揺れ動く歩き振りは、最上の歩き方である。[120]一方、グラームがその歩き方をすると、女々しさや女性らしさを表すものであるため、不名誉なものとなる。[121]詩人たちは詩のなかで、ひきしまった体つきの女性を描いている。[122]

ある者が詠むに、

彼女には、柳の柔枝の部分と、砂地の丘陵の部分とがある
　そして首と目は、その砂丘にいる若いガゼル［のもののよう］［長調］

〔122〕また別の者が詠むに、

彼女の上半身はひきしまった体つきで、真ん中は砂丘［のよう］
　彼女は歩こうとしても、後ろにあるもの（尻）によって尻餅をつく

また別の者が詠むに、

ひきしまった体つきは締まった手綱［のよう］。彼女が歩く時には、
　背中に盛り上がった肉が、その尻をなんとか支える［長調］

アフワス[123]が詠むに、

肉付きのひきしまった女性のなかでも締まった者。それはまるで、
職人が揺れ動くように巧みに作った手綱のよう［長調］

彼らはこうしたことについて、ここに挙げたものよりも、ずっと多くのことを語っている。

グラームの輝かしさとその頬の純潔が保たれるのは長くても一〇年間で、髭が生え始めて「髭のない若者（murīda）」の境界に差し掛かるまでに過ぎない。彼らは時に、一度は髭が生え揃ったにもかかわらず、男性たちの欲望を掻き立てるためにそれを抜きさえする、恥知らずな者である。神はジャーリヤに、この上ない美貌と最高の美しさを与え、そのようなことから護った。しかし、もしかするとあなたは、女性のなかにも毛染めやその他の手段によって、自らの粗を隠して美しくなろうとする者がいるではないかと言うかもしれない。

ある者が詠んだように、

ある老婆が、若がえりたいと願った
彼女の両脇は痩せ細り、背中はせむしになっていた[124]
〔123〕彼女は、家族のための食糧を薬屋（ʿaṭṭār）に差し出すが、
その薬屋でも、時が損なわせしめたものを元には戻せない［長調］

我々は答えよう。女性のなかには、白髪になった際にそうしたこと（毛を染めて若く見せようとすること）をする者も確かにいるが、それ（その醜さ）はグラームが自らの髭を剃ることの比ではない。

また、あなたは去勢者[125]について、その姿の美しさや恵まれた肌、そして彼らとの快楽について語り、それは古代の者たちが知らなかったことだと述べた。そのため我々は、［それへの応答として］去勢者がどのような者なのかを記さざるをえなく

なった。我々は、ジャーリヤとグラームについてのみ語っているため、本来、そうしたことは本書において無意味であるにもかかわらず。

去勢者――神があなたに慈悲をかけんことを――とは、要するに、「切断された者」であり、男でも女でもない者である。[126]その性質は、女の性質と若者の性質とに分かれている。彼には欠点も多くあるが、それらの欠点がもし［年齢が若いままで変わらない］フーリーのもと（楽園）に行けば、彼のもとからは消えてなくなるだろう。どういうことかと言うと、去勢者は、［若いうちは］肉付きがよく優美でなめらかな肌であり、澄んだ色で瑞々しく輝かしいが、いざその状態が限界を迎えると、崩れてしまい、硬くなり色が褪せ、皺ができて硬く猫背になって、また憔悴して病弱に変わっていくまでが早いのである。去勢者を見れば、その顔は剣のように輝き、中国の鏡のようであり、椰子の木の芯のよう［に白く］、金の生る銀の枝のようであり、その頬は薔薇のようである。しかしもし一度でも病気にかかったり、年を取ったりすると、決して回復しなくなってしまう。

〔124〕ある学者によると、その器官（男性器）を切り取られると、去勢者の欲望は高まり、胃は強く、肌は柔らかく、髪は薄く、涙は多く、肛門は広がる。去勢者とは驢馬でも馬でもなく、騾馬なのである。なぜなら彼は男でも女でもなく曖昧な存在なのであり、あちらでもこちらでもないのだから。

去勢者は、突然泣いたり怒ったりしやすいが、それは女性や若者の特徴である。また中傷を好み、委ねられた秘密を胸に留めておかれない。さらに彼らは、酒を飲み夜を明かすと、しばしば寝床で小便をしてしまう傾向にある。

彼らは、女性に強烈な愛情を抱くにもかかわらず性行為と無縁だという点において、悲しみと後悔を抱き、互いに憎み合う敵よりも、健常な男[127]を忌み嫌う。つまり彼らは、恵まれた者を妬み憎しみ、忌み嫌うのである。

経験豊かな長寿の老人によると、彼らは様々な人間の寿命を検討した結果、他のどの人種の男よりも去勢者の人生の方が長いことに気がついたという。彼らは、去勢者が性行為をしないこと以外にその理由を見出すことができなかった。これと同様のことに、騾馬も交尾しないために寿命が長いということがある。また逆に、雀の寿命が最も短いのは、交尾の回数が多いためである。

去勢者は、男と一緒にいる時には女であり、女と一緒にいる時には男である。そして彼は、他のどのような者よりも、夫と妻の間に起こる中傷や挑発などいざこざの元凶となる。これは女性［との関係］に関して、健常な男に対して起こる嫉妬や妬みに由来する。また彼らは、年を取ると、手の指が曲がり、足の指が捻れる。

〔125〕ある王が自らの去勢者を携えて妻を訪ねた。すると彼女が身を隠したので、王は「こいつは女性の立場にあるのに、お前は彼から隠れるのか」と言ったところ、彼女は「彼は見せしめの罰の状態にあるのではないのか。神が禁じたことが、彼には許されるのでしょうか」と応じたのである。[128]

去勢者にはいくつもの欠点があるにもかかわらず、彼らへの言及は長いものとなってしまった。

本書の読者を退屈させたり疲れさせたりすることを恐れなければ、我々はあなたに対する主張において、どれほど強固な精神と知識を持つ者であっても反論できないであろうことを述べてきた。我々が述べたことは、説得力があり、これで十分であろう。神のもとに信頼がある。

私は本書の巻末に、読者に活力を与え、倦怠感や疲労感を取り除くために、勇敢で素晴らしい人々の短い逸話を加えよう。神においてのみ力がある。

［一・］[129] 伝えられていることによると、ある高慢なルーティーの男が重い病にかかった。人々は彼を、もう駄目だと考えていたが、彼は目覚め病から回復した。そこで隣人たちがやって来て言った。「あなたを赦した神に賞賛あれ。このような年齢になってまでグラームを追い求め、彼らに耽溺することはもうおやめなさい」。しかし彼は「神があなた方に幸運を報いますように。私は、過度な関心や好意が、あなたたちの私への忠告を招いたということはわかった。しかしながら私は、若い頃からこの習慣に慣れてしまっているのだ。ある賢者の言葉を知っているだろう。『大人を乳離れさせることがいかに難しいか』」と応じたのであった。

〔126〕ある詩人が詠むに、

老人は慣れ親しんだ習慣を捨てられない

彼が墓の土のなかに隠れてしまうまで、ずっと［速調］

そこで彼らは、この男を救うことに絶望を感じて去って行った。

［一二］伝えられていることによると、あるルーティーの男には、力強く男らしい息子たちがいたが、彼がグラームを連れて歩いたり、追い求めたりすることによって、子どもたちの名誉が貶められていた。そこで息子たちは、父を諫めて「我々があなたのために、望み通りの奴隷女を買ってあげましょう。［これからは］そちらに没頭してください。あなたは、人々のなかで我々の名声を傷つけているのです」と言ったところ、彼は「お前たちが今言ったものを私に買ってくれたとして、この年老いた男が、『二つの鐘（juljulatayn）』にどれほど熱くなれるだろうか」と応じたのである。[130]そうして息子たちは父を諫めるのを諦め、彼にしてやれることは何もないと知ったのであった。

［一三］あるルーティーが伝えたことによると、男性器は肛門のために作られた。［その証拠として］円のために円になっているのである。もしも、それが女性器のためにあるならば、戦斧[131]の形になっていなければならない。[132]

あるルーティーの詩人が詠むに、

私は、若者を見つければ、
　灼熱の根源を突き刺す
私は、年長者に行き当たれば、
　その熱のおもむくままに従う[133]
私は、年長者でも構わないし、
　あるいは未経験者でも構わない［断調］

〔四・〕ある高貴な既婚女性が尋ねられた。「一体なぜなのでしょうか。〔127〕あなたは美人で高貴なのにもかかわらず、なぜ夫とは少しの間しか一緒にいることができず、すぐに離婚されてしまうのでしょうか」。それに対して彼女は、「彼らは『狭さ』を求めているのでしょう。神が彼らに窮屈な思いをさせますよう[134]」と応じたという。

〔五・〕伝えられていることによると、ある男が妻を離婚したということがあった。また別の男が、とある道を通りかかったところ、女性同士で話しているのが聞こえた。一方が「あの不幸な女は、夫に離婚されてしまった」と言い、もうひとりが「彼はよいことをした。彼に神の祝福がありますよう」と答えたところで、その男が話しかけた。「ああ、神の奴隷女よ。女とは、〔普通は〕互いに連帯意識を持っているものなのに。私は、今あなたたちが言った〔同じ女性の悪口を言う〕ことを聞いてしまったのだ」。すると彼女は、「ああ、そのことですか。もしあなたが、かの不幸な女を見たならば、至高なる神が、女のあまりの顔の醜さに、その夫が姦通を犯してしまうことを許したのだと知ることでしょう」と応じたとのことである。

〔六・〕あるムハンナスが、ある女に「ああ、女どもよ。お前たちは、性交したいということばかり考えており、何事よりもそれを好む」と言った。それに対して彼女は「お前が欲望のあまりに、男の性質から女の性質に移り、ついには自分の髭を剃りさえしたという事実は、確かに、お前を責めることを躊躇わせます」と答えたとのことである[135]。

〔七・〕イスハーク・マウスィリーが伝えたことによると、「私はとても顔の美しい若いムハンナスと出会った。しかし彼は髭を剃ってしまっており、顔の魅力を減じていた。そこで私は、彼に言った。『あなたはなぜ、髭をそのようにしているのか。男の美は髭にこそあると知っているだろう』。すると彼が、『ああ、アブー・ムハンマド（イスハーク）よ。神かけて。あなたは、尻の穴に毛が生えるのを歓迎するのでしょうか』と尋ねてきたので、私は『神かけて、そのようなことはない』と答えた。すると彼は『あなたは誠実ではない。あなたは、自分の尻の穴にある〔と嫌な〕ものを、私の顔には残せと命じるとは』と言ってきたのである[136]」。

［八.］〔128〕伝えられていることによると、あるイラク総督が歌手のカイナ[137]を大金で購入した。ある日、彼は酒の席で彼女に歌うように命じた。そこで彼女が歌った詩の冒頭は、この通りである。

私は毎晩、物語師たち[138]のもとを訪れる
　私は［そこに近づく］歩みの数だけ、神の報奨を願う［長調］

彼はそれを聞くと、召使に「ああ、グラームよ。この姦通女の手を取り、物語師のアブー・ハズラ[139]に引き渡してしまえ」と言い、彼女はアブー・ハズラのところに連れて行かれたのである。
その後、彼らが出会った時、イラク総督が「例のジャーリヤはどうだったか」と尋ねると、アブー・ハズラは「あなたの望みのままに。神があなたをよくされますよう。彼女は楽園の特性である二つを持っていました」と答えた。そこでイラク総督が「災いあれ。その二つとは何か」と言うと、アブー・ハズラは「それは冷たくて広い」と答えたとのことである。[140]

［九.］伝えられていることによると、メディナ出身のある男が、とある女に恋をした。彼の［恋の］苦しみと痛みは長く続いたが、最終的に彼は彼女を口説き落とした。ある時、彼が友人の歌手の家に彼女を連れて行った時のこと、男が買い物に出かけた間に、彼女はその歌手に「彼が戻ってくるまで、私のために歌ってもらえませんか」と言った。そこで彼がウードを手に取り、歌ったことによると、

慎み深い女性よ。兄を辱めることなく、
　また、父親に恥をかかせることのない者よ［豊調］

するとその女性は、履物を履き腰巻きを身につけて、「何ということか。何ということか。神かけて、拒否します。ここにはいたくない」と言った。彼は何とかしようと躍起になったが、彼女が泣き叫んで拒んだので、醜聞を恐れて彼女を放し

てしまった。

やがて男が帰ってくるも、女性が見当たらず、その旨を友人に尋ねると、彼は「あなたは狂人を連れてきた」と答えた。そこで男が「彼女が何をしたというのか。お前に災いあれ」と問うと、その友人は「あの女は私に、自分のために歌を歌って欲しいと求めたために、私はその通りにした。しかしそうすると彼女は履物や服を手に取り、それらを身につけ、泣き叫びながら席を立ったのだ。そこで私は彼女を遮ろうと頑張ったのだが、彼女が喚いたために何もできなかった」と答えたのである。そこで男が「彼女に何と歌ったのか」と尋ねたので、友人が「その内容を」答えると、男は「神がお前を呪いますよう。彼女は逃げて正解だった」と言ったとのことである。

〔129〕伝えられていることによると、人々が集まって性交について語り合うなかで、話題は女性［の身体］のことにまで及んでいた。その時、彼らの近くにいたムハンナスが「神かけて。あなた方の話は、なんと女性器にまで及んでいる。神が呪いますよう」と言った。そこで彼らのひとりが「お前がそれに［最後に］触れたのはいつのことか」と尋ねると、そのムハンナスはこのように応じたという。「そこから私が産まれてきて以来である」。

〔一三〇〕伝えられていることによると、ある男がある女と結婚し、しばらくの間、共に過ごした。しかし、いよいよその男は、彼らの結婚の仲介者を連れて、法官の前に申し出て言った。「神があなたをよくされますよう。こいつが私を狂った女と結婚させたのです」。そこで法官が「あなたはどうして、彼女に狂気を感じたのか」と尋ねると、男は「彼女は、いざ性交に及ぶと、死んだかのように気を失ってしまうのです」と訴えた。法官はそれを聞くと、「立ち去れ。神がお前を醜くされますよう。お前はその女に相応しくない」と言ったとのことである。彼女は「ラブーフ」[141]だったのである。

〔一三一〕伝えられていることによると、アーイシャ・ビント・タルハ[142]は何度か結婚の経験があったが、その後ウマル・ブン・ウバイドゥッラー・ブン・マアマル・タイミー[143]が彼女と結婚した。ある時、彼の家でアーイシャが、彼女を訪ねてきた女性と話していると、ウマルが入ってきてアーイシャを呼び出し、性交を始めた。［ひとり残された］女性は、荒い鼻息や鳴き声［のような物音］を奇妙に思いながら聞いていた。アーイシャが出てくると、その女性は「あなたのように地位も名誉もある女性が、このようなことをするとは」と言った。するとアーイシャは「獣は、音を立てずには、上手に水を飲むことができない」と応じたとのことである。

［一二］伝えられていることによると、メディナのフッバー[144]は淫乱な女[145]として知られていた。［ある日、］メディナの女たちが彼女のもとにやって来て、このように尋ねた。「ああ、おばさんよ。私たちは、性交中に女性が行うカブウ（qab'）についてお聞きしたく、あなたを訪ねました。これは昔から行われていたことなのでしょうか、それとも［最近になって］女性がやり始めたことなのでしょうか」。これに対してフッバーは、「ああ、我が娘たちよ。〔130〕私はかつて、信徒の長たるウスマーン[146]――神が彼に満足せんことを――と同じ時にウムラ[147]を行ったことがある。帰路、我々がアルジュ[148]に着いた時のこと、夫が私を見つめ、また私も夫を見つめた。私からして彼を喜ばせることは、彼からしても私を喜ばせることなのだ。そうしていると、夫が私に飛びついて来たが、そこにウスマーンの一隊が通りかかった。その時私は、カブウを鳴らしていたが、彼らはアダムの娘たちのもとに来た時のように、私のもとに近づいて来た。すると五百［頭のラクダ］からなる一隊は［カブウの音に驚き］逃げ出してしまい、その後、私と夫は［隊列に］合流するまでに一時間もかかったのである」と応じたとのことである。

「カブウ」とは、性交の際の荒い鼻息のことを意味している。そして「ガルバラ（gharbala）」とは、「激しく揺れ動くこと[149]」を意味している。フッバーはこのようにして、メディナの人々にこれらのことを教えたのである。[150]

［一三］伝えられていることによると、フライダ（Khulayda）という名の、驚くべき体型をした黒人の女がいた。彼女はメッカに家を持っていて巡礼期間中はそこを貸しており、ある巡礼中のイラク出身の青年が、彼女の家を借りていた。ある夜、彼がタワーフ[151]を終え、疲れてモスクから帰って来て、屋上に登ると、そこに月明かりのなかで眠るフライダの姿があった。彼女は最も美しい体型で最も魅力的な姿であり、青年の心はフライダに惹きつけられた。彼は近づいて行き、ついには彼女の足を持ち上げたが、フライダは彼のするにまかせ、目を瞑り続けていた。そこで彼は彼女を犯してしまった。しかし

事を終えると、後悔が湧き上がり、彼は泣いて自身の顔を殴った。フライダは、そこで初めて目を覚ました振りをして、「なにがあったのですか。蛇に噛まれたのか、それとも蠍に刺されたのか。あなたはどうして泣いているのでしょうか」と言った。そこでその青年が「神かけて、いいえ。私は純潔である［べきな］のに、あなたを犯してしまったのです」と答えると、彼女は「お前は私を犯し、さらに泣いているのか。神かけて、私はお前よりも泣く権利があるぞ。出ていけ。ああ、馬鹿者よ」と応じた[152]とのことである。

［一四・］〔131〕フッバーの息子が母親に「ああ、お母さんよ。男が女を抱く際に、女たちが最も喜ぶ体位はどのようなものか」と尋ねた。対して、フッバーはこのように答えたとのことである。「ああ、我が息子よ。もしそれが私のような老人であったなら、跪かせて頬を地面につけさせ、それから挿入しなさい。もしそれが若い女性であったなら、彼女の両腿がその胸につくまで持ち上げ［、それから挿入し］なさい。そうすれば、あなたの求めるもの、必要とするものが手に入るでしょう」。

［一五・］伝えられていることによると、ある者たちがラクダを買った。しかしそいつは気難しく、家のなかに入れようとしても嫌がって入ろうとしなかった。そこで彼らは、嫌がるラクダを叩いていたが、その様子を、半月のような［美しさの］女性が［建物の窓から］見下ろしていた。彼らが気づいてその女性の方を見ると、彼女は「一体どうしたのですか」と尋ねたので、彼らは「我々はこいつをなかに入れたいのだが、どうしても入らないのだ」と答えた。すると彼女はこのように答えたとのことである。「それなら、入るまでその頭を濡らしてやるといいじゃない」。

［一六・］伝えられていることによると、ある男がメディナで、奉仕せずにいるお手付きのジャーリヤ[153]を見た。そこで彼が「ああ、ジャーリヤよ。お前は手に職はあるのか」と言うと、彼女は「いいえ。しかし足の間にあります」と応じたとのことである。

［一七・］［伝えられていることによると、］ある男が言った。「我々が、ある法学者の会に参加していた時のこと、ひとりの男

が私に、『あなたが持っているのは、自由人女性ですか。それとも奴隷女ですか』と話しかけてきた。私が『ウンム・ワラド[154]がひとりいますが、なぜそのようなことをお尋ねでしょうか』と答えると、その男は『自由身分の女には長所がある。私はあなたに斬新な性交[155]をお教えしたいのです』と言った。そこで私が『教えてください』と言うと、彼はこのように答えた。『まず家に帰ると、仰向けになって、両足と膝の間に、足を置く支えとして枕を置きなさい。そうしてから、ジャーリヤを呼び、男性器を勃起させて、その上に彼女を、背中があなたの顔の方を向くようにして座らせるのです。そして、あなたは彼女に、あなたの両足を持ち上げて親指を摑み、説教壇で説教師がするようにそれを上下するよう命じなさい。さすればこれは、風変わりなものとなるでしょう』」。

〔132〕そこで、彼[156]は家に帰ると、その男に言われた通りにやってみた。するとジャーリヤは上下に動き始め、「ああ、ご主人様よ。このような性交を誰に教えてもらったのですか」と言ったので、彼が「何某という盲目の者だ」と答えると、彼女はこのように言ったとのことである。「ああ、我が主よ。神が彼に視力をもたらしますよう」。

〔一八〕伝えられていることによると、あるところに、驚くべき美貌と巨万の富を持つクライシュ族の高貴な女性がいた。幾人もの男が彼女に求婚するなか、家柄もよく多くの財産を持つ男が結婚を申し込んだが、彼女はそれを拒み、別の男からの求婚を受け入れた。そこで他の男たちは翌朝、［結婚を決めた男の］縁組のために、彼女の後見人のもとに行くことを決めてしまい、かの家柄のよい男は深く悲しんでいた。そこに、同じ地区に住む老婆がやって来て、彼の様子を見て一体どうしたのかと尋ねたので、彼は［一連の経緯を］知らせた。老婆はそれを聞くと、「もし私が、あなたと彼女を結婚させることができたら、何をくれるか」と尋ねたので、彼は「千ディルハムを」と答えたとのことである。

そこで老婆は、彼のもとを離れてそのクライシュ族の女性のもとを訪ね、しばらく話していたが、突然、彼女の顔を見つめては深いため息をついた。老婆が何度もそれを繰り返すので、そのジャーリヤは「ああ、おばさんよ。私の顔を見てはため息をついて、一体どうしたのでしょう」と尋ねたところ、老婆は答えた。「ああ、娘さんよ。私はあなたの若々しさを、そして神が授けたこの美しさを見ているのです。そしてまた、しかしそれなのに伴侶のいない独身のあなたを見ているのです。女のあれこれは、夫によってのみ完全になるものである」。そこでクライシュ族の女性が「神があなたを悲しませませんよう。何人もの男が求婚してきたので、とうとうそのうちのある者に嫁ぐことに決めました」と言うと、老婆は「あなたに求婚してきたのは誰か」と尋ね、彼女は「何某です」と答えた。老婆は続けて「高貴な者だ。［他には］誰が」と尋ねると、彼女は「何某です」と答えた。そこで老婆は「高貴な者だ。それでは、［他に］その男との結婚を妨げる者はいたのか」と尋ねた。彼女が「何某――すなわち老婆とぐるの男――です」と答えると、老婆は、「いやいや。彼はよくないね」と言った。その女性は「なぜでしょうか。彼は家柄もよく多くの財産を持つのではなかったでしょうか」と聞き返すと、老婆はこう応じた。「ええ。しかし彼は、あなたにとってよくないであろう特徴[157]を持っています」。彼女が「それは何でしょうか」と問うと、老婆は「言わせないでください」と言ったが、それでも彼女が「どうか教えてください」と言うので、老婆はこのように応じたとのことである。「ある日私は、彼が小便するのを見かけた。その時、彼の両足の間には、三つ目の『足』が見えたのである」と。

そこまで言うと、老婆は彼女のもとを離れ、件の男のところに戻って、「［再度求婚するための］使者を彼女に送りなさい」と言った。その使者が彼女のもとに届いた後で、［求婚を］受け入れられた男性がやって来たが、彼女はその男性を拒絶し、自身の使者に「明日あなたの友人たちと共に来てください」と言付けて［老婆とぐるの男に］送った。そうして［翌日］件の男は彼女と結婚したのである。しかしいざ、彼が彼女との婚姻を成立させた（床入りした）時に、その男が持っていたのは房飾りのようなものだった[158]。ある時、老婆がその高貴な女性のもとに来た際に、彼女は「お前は、あの腐敗したものをいくらで売ったのか」と言った。そこで老婆が「千ディルハムで」と答えると、彼女は「ああ、お前がその金を貪るのが、病に罹ってからのことでありますよう」と言ったとのことである。

［一九：］伝えられていることによると、ヒシャーム・ブン・アブドゥルマリク[159]は、自身の男性器の大きさ故に、性交の相手[160]を困らせることが常であった。［ある時、］彼はメディナの総督に書簡を送る際に、「さて、ところで私に『性交の袋[161]』を買って寄越してくれないだろうか」と書き加えた。書簡を受け取った総督には、メディナ出身の有能な書記がおり、総督が彼に「災いあれ。『性交の袋』とは何なのか」と尋ねたところ、書記は「奴隷女のことでしょう」と答えた。そこで総督が、奴隷商人のところへ行って同様のことを尋ねると、彼らは「『性交の袋』とは背が高い白人の奴隷女のことでしょう」

と言ったので、彼は要求に応じてそうした奴隷女を幾らか購入して、ヒシャームに送ったとのことである。[162]

伝えられていることによると、メディナに透き通るような美しい女性がいた。多くの男たちが彼女に求婚したが、誰ひとりとして受け入れられなかった。彼女の母親は常々「私は娘が気に入った者としか結婚させません」と言っていたが、［ある時、］富も名誉もある美しい顔の青年が、娘との婚姻を望んでやってきた。そこで彼女は娘に「ああ、私の小さな娘よ。彼でなければ、あなたは誰と結婚するのでしょうか」と言うと、その娘は「ああ、お母さんよ。確かに彼はあなたの仰る通りの人物です。しかし彼には、〔134〕私が耐えられないものがあると聞いています」と応じた。そこで母親が「ああ、小さな娘よ。母親に対して恥ずかしがらないでください。あなたの心中にあることは、何でも話してみてください」と言うと、娘は「彼は大きな男性器を持つと聞きます。私はそれをうまく受け入れることができるかが不安なのです」と答えた。そこで、母親が青年にそのことを話すと、彼は言った。「それでは、その件についてはあなたに託しましょう。あなたが、彼女の望む分だけ挿入すればよいし、彼女の望む分だけで手を引けばよいのです」。母親がそれを娘に伝えると、彼女は「わかりました。お母さんがそれを請け負ってくれるならば、それで満足です」と言ったので、母親は「ああ、小さな娘よ。神かけて。とても難しいことですが、あなたのためにやってみせましょう」と応じたとのことである。

そうして、娘はその青年と結婚した。さて初夜[163]を迎えると、彼女が「ああ、お母さんよ。彼が持つもので私が殺されないように、私の側にいてください」と言うので、母親もそこにやってきて扉を閉め、彼に「あなたは自分自身を我々に委ねるということでいいのですね」と言った。青年が「はい。あなたの手中にあります」と答えたので、母親はそれ（彼の男性器）を［全ての指で］握って娘のもとへと近づけると、先端を女性器へと差し込んだ。「もっと［入れようか］」と母親が尋ねると、娘は「もっと［入れてください］」と答えたので、彼女は［添えていた］指を一本引っ込め［て、その分奥まで挿入し］た。すると娘は「ああ、お母さんよ。もっと［入れてください］」と言ったので、母親は「わかりました」と答えた。このやり取りは、母親が全ての指を引っ込めるまで続き、青年はその全てを彼女に挿入してしまった。それでもなお、娘は「ああ、お母さんよ。もっと［入れてください］」と言ったので、母親が「ああ、小さな娘よ。私の手には何も残っていませんよ」と答えると、彼女は「神が我が父に慈悲をかけんことを。彼は誰よりもあなたのことをよく知っていました。父は常々『手のなかに留めていては、恩寵は逃げていく』と言っていたものです。席を立ってくださいな」と言ったとのことである。

［一二〇］伝えられていることによると、とても大きな男性器を持つ男がある女が結婚した。これまでどの女性もそれを受け入れることができなかったが、彼は彼女を犯した際には、それを全て女性器に挿入することができた。彼女は何とも言わなかったので、彼は「調子はどうだ。まだあなたの後ろから突き出ているぞ」と尋ねた。するとその女は「あなたは私にとって父と同様に愛おしい者。しかし、あなたはそれをもう入れていたのですか」と言ったとのことである。

［一二一］伝えられていることによると、ある男が、美しく高貴な女性を見た。その女性の家には、醜く歪な体型の男がいて、彼女に［諸事を］命令したり禁止したりしていた。彼は、その醜い男は美しい女性の奴隷なのだろうと考え、事情を尋ねると、彼女は「彼は私の夫です」と答えた。そこで、その男が「ああ、神に讃えあれ。あなたのような神の恩寵を受けた者が、このような男と結婚したと言うのか」と言うと、彼女は〔135〕「もし彼が私の方を向き、あなたに背を向けたなら、あなたの目には素晴らしいものが映るでしょう」と応じ、自分の太腿を露わにしてそこにできた青あざを見せて、このように言ったとのことである。「これは彼が外した痕です。当たった際にはどうなるかと思いますか」。

［一二二］伝えられていることによると、メディナに「緑のサッラーマ（Sallāma al-Khaḍrāʾ）」と呼ばれる恥知らずの女がいた。彼女はムハンナスを張型[164]で犯していたところを捕まり、総督のところに連れていかれた。総督は彼女を鞭打ち、ラクダに乗せて引き回しの刑に処した。そこに、彼女の知人の男が出会し、「ああ、サッラーマよ。これは何としたことだ？」と尋ねた。そこで彼女はこのように答えたとのことである。「神かけて。黙れ。この世で最も不当なものは男である。お前たちは皆、いつだって我々［女性］を犯す。しかし、いざ我々がお前たち［男性］を犯すということになると、お前たちは我々を殺そうとするのだ[165]」。

［一二三］伝えられていることによると、ある男が結婚した際に、「あなたはどうして彼女と結婚することにしたのか」と

尋ねられ、このように答えたとのことである。「彼女の大陰唇はまるで月の暈のようであり、彼女の恥丘はまるで二重に折った驢馬の男性器のようだったからである」。

〔二四〕ある好色な老婆が詠むに、

私は、時間が染めたものを色付けた。しかし、それは続かなかった
　私が色を付けることは。日々の染色は続いていくのに
毎日、日が暮れると、その若さが［私を］欺いた
　私は前からも後ろからも犯された［完調］

〔二五〕本名はマイムーン・ブン・ズィヤード・ブン・サルワーン（Maymūn b. Ziyād b. Tharwān）で、フザーア族[166]のマウラーであった狼藉者のルーティー[167]、スィヤーフ（Siyāh）という者が詠むに、

〔136〕ああ、フザーア族よ。その氏族が彼ら自身の名誉を数え上げた際には、
　お前たちは手の平で口を塞ぎなさい
しかし、リワートやその［行為を行う］人々、
　または、尻の穴辺りを切り裂く者について、語られることは除く
そこで彼らは誇る。そしてお前たちには、
　代々引き継がれる新たな誉れが、スィヤーフによってもたらされる［完調］

〔二六〕伝えられていることによると、スィヤーフがクマイト（al-Kumayt）のもとへ来て言った。「ああ、アブー・ウマーラ（Abū 'Umāra）よ。私はあなたのカスィーダ[168]の韻に乗せてこのように詠もう

この魂は拒んだ。思い出しもせずに［歩調］。

すると彼は「やめなさい」と言って、このように詠んだ。

この魂は拒んだ。［全てを］失うことはせずに
　棄教することも、逸脱することもせずに
一方がおんどりを運んできて、一方が犬を連れてくれば
　両者は互いに引っ掻きつつき合うだろう
雲から滴る水で［割って］酒を飲むと
　大地はそこから爆発して爆ぜるだろう[169]［歩調］

［二七．］伝えられていることによると、［ある時、］「おんどり（Dīk）」［と呼ばれる］ヒジャーズ（al-Hijāz）の出身で年配のルーティー[170]が捕えられた。彼はクライシュ族のグラームを、携帯用の革紐のように［いつも］連れていたのである。彼は「神の敵よ。もしお前が、この器量のよいグラームたちのことについて何をしても許されるとしたら、彼らには何を望むのでしょうか」と尋ねられると、「あなたたちは、私にとって父や母と同様に愛おしい者。神かけて。私はあなたたちの言うことがもっともだとわかっているし、その高潔さ故に、私が彼らを犯すことはありえない」と応じたとのことである。

［二八．］〔137〕ヒジャーズのリワートにまつわる諺はこのように用いられる。「『おんどり』よりもルーティーな[171]」。またイラクの人々は、クーファの者であるスィヤーフになぞらえてこのように言う。「スィヤーフよりもルーティーな（alwaṭ min Siyāh）」。

さて私は、読者が飽きてしまわないように本書を短いものとした。神にこそ成功あり。

あとがき

本書は、二〇二三年一二月に九州大学大学院人文科学府に提出した博士論文「前近代アラブ・イスラーム社会における〈同性愛〉概念の誕生」を、大幅に加筆修正したものである。博士論文および本書の一部は、すでに論文として公表しているが、いずれにも改変を加えており、また、各章間で文章を入れ替えた箇所もある。

第三章：「アッバース朝期のセクシュアリティと同性間性愛――ジャーヒズ著『ジャーリヤとグラームの美点の書』の分析を通じて――」『東洋学報』九八巻四号、二〇一七年、一―二五頁。
第四章：「アッバース朝期イスラーム社会の「異性装」とセクシュアリティ」『歴史学研究』一〇一七号、二〇二一年、一四―二五頁。
第六章：「前近代アラブ・イスラーム社会におけるムハンナス概念の変遷――「ムハンナスのアッバーダ」にまつわる言説の検討を通じて――」『オリエント』六四巻二号、二〇二二年、一四七―一六五頁。

表題の通り、博士論文では〈同性愛〉概念の「誕生」までを示そうとする、本書よりもさらに大それた試みであったが、本書では規模を縮め、まずは「萌芽」を見出すこととした（大仰なテーマであることに変わりはないが）。日本語で刊行する意義を考えた際に、日本でまだ馴染みが薄いこの主題について、先走ることなく一から丁寧に説明することが重要だと考えたためである。本書を手始めに、前近代イスラーム社会のセクシュアリティというテーマに関心を持つ方がおられれば望外の喜びである。こうしたテーマをやっていると、史料はあるのとよく心配される。確かに多くはないが、やりようがないほどに少なくはない。むしろ、新たな解釈や発見の余地が大いに残されている分野だと思う。私も「今後の課題」として書いた通り、これからもこのテーマに向き合い、次は〈同性愛〉概念の「萌芽」から「誕生」への過程を示してみたい。
しかし、矛盾するようでもあるが、つまみ食い的に面白そうな箇所のみ、なんなら巻末の史料翻訳だけ、といった読者も大歓迎である。筆者が学部生の頃から一貫してこのテーマに取り組んできたのも、根底には史料自体の面白さがある。面白おかしく語られる下品な冗談や、技巧を凝らしたレトリック、赤裸々な性愛描写から、このような世界があるのだと知って頂くことができれば、本書の目的の一端は果たされたと思っている。

私がなんとか研究を続け、本書を刊行することができたのは、強運と、周りの人々に恵まれたことによる。ここからは本書を執筆するまでにお世話になった方への感謝を申し上げたい。

現在の私があるのは、清水和裕先生のご指導のおかげである。先生には、学部二年生で研究室に入って以来、ずっと温かく見守って頂いている。史資料の読み方から学問における心構えに至るまで、講義やゼミ、時には食事の席で先生から学んだ。大学院に入ってからの、一対一で史料を読んだゼミの時間は、何にも代えがたい貴重な時間であった。遠慮がちな私は、お忙しい先生に対して、自分の研究をこまめに相談するタイプの学生ではなかった。しかし、誰よりも私の研究を理解してくださっているのは清水先生であった。いわゆる「王道」ではないテーマの研究を、まずは面白がって頂けたこと、そして普段は優しく見守りつつ、絶妙なタイミングで「軌道修正」して頂けたことで、今の私と本書がある。

私が研究室に配属されたその年に、小笠原弘幸先生が九州大学に着任されたことは幸運であった。小笠原先生とは毎日のように色々なことをお話ししたが、何より「研究」をしていくための方法・道筋と厳しさ、そして楽しさを教えて頂いた。自分に甘い私は、先生がおられなければ、史料を読みはしても、それを研究として続けていくことはなかったと思う。本書の出版助成応募のお話を頂いた時、まだ無理ですと渋る私を、最初に叱咤激励してくださったのも先生であった。

博論の審査に加わって頂いた、九州大学西洋史学研究室の岡崎敦先生と今井宏昌先生にも、心からの御礼を述べたい。岡崎先生には、どうしても博論の副査をお願いしたく、ご退職後にもかかわらず、無理を言って引き受けて頂いた。ゼミや口頭試問の際の、岡崎先生の厳格なコメントには、身が引き締まると同時に、そこに含まれるヒントをなんとか拾い集めようと必死であった。一方で、時折頂く、「熱い」激励のお言葉には、気持ちが奮い立った。今井先生は、気さくなお人柄もあり、私的な相談も含め、色々とお話しさせて頂いた。今井先生のように、お忙しいなかでも偉ぶらず優しく、かつ研究業績を積み重ねられる姿は、常々見習いたいと思っているが、真似することは難しい。

九州大学入学から一二年間もいることになった福岡の地、九州大学文学部、イスラム文明史学研究室には、やはり強い思い入れがある。表現が難しいが、私がもし東京や京都で学部時代を過ごしていたら、研究を続けることは難しかったと思う。九州大学文学部の環境は良くも悪くも、これが大学なのだと感じさせるものであった。世界史が得意なわけでも、外国や外国語に強い関心があるわけでもない私が外国史を専攻したのは、いわゆる「言語論的転回」以降の歴史学の方法・成果とその面白さを知ったことによる。そうした世界を見せてくださった九州大学の先生方には感謝したい。大学教育における「講座制」の是非が問われて久しいが、特に移転前の古き良き、あるいは悪しき、研究室の環境は、少なくとも自分には合っていた。研究室には二四時間大抵誰かがいたが、文字通りいるだけで、真ん中が大きく凹んだ古いソファを中心に、ただ駄弁って時を過ごすことも多かった。そうした環境が研究に役立ったかはわからないが、楽しかった。

私にとって、研究室の「先輩」というと馬場多聞さんである。研究室配属初日、奥の方でパソコンに向かいながら、適当に挨拶を返す姿に畏怖した。その後、馬場さんがなぜかカンボジアに旅立たれるまで、そして立命館大学に職を得られた今も、本当にお世話になっている。馬場さんなくして、現在の私はありえない。修士課程に入った際に、卒論を学術論文として掲載することができたのも、馬場さんの「悪ノリ」がきっかけだったと記憶している。

研究室には長くいすぎた感もある。（清水先生曰く）研究室の「牢名主」としての日々をそれなりに快適に送りつつ、焦りもあった。特にコロナ禍に入ったタイミングで、二年間の助成金の内定を得ながらも、渡航制限などで留学に行けなかった際には焦りが募り、まずは博士論文の執筆を目指すことにした。そうしたなかでも、研究室の皆さんのお陰で辛さはなかった。坂田舜氏とは、先輩後輩の仲でありながら、気兼ねない付き合いをさせてもらっている。毎日のように顔を合わせていた長野真結さんをはじめ、後輩の方々にも仲良くしてもらった。博士論文提出直前、研究室での徹夜が続き限界を迎えつつあった私に対して、後輩たちは邪魔だ邪魔だと言いつつも優しく、次々と差し入れを届けてくれた。またご縁があり、それぞれ約一年と短い間ではあったが、齋藤久美子先生や田中悠子さんにお世話になることもできた。

なんとか博士論文を書き終えてからは、学振ＰＤとして東京外国語大学アジア・アフリカ言語文化研究所に受け入れて頂いた。受入教員の後藤絵美先生は、ご迷惑をかけがちな私にも温かく接してくださった。所長であった近藤信彰先生をはじめ、研究所の先生方にも本当によくして頂き、東京での緊張感は徐々に解けていった。何もご恩を返すことのできないまま、すぐに所属を移ることになってしまったのが心残りである。

そして現在は、ありがたいことに東京都立大学の人文社会学部歴史学・考古学教室で助教として勤務している。着任早々で何もできない私にも、教室の先生方や事務職員の方々、学生の皆さんは温かく接してくださり、感謝に絶えない。今も、どこか移転前の母校を感じさせる、いかにも大学然とした雰囲気の南大沢キャンパスで、この「あとがき」を書いている。九州大学が「第二の故郷」だとすると、いつかはこの都立大を「第三の故郷」と思えるようになれれば嬉しい。

紙幅の都合が迫り、お世話になった方全員のお名前を挙げられない無礼をお許し頂きたい。小野仁美先生には、研究を進める様々な機会を頂戴するなど、いつも気にかけて頂いている。当初は卒論の相談だったのが、学術誌に共訳を出すことにまでなった金田千澄さんにも感謝したい。また谷口淳一先生をはじめウマリー講読会の皆様や、橋爪烈先生、亀谷学先生をはじめイスラーム初期史研究会の皆様など、色々な方にお世話になりっぱなしである。皆様に心よりお礼を申し上げたい。

本書刊行は全て、九州大学出版会の編集者、尾石理恵さんのお陰である。楽天的で怠惰なのにもかかわらず、細かいことは気にする面倒臭い著者を、励まし、時にはなだめすかして、なんとか刊行まで導いて頂いた。足を向けて寝られない。

多くの方にお世話になったが、当然のことながら、本書の文責は著者のみが負う。狭義の専門からはみ出た内容を扱う本書には、間違いも多々あることと思う。また博士論文の口頭試問や、本書出版助成審査時の査読者の方々によるコメントでの、ご批判ご指摘に答えられていない箇所も少なくない。ご海容を願うと同時に、どうか諸賢の叱咤を乞いたい。修正が必要な箇所は、筆者のリサーチマップ（https://researchmap.jp/tsujidaichi）内で適宜更新していくつもりである。

本書の一部には、ＪＳＰＳ科研費（18J21693, 21J30007, 23KJ0843）と、九州大学男女共同参画推進室の「ジェンダー研究に取り組む学生への研究助成プログラム」による助成の成果が含まれている。また出版にあたっては、九州大学大学院人文科学研究院より九州大学人文学叢書の出版助成を受けた。特に日本学術振興会には、博士後期課程以降ほとんどの時期で研究活動と生活を大いに助けてもらった。記して感謝したい。

最後に、こうした道に進んだ私を恐らく心配しつつも、何も言わず応援してくれている両親と妹、天国の愛犬たち、そしてなにより、私の人生に彩をあたえてくれた田中美彩都さんに心からの感謝の念を捧げたい。

二〇二五年三月

辻　大地

複数の主題からなるのが一般的［「カスィーダ」『岩波イスラーム辞典』］。

169　次逸話のヒジャーズの「おんどり」と呼ばれたルーティーの存在や，「熊」と呼ばれたルーティーがいたことを踏まえると，ここでの「おんどり」と「犬」はどちらもルーティーの比喩だと考えられる。そうだとすると，「両者は互いに引っ掻きつつき合う」という第2詩節の表現は，性交時の受動／能動にかかわらない描写として興味深い。

170　kibār al-lāṭa. ハッチンスは the great pederasts，コルヴィルは an old queen と訳している［Hutchins 1989: 165; Colville 2002: 229］。

171　alwaṭ min Dīk. ここでの「おんどり」は人物のあだ名（前逸話参照）。これに類する文句として「『熊』よりもルーティーな（alwaṭ min Dubb）」という表現があるが，ここでの「熊（Dubb）」もリワートで知られた人物のあだ名［“liwāṭ,” *EI*^{2}］。本訳注注169も併せて参照。

152　底本では動詞が男性型（qāla）で校訂され男の台詞となっているが，写本では女性型（qālat）で記されているので，文脈上，そちらに従った。

153　jāriya surrīya. surrīya (pl. sarārīy) は，婚姻関係になく主人と性交渉を持った奴隷身分の女性を意味する［清水 2015: 44］。なおハッチンスの英訳では a choice slave woman とある［Hutchins 1989: 161］。

154　自由身分の父親と奴隷女性との間に子どもができ，父親が子を認知した場合，その子どもは自由身分となり，母親はウンム・ワラド（umm al-walad,「子の母親」の意）と呼ばれる身分となる。ウンム・ワラドになると，売却・譲渡は禁止され，また父親（主人）の死後は自動的に奴隷身分から解散された［清水 2005: 21–24］。

155　ここでは ḍarb min al-nayk ṭarīf とあるのを「斬新な性交」と訳した。

156　ここ以降，主語が「私」ではなく「その男（al-rajul)」あるいは「彼」となっている。そこで若干違和感はあるものの，この箇所の前で引用が終わっていると理解し，以下を地の文として扱った。またそれに合わせて冒頭に「伝えられていることによると，」と補った。

157　ここでは「特徴（khaṣla)」と訳したが，「房飾り（khuṣla)」とも取りうる。

158　本訳注冒頭のリファーアの妻の話とその本訳注注 15 を参照。

159　ウマイヤ朝第 10 代カリフ。本訳注注 52 を参照。

160　写本には thayyib とあるが，校訂では thiyāb と修正されている。thiyāb は一般的には男性が着る「外套（thawb)」の複数形を意味し［"th-w-b," *Lane*］，この意味で取ると男性器の大きさのために男に合う履き物がなかったということになる。一方，thayyib は「性交の体験のある者」「非処女」「初めての性交を終えた後に離婚した者」を意味し［"th-y-b," *Steingass*］，この意味で取ると，男と性行為を行った者はその男性器の大きさ故に困ったということになる。当該話はこれら両者の意味を掛け合わせた逸話だと考えられる。法学上の「非処女（thayyib)」の定義については柳橋 2001: 60, 75 を参照。

161　'ikāk al-nayk. 'akka (pl. 'ikāk) はバターを作り保管する筒状の布袋［*Mufākhara*: 133 n.3; "'-k-k," *Lane*; *Steingass*］。

162　ハールーンはこの逸話と次の逸話を分けて番号を振っていないが，内容からも本来は異なる逸話だと考え，ここでは段落を分けた。

163　ここで「初夜」と訳した語は，直訳すると「床入りの夜（layla al-binā')」となる。「床入り」の完了を経て婚姻が正式に成立するという規定に準じた表現か。

164　ここで「張型」と訳した語は kīrinj。ペルシア語で男性器を意味する kīr［"kīr,"『新ペルシア語大辞典』］に，接尾辞がついたもの。

165　「緑のサッラーマ」の名前の説明を含め，この逸話については本書第三章 98 頁および注 15 も併せて参照。

166　フザーア（Khuzā'a）族については高野 2008: 53–54 を参照。

167　「狼藉者のルーティー」と訳した語は marada al-lāṭa。コルヴィルはおそらくこれを murd al-lāṭa と読み，a beardless young queer と訳している［Colville 2002: 229］。

168　qaṣīda. 前イスラーム期からの詩型のひとつで，同じ韻律の繰り返しを重視する。導入部（恋愛・自然描写など）と本体部分（賞賛・誹謗・風刺・教訓など）に分かれて，

彼女たちを専門に扱った著作『カイナの書』もある［“Ḳayna,” *EI*[2]; Beeston 1980］。本書第二章 67 頁も参照。

138　quṣṣāṣ. カーッス（qāṣṣ）は初期イスラーム時代に活動した，クルアーン解釈をもとにした宗教的な物語を語る説教師。時代が下るにつれ，民衆の教化よりも稼ぎを主目的とし，技巧を凝らして道端などで大衆向けのいかがわしい物語を話す者が増えていった［“oratory and sermons,” “story telling,” *EAL*;「語りもの」『岩波イスラーム辞典』］。

139　Abū Ḥazra. 既出の詩人ジャリールのことか。

140　コルヴィルによると，イスラームの伝統において，楽園を描写する際に「涼しくて広い（being cool and wide)」という表現が用いられる［Colville 2002: 230 n.10］。ここでの「涼しくて広い（al-bard wa-al-sa‘a)」という表現は，女性が（性行為の際に）情熱的でないことと，逸話 4 と同様，経験が豊富な女性器を表しているか。すなわち，アブー・ハズラが総督に気を使い，普通は楽園のよい描写に用いられる表現を使って，女性との性行為が「よくなかった」ことを当意即妙に表した逸話だと考えられる。あるいは単に「冷静で包容力があった」などと校訂的に訳せるかもしれない。

141　ラブーフ（rabūkh）は性行為中に，快感のあまり気絶するに至る女性のことを意味する。当時，性交の際に情熱的に快楽を表す女性は珍しく，男性に好まれたと言われている［“r-b-kh,” *Lisān*; Myrne 2020a: 60］。

142　‘Ā’isha bint Ṭalḥa, d. ca. 728. ムハンマドの教友タルハ（Ṭalḥa b. ‘Ubayd Allāh al-Taymī）の娘で，預言者最愛の妻アーイシャの姪。類稀なる名声と美貌で有名だったと伝えられる。イブン・マアマルは 3 人目の夫［“‘Ā’isha bt. Ṭalḥa,” *EI*[2]; *EI*[3]］。

143　‘Umar b. ‘Ubayd Allāh b. Ma‘mar al-Taymī, d. 701. メッカの僭称カリフ，イブン・ズバイルの弟ムスアブ・ブン・ズバイルに仕え，その武勇で活躍した。アブドゥル・マリクがムスアブを破った後は，ウマイヤ朝に協力した［“Ibn Ma‘mar,” *A‘lām*］。

144　Ḥubbā al-Madīnīya. フッバーは性愛にまつわる知識を豊富に持つ老婆のキャラクターとして，艶笑譚にしばしば用いられる人物。年代記にも描かれることがあるが，実在したかは不明［Shyraydi 2014: 286–287; Myrne 2015; Myrne 2020a］。

145　mughtalima. cf. “gh-l-m,” *Hava*.

146　‘Uthmān b. ‘Affān, d. 655. 第 3 代正統カリフ。在位 644–661 年。

147　‘umra. メッカへの巡礼。巡礼月に行われる「大巡礼（ḥajj)」と区別して，一般に「小巡礼」と呼ばれる。基本的には大巡礼と同様の義務が課されるが，巡礼月以外に行われ，また行われる儀礼も大巡礼の一部に制限される［「ウムラ」『岩波イスラーム辞典』］。

148　al-‘Arj. メッカ・メディナ間にあった水場［預言者ムハンマド伝: 1/532 n.25］。

149　ここで「激しく揺れ動くこと」と訳した語は rahaz［“r-h-z,” *Kazimirski*］。

150　逸話 11 と同様に性交の際にお互いが激しく情熱的なことを美点とする逸話。上記，アブー・ズィナードと甥との逸話も同様の趣旨か。

151　巡礼時に，メッカのカアバを巡回する儀礼。基本的には，黒石への接吻と祈願の後 7 周左方向にまわり，礼拝を行う［「タワーフ」『岩波イスラーム辞典』; Grunebaum 1951=2002: 40–44］。

118　本来詩が挿入される箇所であるが，写本では欠落している。
119　jānn.『リサーン・アル＝アラブ』によると家のなかに出る細くて小さな蛇の一種［“j-n-n,” *Lisān*］。
120　前イスラーム期の詩における女性美の描写については小笠原 1983: 168–180 などを参照。
121　こうした「揺れ動く歩き方」はしばしばムハンナスの特徴とも言われるものである。
122　以下タシュビーブの技法を用いた詩が続く。本書第二章 55 頁ならびに史料翻訳各所も参照。
123　‘Abd Allāh b. Muḥammad al-Aḥwas al-Anṣārī, d. 728–729. メディナのアラブ詩人。高貴な家系出身で，カリフの援助も受け作詩を行った。特に恋愛詩で有名［“al-Aḥwaṣ,” *EI*^{2}］。
124　iḥdawdaba. ḥ-d-b の XII 型［“ḥ-d-b,” *Lane*］。
125　当時の去勢者／宦官および『ジャーリヤとグラームの美点の書』における去勢者／宦官については本書第三章 92–93 頁および注 10 他を参照。『動物の書』における去勢者像については本書第二章注 40 も併せて参照。ここに見られるように，基本的に「ハスィー（khaṣī (pl. khiṣyān)）」と呼ぶと，去勢された者全般を指し，「ハーディム（khādim (pl. khuddām)）」と呼ぶと「宦官」のように宮廷などに仕える去勢者を指す傾向にあるように思われる。辻 2018 も参照。
126　以下，去勢者については『動物の書』の去勢者に関する項目［*Ḥayawān*: 1/106–177］と重複した内容が多いが，『ジャーリヤとグラームの美点の書』のみに見られる情報もある。
127　fuḥūl. しばしば，去勢者と対比して「普通の」男を指す際に用いられる語［cf. 佐藤 1993: 75］。
128　この逸話については本書第三章 93 頁および注 13 も参照。
129　以下，［一．］から［二八．］までの逸話番号は，本書で底本とした刊本の校訂者ハールーンが付したもの。写本には記されていないが，利用の便を考え，翻訳中にも［　］で記した。なおペラによる校訂では冒頭からすべての段落ごとに番号が振られており，また逸話の区分も，ハールーンによるものと異なる箇所も多い。
130　「二つの鐘」とは女性の胸の喩えだと思われる。
131　ṭabarzīn. cf. “ṭabarzin,”『新ペルシア語大辞典』。
132　この逸話については，本書第三章 89 頁および注 8 も併せて参照。
133　言葉通りに取れば，「ルーティー」とされる詩人が，受動側も指向していたというように描かれている。
134　ここで「狭さ（ḍīq）」「窮屈な思いをさせる（ḍayyaqa）」と訳した語はそれぞれ，「困窮」「貧しくさせる」，「退屈」「退屈させる」とも訳せるが，ここでは話の落ちとして，自身の女性器の広さ（経験の豊富さ）が嫌われていると女性自らが語っている話だと理解できる。
135　この逸話については本書第三章 95 頁も参照。
136　この逸話については本書第三章 95 頁も参照。
137　カイナ（qayna, pl. qiyān）は特に，酒宴などの集い（majlis）にも同席し，音楽や話術，性的な行為によって男を楽しませるための技術を持った女奴隷。ジャーヒズには

102 バスラ（Baṣra）とクーファ（Kūfa）はいずれもイスラーム拡大の重要な拠点として設営されたイラク南部の都市。両者は文法学をはじめ諸学問で各々の学派を形成するなど，ライバル的関係で知られていた。

103 al-Aḥnaf b. al-Qays, d. 686. バスラのタミーム族の貴顕，指導者。スィッフィーンの戦いではアリー側で参戦。第二次内乱では，イブン・ズバイル側としてムフタールの乱を収めるなどの活躍を見せた［諸国征服史: 2/ 210–216, 452 n.51］。

104 Abū Ghassān Mālik b. Misma‘, d. 692. ラクダの戦いなどに参加したバスラの有力者［“Mālik b. Misma‘,” *A‘lām*］。

105 Qutayba b. Muslim, d. 715. カイス・アイダーン族，アアスル族の下位氏族バーヒラ族出身。ウマイヤ朝の指揮官ハッジャージュ（al-Ḥajjāj, d. 714）に任命され，ホラーサーン総督を務める。中央アジア征服を指揮し活躍した。ハッジャージュの死を契機に，ウマイヤ朝第7代カリフのスライマーン即位後，反乱を起こすも失敗し殺害される［「クタイバ」『岩波イスラーム辞典』; 高野 2008: 43］。

106 al-Muhallab b. Abī Ṣufra, d. 702–703. バスラのアズド族出身。ハッジャージュに任命され，ウマイヤ朝のホラーサーン総督を務める。アズド族を引き連れてホラーサーン入植後もタミーム族やカイス族，ラビーア族などとの抗争が続いた［“al-Muhallab b. Abī Ṣufra,” *EI*^{2}; 高野 2008: 52–53］。

107 Mikhnaf b. Sulaym al-Azdī, d. 656. アリーに従い，ラクダの戦いなどにも参加したクーファの人物。教友としてハディースも残している［“Mikhnaf b. Sulaym,” *A‘lām*］。

108 アズド・サラート（Azd al-Salāt）族とアズド・オマーン（Azd ‘Umān）族については高野 2008: 50–53 を参照。

109 Yazīd b. al-Muhallab, d. 720. ムハッラブ・ブン・アビー・スフラ（本訳注注 106 を参照）の息子。父の死後ホラーサーン総督を継承し，その後もウマイヤ朝政権とのかかわりのなかで活躍した［“Muhallabids,” *EI*^{2}］。なお校訂では誤って Yazīd b. b. al-Muhallab と表記されている。

110 バーヒラ（Bāhila）族については高野 2008: 42–43 を参照。

111 Asmā’ b. Khārija al-Fazārī, d. 686. ハッジャージュに仕えたクーファの人物。多くの伝承で寛大な人物として伝えられる［“Ibn Khārija,” *A‘lām*］。

112 いずれも，バスラの著名な人物。

113 Mu‘āwiya b. Abī Sufyān, d. 680. ウマイヤ朝初代カリフ。在位 661–680 年。

114 ‘Amr b. al-‘Āṣ al-Sahmī, d. 663. クライシュ族出身の教友。第2代正統カリフ，ウマルのもとでエジプト征服を成功させ名声を博した［“‘Amr b. al-‘Āṣ,” *EI*^{2}］。

115 校訂者のハールーンの注釈によると，アッバース朝期に賞賛詩で活躍した，放蕩で知られる詩人サルム・ハースィル（Salm b. ‘Amr al-Khāsir, d. 802）のこと［*Mufākhara*: 120 n.1; “Salm al-Khāsir,” *EI*^{2}］。

116 ここで「素股」と訳した語は tafkhīdh［“f-kh-dh,” *Lane*］。

117 maḥāshsh. 校訂本の注によると，比喩的に男性の尻を表す［*Mufākhara*: 120, n.3］。『リサーン・アル＝アラブ』によると，糞のある場所（mawāḍi‘ al-ghā’iṭ）に由来して ḥushūsh，尻（adbār）に由来して maḥāshsh という呼び方があったという［“ḥ-sh-sh,” *Lisān*］。

は脚であろう。本書第二章 56 頁も参照。

84　調子不明。

85　アブー・ヌワースについては本書序章注 2 ならびに第一章 36-37 頁他を参照。

86　アブー・ヌワースの詩における，祝日としての日曜日や十字架の印などキリスト教の表象と酒との関係については Montgomery 1996 などを参照。

87　塙治夫も同詩を和訳している［アブー・ヌワース（塙訳）: 29-30］。赤いもの（ḥamrā'）は葡萄酒の典型的な比喩。

88　黄色いもの（ṣafrā'）は熟成された酒の典型的な比喩。

89　塙治夫も同詩を和訳している［アブー・ヌワース（塙訳）: 14-16］。アスマー（Asmā'）は，上述のヒンド同様，ムラッキシュ（Muraqqish）との恋人関係で有名な詩人。

90　この文言は写本にはないが，文脈より補った。

91　Abū Isḥāq Ibrāhīm b. Sayyār b. Hāni' al-Naẓẓām, d. ca. 845. ムウタズィラ派の神学者で，ジャーヒズの思想面での師と言われる人物。819 年以降はマアムーンの宮廷にも出入りするようになる。作品はほとんど残っていないが，アブー・ヌワースを賞賛しており，彼同様酒や少年を称揚する詩を詠んだと言われている［"al-Naẓẓām," *EI*^{2}］。

92　juḥr. 一般には穴や動物の巣穴を意味するが，「外陰部（vulva, pudendum）」の意味もある［"j- ḥ-r," *Lane*］。ここでも女性器の比喩だと考えられる。次の詩も同様。

93　ここで「髪を短く刈り込んだ女性」と訳した語は maṭmūma［"ṭ-m-m," *Lane*］。

94　詩人 Yūsuf b. al-Ḥajjāj al-Ṣayqal (d. 810) のこと。顔面神経麻痺を患っていたことから al-Laqwa のあだ名でも呼ばれた。アブー・ヌワースの弟子とも言われ，彼同様，公然と同性との性愛にまつわる詩を詠んだことで知られる［*Mufākhara*: 112 n.1; "Ibn al-Ṣayqal," *A'lām*］。

95　リワートを書記（kātib）に特徴的な性質とする言説は，近い時代の他の史料にも見られることがある。例えば『歌書』にも，当時の宰相イブン・ザイヤートのもとに出廷したある侍従（ḥājib）が，そこに美しいグラームがいるのを見て語ったという，同じ詩が掲載されている［*Aghānī*: 23/58］。

96　ムフサン（muḥṣan）は成人済みの理性を備えた自由人ムスリム。詳細は本書序章注 20 を参照。

97　ムフサンと姦通罪については本書序章注 21 を参照。

98　調子不明。

99　本訳注内ではガザル（ghazal）を「叙情詩」，ナスィーブ（nasīb）を「恋愛詩」と訳している。

100　Abū Ḥazra Jarīr b. Aṭīya b. al-Khṭafa b. Badr, d. ca. 728. 7 世紀後半から 8 世紀前半にウマイヤ家の保護を受けて活躍した詩人。ファラズダク，アフタル（al-Akhṭal）と並ぶ三者は特に有名で，互いに誹謗詩の応酬を通したライバル関係にあったと言われている［"Djarīr," *EI*^{2}; 岡崎 2009: 302-303］。本書第二章注 9 も併せて参照。

101　Abū Sa'īd 'Umayr b. Shuyaym b. Amr al-Taghlibī al-Quṭāmī, d. 719-720. ウマイヤ朝期の詩人。キリスト教徒からの改宗ムスリム。特にカスィーダ（本訳注注 168 を参照）で有名［"al-Quṭāmī," *EAL*］。

旧約聖書によると，ダビデには少なくとも 7 人の妻がおり「聖書: 歴代誌上第 3 章」，サムエル記の記述なども含めると，18 人以上の妻と側室がいたとされる。またソロモンには 700 人の妻と 300 人の側室がいたとされ［聖書: 列王記上第 11 章 3 節］，当該箇所はこれらのことを踏まえた描写だと思われる。

70　‘Abd Allāh b. Mas‘ūd, d. 652–653. 著名な教友で，最初期のムスリムのひとり。征服活動や統治においてもムハンマドに近い立場で活躍した。多くのハディースを伝えている［“Ibn Mas‘ūd,” *EI*²］。

71　ガザーリーの『婚姻作法の書』（本書第二章 80 頁を参照）に同様の伝承が掲載されている［婚姻作法の書: 40］。

72　Mu‘ādh b. Jabal, d. 639. バドルの戦いなどにも参加した初期の教友。法学にも精通し，イエメンの総督なども務めた［諸国征服史: 1/136–138, 456 n.254］。

73　『婚姻作法の書』に同様の伝承が掲載されている［婚姻作法の書: 40］。

74　‘Umar b. al-Khaṭṭāb, d. 644. 第 2 代正統カリフ。在位 634–644 年。

75　『婚姻作法の書』に同様の伝承が掲載されている［婚姻作法の書: 40, 54］。

76　当該ハディースは，イブン・マージャの『スナン』などに掲載されている［*Ibn Māja*: 1861］。「若い処女」と訳した語は abkār shawābb である。婚姻作法の書: 91 も併せて参照。

77　「子を産むこともない（lā tabīḍ）」の bāḍa は本来，動物が卵を産むことを意味するが，ここでは「月経がこない（lā taḥīḍ）」と韻を踏むためにあえてこの語を用いていると考えられる。

78　ジャミールは 7 世紀に活躍した有名な詩人。彼が恋人ブサイナに詠んだとされる恋愛詩は，様々な逸話とともに純粋な愛の理想的な形を表すものとして多くの逸話集や詩集に採用された。本書第二章注 7 を参照。

79　ジャミールを含め，ここに挙げられた名前はいずれも，全て 8 世紀前半までに活躍した男性の詩人と，その恋人として有名な女性［cf. 堀内 1977a: 236–239; 1977b: 264］。各詩人の詩は逸話とともに恋人同士の理想像として様々な史料に挙げられる。例えば，ジャーヒズの作品では『カイナの書』にも同様の文脈でこれらの人名が挙げられている［*Qiyān*: 5］。

80　khadam. アヤロンは，後述の「あなたは去勢者について，その姿の美しさや恵まれた肌，そして彼らとの快楽について語り，それは古代の者たちが知らなかったことだと述べた」［*Mufākhara*: 123］という文言の，該当箇所がこの部分であるとして，この語が「宦官（eunuch）」を意味していると主張している［Ayalon 1999: 257–259］。

81　野営地の暮らしを詠む詩は前イスラーム期の詩の定型のひとつであった。

82　グラームの体型の比喩。ここで「若枝」と喩えられるのはほっそりとした体つき，「満月」と喩えられるのは丸い顔，「腰に砂丘」と喩えられるのは尻の大きさであろう。同様の比喩は以下に挙げられる詩でも頻出する。これも一種のタシュビーブと言える。本書第二章 55 頁も参照。

83　上と同じく，グラームを羚羊（ẓaby）に喩え，羚羊の白い産毛（sawālif udmān）は髭が生える前の状態を表している。「砂場」と喩えられるのは尻で，「枝」と喩えられるのはほっそりとした体つき，「砂場の下」にある「2 本の柳の小枝」と喩えられるの

じめ多くの教友から学んだと伝えられる人物。クルアーン解釈で有名［"Mudjāhid b. Djabb al-Makkī," *EI*2］。

55 『熱愛への非難』やイブン・アビー・ドゥンヤーの『楽器への非難』（本書第二章 80 頁を参照）に同様の伝承が掲載されている［*Dhamm*: 212; *Malāhī*: 60–61］。

56 『熱愛への非難』や『楽器への非難』に同様の伝承が掲載されている［*Dhamm*: 213; *Malāhī*: 61］。

57 al-Ḥakam b. ʻUtayba, d. 733. クーファの法学者，伝承家［諸国征服史: 1/48, 435 n.56］。

58 『熱愛への非難』に同様の伝承が掲載されている［*Dhamm*: 212］。

59 Abū Ḥamza Anas b. Mālik, d. between 709–711. 幼少期よりムハンマドに仕えていた教友。最も多くのハディースを伝えたとされる人物のひとり［"Anas b. Mālik," *EI*2］。

60 本書第四章 97 頁参照。

61 Umm Salama Hind bt. Abī Umayya b. Mughīra, d. after 679. マフズーム（Makhzūm）族出身。夫が戦死後にムハンマドの妻のひとりとなった。再婚や未亡人にまつわるハディースに多く登場する［"Umm Salama Hind," *EI*2］。

62 al-Ṭā'if. メッカの東南，リヤドとの間に位置する高地の街。前イスラーム期よりサキーフ（Thaqīf）族の本拠地で，商業上の要所として知られていた。メッカ征服後もイスラームに敵対し，629–630 年に征服された。ムハンマド一行がサキーフ族と戦ったフナインの戦いとその後のターイフ包囲・征服，サキーフ族改宗の状況については，『預言者ムハンマド伝』や『諸国征服史』に詳しい［"al-Ṭā'if," *EI*2; 諸国征服史: 1/110–117; 預言者ムハンマド伝: 3/301–458］。

63 Bādiya bt. Ghaylān. サキーフ族の著名な詩人ガイラーン・ブン・サラマ・サカフィー（Ghaylān b. Salama al-Thaqafī）の娘。サキーフ族はクライシュ族と共に商業活動も行っていたため，ガイラーンはアブー・スフヤーンらとも親交があったが，ターイフ征服後に彼らと共に改宗した［"Ghaylān b. Salama," *Aʻlām*; "al-Ṭā'if," *EI*2］。

64 これにまつわるハディースは，各種ハディース集［*Ibn Māja*: 1902, 2614; *Abū Dā'ūd*: 4929; *Muslim*（ムスリム）: 2180 (3/244) ; *Bukhārī*（ブハーリー）: 5887 (5/284)］に掲載されている。本書第四章 109 頁を参照。

65 「シャイターン（Shayṭān）」はクルアーンにおいて神と人間の中間的存在として登場するサタン（悪魔）のこと。「イブリース（Iblīs）」はクルアーンの内容から，固有名詞でシャイターンたちを従える頭目と考えられることもあるが，ここでは各々が並列して用いられている［「シャイターン」『新イスラム事典』］。

66 当該ハディースは，ブハーリーの『サヒーフ』などに掲載されている［*Bukhārī*（ブハーリー）: 5096 (5/22)］。

67 当該ハディースは，イブン・マージャの『スナン』などに掲載されている［*Ibn Māja*: 1846］。

68 当該ハディースは，ブハーリーの『サヒーフ』やムスリムの『サヒーフ』など多くのハディース集に，同様の内容のものが掲載されている［*Bukhārī*（ブハーリー）: 5246 (5/75); *Muslim*（ムスリム）: 2656 (3/580)］。

69 ダビデの息子ソロモンはアラビア語ではスライマーン（Sulaymān）。ダビデ同様，旧約聖書とも共通してクルアーンに登場する預言者。クルアーンには記述がないが，誹謗，飲酒，追い剝ぎ，窃盗がハッド刑の対象となる［堀井 2004: 61–62］。

39　本文該当箇所は，一般に「曖昧性（shubha）の法理」と呼ばれるイスラーム法の原則を踏まえた記述。預言者ムハンマドが「曖昧性がある場合にはハッド刑の執行を回避せよ」と語ったというハディースに帰されるもので，立証されればハッド刑という重い罰が科せられる姦通罪に関しては，安易な成立を妨げるために定められた原則［柳橋 2001: 159–162］。本文ではクルアーン第 4 章 15 節や第 24 章 6 節の記述に基づき，立証に二人の証人を必要とする他の重罪と違って，姦通に関しては例外的に 4 人の証人が必要となることを例として挙げている。

40　当該ハディースは，同内容のものがティルミズィーの『スナン』などに掲載されている［*Tirmidhī*: 2545］。

41　Maymūn b. Qays al-A‘shā, d. after 625. カイス・ブン・サアラバ（Qays b. Tha‘laba）族出身の前イスラーム期に活躍した詩人で，特に飲酒詩で有名［“al-A‘shā,” *EI*²］。

42　Imru’ al-Qays b. Ḥujr, d. ca. 550. 前イスラーム期の半伝説的な詩人で，多くの逸話が残されている。次注のアルカマ・ブン・アバダと競い合う仲であったと伝えられる，優れた詩人［“Imru’ al-Ḳays b. Ḥudjr,” *EI*²; “Imru’ al-Qays,” *EAL*］。本書第二章注 6 も参照。

43　‘Alqama b. ‘Abada al-Faḥl. 6 世紀半ばに没したと伝えられる，タミーム（Tamīm）族出身の前イスラーム期の詩人。先に登場したイムルウ・カイスと競い合う仲であったと言われる［“‘Alqama ibn ‘Abada,” *EAL*］。

44　当該ハディースはナサーイーの『スナン』などに掲載されている［*Nasā’ī*: 3939, 3940］。

45　ダビデとヨセフは，アラビア語ではダーウード（Dāwūd）とユースフ（Yūsuf）。いずれも旧約聖書とも共通してクルアーンに登場する預言者。ユースフは聖書と同様，女性に誘惑される物語がクルアーンにも描かれており［聖書: 創世記第 39 章; クルアーン: 第 12 章］，そのイメージから後代には恋愛叙事詩『ユースフとズライハ（*Yūsuf Zulaykhā*）』などのモチーフとなった。ダビデとその妻については本訳注注 69 を参照。

46　クルアーン第 17 章 32 節。

47　クルアーン第 25 章 68–69 節。

48　クルアーン第 24 章 2 節。

49　イブン・ジャウズィーの『熱愛への非難』（本書第二章 80 頁を参照）に同様の伝承が掲載されている［*Dhamm*: 212］。

50　Khālid b. al-Walīd al-Mughīra al-Makhzūmī, d. 642. 7 世紀初期征服期の軍司令官。改宗後は「神の剣」の異名で知られるように，各地を歴戦した。特にシリア征服で活躍したとされ，なかば伝説的な存在として伝えられている［“Khālid b. al-Walīd,” *EI*²］。

51　『熱愛への非難』に同様の伝承が掲載されている［*Dhamm*: 212］。

52　Hishām b. ‘Abd al-Malik, d. 743. ウマイヤ朝第 10 代カリフ。在位 724–743 年。逸話 19 にも登場している。

53　Khālid b. ‘Abd Allāh al-Qasrī. ウマイヤ朝に最初期から仕え，ヒシャーム治世期にはその大部分を通してイラク総督を務めた［“Khālid b. ‘Abd Allāh al-Ḳasrī,” *EI*²］。

54　Abū al-Ḥajjāj Mujāhid b. Jabr al-Makkī, d. between 718–722. イブン・アッバースをは

いない。

25 原語は ṣāḥib al-ghilmān である。直訳すると「グラームたちを友とする男」「グラームたちの所有者」などとなるが，本書では「支持者」を表す意味上「グラーム贔屓の男」と訳した。以下しばらく「ジャーリヤ贔屓の男（ṣāḥib al-jawārī）」とのやり取りのなかで話が進む。

26 ghulāmīya. ここでは「異性装」としてのグラーミーヤというよりは，ニスバ形容詞で「〜的な」の意味でとった。

27 本書第三章 116 頁も併せて参照。

28 原語は「ムラーヒクとフルムの間（bayna al-murāhiq wa-al-ḥulum）」の年齢。「ムラーヒク」は成年間近の者，「フルム」は性的成熟を迎えた成年をそれぞれ指すが，具体的な年齢や定義は各法学派によっても異なる［小野 2019: 27-65］。

29 sāqīya. 酌人（sāqī）は，一般的に宮廷の酒宴などで美少年が務め，しばしば恋愛詩に詠まれる対象となった。こうした詩や文学作品において彼らが扱われる際には，男女の別が曖昧な佳人・麗人として描かれ，オスマン朝期には複数の「酌人の書」も書かれた［“sāḳi,” *EI*^{2}; 宮下 2008］。

30 Abū Usāna Wāliba b. al-Ḥubāb al-Asadī, d. before 796. アッバース朝初期のアラブ詩人。クーファ出身で特に恋愛詩の名手として知られた。アブー・ヌワースの師としても有名で，彼と性的な関係にあったとも言われるが，アブー・ヌワースの詩からの連想で後代に創造された逸話の可能性も高く，真偽は定かでない［“Wāliba b. al-Ḥubāb,” *EI*^{2}; Massad 2007: 76-94］。

31 mīrāsīya. ローゼンタールはこの語を不明としながらも，相続権を得た女性，すなわち合法的な婚姻契約を結んだ女性を意味すると推測している。一方，ローソンは主人に所有権が引き継がれた女奴隷を指していると推測している［Rosenthal 1997: 47 n.25］。

32 ‘Ukkāsha b. Miḥṣan al-Asadī, 633. バドルの戦いなどにも参加した初期からの信者。アラビア半島各地への遠征にも参加した［“‘Ukkāsha b. Miḥṣan,” *A‘lām*; 諸国征服史: 1/188-190, 469 n.22］。

33 クルアーン第 52 章 24 節。ここで「小姓」と訳されている語は，グラームの複数形のギルマーン（ghilmān）。

34 クルアーン第 56 章 17-18 節。ここで「永遠の少年たち」と訳されている語は一般に少年を意味するウィルダーン（wildān）。

35 al-ḥūr al-‘īn. クルアーン第 44 章 54 節など楽園について描かれた箇所に由来する，敬虔な者への報奨に与えられるとされる美しい乙女［「フーリー」『岩波イスラーム辞典』］。

36 クルアーン第 4 章 15 節。

37 mīl mukḥula. クフルとは中東地域で伝統的に用いられた硫化アンチモン（antimony sulphide）からなる染料の粉で，化粧として目元に色や陰影をつけるために用いられた。mukḥula はクフルを入れておく容器のこと［“al-kuḥl,” *EI*^{2}］。

38 ハッド刑（ḥadd）は，クルアーンに明記あるいは明確な解釈によって定められた公益侵害の罪に科される，量刑の変更の認められない極めて重い刑罰。請求権者が神とされる点で，殺人や傷害といった他の重罪とは区別される。具体的には，姦通，姦通

14　当該ハディースは，ブハーリーの『サヒーフ』などに掲載されている［*Bukhārī*（ブハーリー）: 4072 (4/137)］。「陰核切り（muqaṭṭi‘a al-buẓūr）」は女子割礼を行う女性のことを意味しており，その息子であるという表現が侮辱語として用いられている［cf. 池田 1977: 130］。

15　当該ハディースは，各種ハディース集に掲載されている［*Ibn Māja*: 1932; *Muslim*（ムスリム）: 1433 (3/244); *Bukhārī*（ブハーリー）: 5825 (5/81–82); *Tirmidhī*: 1118; *Nasā’ī*: 3283, 3411］。ここで「服の房飾り（hudba al-thawb）のようなもの」とあるのは，陰茎の小ささを表す隠喩表現。この作品では後半でも，陰茎が大きいという触れ込みで結婚した男性が，その実，「房飾り（zirr）のようなもの」しか持っていなかったことが話の落ちとなる逸話が掲載されている［*Mufākhara*: 133］。ここでは陰茎の小ささを理由に離婚を希望するリファーアの妻の要求が退けられているが，性交が不能なほどの性的不能や性器の欠損，去勢されていることは夫側の瑕疵として婚姻解消請求の要件となりえた［柳橋 2001: 412–426］。またここでの「蜜（‘usayla）を楽しむ」という表現は，性交を完了することを意味している。これは，夫が妻を離縁した場合，床入りの完了によって後夫との婚姻を成立させた後に婚姻を解消するという手続きを踏まなければ，前夫との復縁はできないという規定の根拠となるハディースである［柳橋 2001: 147–148］。「床入り」の完了を経て婚姻が正式に成立するという規定についても柳橋の研究を併せて参照［柳橋 2001: 27–28, 74］。

16　‘Ā’isha bt. Abī Bakr, d. 678. アブー・バクルの娘で預言者ムハンマドの第三の妻。最愛の妻であったと言われ，多くのハディースを伝えた［“‘Ā’isha bint Abī Bakr,” *EI*^{2}］。

17　‘Urwa. 伝承経路から，‘Urwa b. al-Zubayr (d. ca. 712) のことだと思われる。メッカの僭称カリフ，イブン・ズバイルの弟。主にメディナで活動し多くのハディースを伝えている［預言者ムハンマド伝: 1/542 n.1］。

18　Abū Bakr Muḥammad b. Muslim al-Zuhrī, d. 742. ウマイヤ朝期に活動したハディース学者。イスラーム史上初めて本格的にハディースの収集・記録を行い，彼に帰される多くの伝承が伝えられている［「ズフリー」『岩波イスラーム辞典』］。

19　Ma‘mar. 伝承経路から，バスラからイエメンに移って活動したハディース伝承者の Ma‘mar b. Rāshid (d. 770) のことだと思われる［“Ma‘mar b. Rāshid,” *A‘lām*］

20　Ibn al-Mubārak ‘Abd Allāh b. ‘Abd al-Raḥmān al-Ḥanẓalī, d. 797. 商人として各地を回りつつ，アブー・ハニーファを含む多くの師のもとで学問を修めた。特に法学者として有名で，多くの伝承を集めたことでも知られる［“Ibn al-Mubārak,” *EI*^{2}］。

21　Abū Ja‘far Muḥammad b. Ḥāzim b. ‘Amr al-Bāhilī. 8 世紀終わりから 9 世紀初めにかけて活躍した，アッバース朝期の著名な風刺詩人。没年含め個人的な情報の多くが不明であり，およそ 400 編の詩が残っているのみである［“Muḥammad b. Ḥāzim b. ‘Amr al-Bāhilī,” *EI*^{2}］。

22　Abū al-Zinād ‘Abd Allāh b. Dhakwān al-Qurashī, d. 748. メディナの法学者で，信頼できるハディースの伝承者と伝えられている［“Abū al-Zinād,” *A‘lām*］。

23　ankhiru. cf. “n-kh-r,” *Lane*. 喘ぎ声をあげてしまうということか。

24　これら「ムナーザラ（munāẓara）」と呼ばれる「論争文学」については本書第二章注 34 を参照。ジャーヒズの『冬と夏』と『山羊と羊』はいずれも現存が確認されて

3　本書第一章43頁およびMyrne 2020a: 143–165を参照。
4　本書第五章注18を参照。
5　本書第一章43頁を参照。

史料

1　アラブ詩は基本的に詩の行末の文字を同じものとして音を揃える押韻と，子音と母音の組み合わせで調子を取る韻律からなる。本訳注内で示した韻律は以下の通り。震調（rajaz），速調（sarīʻ），完調（kāmil），豊調（wāfir），顫調（mazaj），歩調（mutaqārib），長調（ṭawīl），拡調（basīṭ），流調（munsariḥ），走調（ramal），伸調（madīd），軽調（khafīf），断調（mujtathth）。
2　「真面目と冗談（al-jidd wa-al-hazl）」の技法については，本書第二章注39を参照。この作品中でも，語っている内容がそのどちらに属するかが常に意識されている。本書第三章注3を参照。
3　Abū al-Dardāʼ al-Anṣārī al-Khazrajī, d. 652. 多くのハディースを伝えている教友のひとり［“Abū ʼl-Dardāʼ,” *EI*[2]］。
4　ʻAlī b. Abī Ṭālib, d. 661. 第4代正統カリフ。在位656–661年。
5　Abū ʻAmr ʻĀmir b. Sharāḥīl al-Shaʻbī, d. 721–728. 多くのハディースを伝えたことで有名なクーファの法学者［“al-Shaʻbī,” *EI*[2]］。
6　ʻAbd Allāh b. al-ʻAbbās, d. ca. 687/8. ムハンマドの従兄弟であり，クルアーン注釈学の父とも言われる著名な学者［“ʻAbd Allāh b. al-ʻAbbās,” *EI*[2]］。
7　muḥrim. 巡礼時に自ら意思を表明し，身を清めて清浄で神聖な状態（イフラーム）にある者のこと。この状態にある場合，あらゆる違反は他の方法で償うことができるが，性交のみが例外で，行った場合，巡礼は無効になるとされる［“iḥrām,” *EI*[2]; Grunebaum 1951=2002: 38–39］。
8　本訳注注102参照。
9　フダイビヤ（al-Ḥudaybiya）はメッカ郊外の中規模な村。629年3月にムハンマドとメッカ市民との間でフダイビヤの和議が結ばれ，翌年からムハンマドがメッカ巡礼を行ったことや10年間の休戦が約束された地として有名［“al-Ḥudaybiya,” *EI*[2]］。「フダイビヤの日」はこの休戦交渉がなされた日を指す。
10　Abū Bakr al-Ṣiddīq, d. 634. 初代正統カリフ。在位632–634年。
11　Budayl b. Warqāʼ al-Khuzāʻī. フザーア族の長で初期の改宗者。当該箇所は，フダイビヤの和議のきっかけとなった，628年にメッカ巡礼に来たムハンマド一行に対して，メッカに入ろうとすれば，クライシュ族が彼らを迎え撃つ準備をしていると伝えた際のことを指すと思われる［“Budayl b. Warqāʼ,” *EI*[3]］。
12　al-Lāt. 前イスラーム時代に崇拝された多神教の女神。当時よく知られており，マナート（Manāt），ウッザー（al-ʻUzzā）と合わせて三大女神と称された［“al-Lāt,” *EI*[2]］。
13　Ḥamza b. ʻAbd al-Muṭṭalib, d. 625. ムハンマドの父方の叔父にあたる人物。勇猛な戦士として知られ，特にバドルの戦いでは多大な活躍を見せたが，次年のウフドの戦いで殺された［“Ḥamza b. ʻAbd al-Muṭṭalib,” *EI*[2]］。

「男は彼のなかで射精し（始め）た」すなわち「彼を犯した」と訳した。

16　ここで「あばずれ」と訳した語は baẓrā’である。baẓr は陰核を意味し，baẓrā’と言うと，（長い）陰核を持つ者，すなわち女子割礼を受けていない女性を意味した［“b-ẓ-r,” *Lane*］。ここでは，性的快感を得ることを奪われていない者であることを強調した罵倒語として，このように訳した。

17　ビガー／バッガーの関係と同様，ウブナはマアブーンが持つ心的性質を意味した。詳細は本書第五章を参照。

18　処刑の状況についてはタバリーの年代記やタヌーヒーの逸話集など，多くの史料に伝えられている［*Ta’rīkh al-Ṭabarī*: 9/107–110; *Nishwār*: 1/17］。

19　ムタワッキルの腹心として知られるトルコ系の廷臣。ムタワッキル暗殺時の活躍で知られるが，例えば『修道院の書』には彼がムタワッキルの宦官を愛し，歌を詠む姿も描かれる［*Diyārāt*: 6］。ムハンナスと対をなす男らしさを有する人物としてのファトフが，ルーティーとして描かれている点は注目に値する。

20　1274 年完成とされるイブン・ハッリカーンの人名録，『名士の逝去』のイフサーン・アッバースによる校訂版においても，アッバーダはムタワッキルの項目に登場し，それと関連づけられる形で，基本的な情報と二つの逸話が伝えられている［*Wafayāt*: 1/355］。しかし，イブン・ハッリカーン自身が序文に記すように，この著作は本来カリフなどすでによく知られていた人物は取り上げない方針であり［*Wafayāt*: 1/20］，また確認できた 13 点の写本のうち，ムタワッキルの項目が記される写本は比較的新しい 2 点のみである。よって『名士の逝去』原文に当該項目が存在した可能性は低いと判断し，本書ではこの記述を取り上げなかった。

21　例えば「彼女は 1ヶ月彼と共にいたにもかかわらず，子を身籠った」という一文の後で，アッバーダに責められた妻が「あなたは私の上で，他人の酵母を捏ねたのだ」と機転の利いた答えを返すという逸話がある［*Ḥadā’iq*: 95］。アッバーダはこの逸話の他，本文に引用した箇所を除き 3 箇所に登場している［*Ḥadā’iq*: 94, 139, 162–163］。

22　トゥンブール（ṭunbūr）とは現在一般には長棹の弦楽器を指すが，時代や地域によっては太鼓を意味し，ハディースでは酒や偶像と並んで否定的な文脈で登場する［新井 2015: 95–98］。ムハンナスは歴史上音楽文化と関係が深く，太鼓（duff, ṭabl）と共にトゥンブールは，彼らが用いる楽器の典型と認識されていた［Rowson 2003: 61, 70 n.44］。ガザーリーは丸太鼓（kūba）の禁止を，ムハンナスを想起させるためだと説明していた［岡﨑 2016: 81］。なお，同じ逸話を伝える後代の史料では，当該箇所は「太鼓（ṭabl）や笛（nāy）」と記される［*Ṣimṭ*: 3/469］。

23　ムハンナスと音楽・楽器演奏との結びつきについては，特に Nielson 2021 ならびに本書第四章を参照。

終章

1　ローソンやルアイヘブが，ムハンナスを一種のサブカルチャーとして捉える可能性について言及していた。詳細は本書第一章 48 頁を参照。

2　先述の通り，後代の逸話集には彼の父親が宮廷料理人であったために，彼も料理人として雇われていたという記述があるが，真偽は不明。詳細は本書第六章注 3 を参照。

7　イブン・タイフールは当時の政権とはかかわりを持たず，書籍市場で活動していた。そのため，宮廷の有力者に向けて著述を行ったジャーヒズやイブン・クタイバとは異なる視点から，比較的自由な著述が可能だったと言われている［Toorawa 2005: 3, 128–129］。

8　一例として次のものが挙げられる。「アッバーダは『あなたの姉は夫から何を相続したのか？』と尋ねられ，『3ヶ月と10［日］の猶予を』と答えた」［*Ajwiba*: 183］。これは，クルアーン第2章234節を根拠とした懐胎していない寡婦に対する待婚期間の法学規定［柳橋 2001: 293］をもとに，姉婿が資産を残さなかったことを揶揄するやり取りである。なお法学規定上の待婚期間は4ヶ月と10日間であり，同じ逸話を伝える後の史料では「4ヶ月と10［日］の猶予」とある点からも［*Wafayāt*: 1/355］，3ヶ月とあるのは誤記だと思われる。

9　バラドとモスルの間にあった実在の修道院であり，ヤークート（Yāqūt, d.1229）も『諸国集成（*Mu'jam al-Buldān*）』に項目を立てている［*Buldān*: 2/587–588］。それによると，この修道院は二つの連山を通る谷間の入り口付近に位置しており，ティグリス川を見下ろす風光明媚な地にあった。シャイターン（悪魔）という名称は，ムスリムから見て当時の修道院が，飲酒という誘惑に関連するものだったことに由来する。

10　マアムーンがムウタズィラ派神学を公式教義として採用して以降行われた異端審問。クルアーン被造物説をはじめ，派の信条に反する者に厳しい処罰が行われた。ムウタスィムとワースィクの治世下でも実施されたが，ムタワッキルが廃止した。実際の信条は不明だが，この逸話では召喚されたアッバーダが「もしワースィクが私を試す（ミフナを行う（imtaḥana-nī））ならば，私は殺されるだろう」と困惑する描写がある［*'Uqalā'*: 37］。

11　ムウタズィラ派のクルアーン被造物説を前提とした逸話。アッバーダは，「全ての被造物は死ぬ」のだとすればクルアーンも死ぬはずだと言い，「もしクルアーンがシャアバーン月に死んでしまったら，ラマダーン月には誰が礼拝で人々を指導するのでしょうか」と愚かなふりをして機転の利いた言い逃れを行う［*'Uqalā'*: 37］。

12　9世紀に活躍したムハンナスの詩人と伝えられる人物。リワートに関する中傷詩を多く詠んだことで知られる。また彼自身がリワートを行う者であったという記述もあるなど，情報に混乱が見られる。これは中傷を通して，性的役割にかかわらず「同性愛者」としてのレッテルが形成される過程とも考えられる。イブン・アッバードにまつわる言説の検討も含め，詳しくはラグランジュの研究を参照［Lagrange 2008］。

13　筆者が参照した校訂本においては各章におよそ83個，47個，20個の逸話が含まれる［*Durr*: 5/277–292, 293–301, 302–306］。

14　髭は明確な男性性の象徴であり，それを剃ることは自ら成人男性性を手放すためのムハンナスに典型的な仕草であったことについては，特に本書第三章92頁を参照。

15　ここで「彼を犯す」と訳した語はyadfa'u fī-hiである。d-f-'は通常であれば，「押す」の原義から「押し返す」「抗う」と訳すことができる語であるが，ここでは，動名詞では「注ぎ込む」に由来して「射精（ejaculation）」の意味がある［"d-f-'," *Wehr*］ことと，前置詞に用例の少ないfīが用いられていること，また後述の同じ逸話を掲載する『比類なき書における心の楽しみ』では当該箇所にyaf'alu bi-hiとあることから，

れた逸話であるにもかかわらず，それを 9 世紀アッバース朝宮廷の事例として無批判に受け入れる傾向が見られる点には注意が必要である［Rowson 1991a; 1991b; 2003］。ローソンの研究にあえて瑕疵を見出すとするならば，後代の史料を用いる際のムハンナスの語られ方に十分な配慮が見られない点が挙げられる。性愛にまつわる事柄は特に，そもそも史料上に残りにくい上に，中傷や文学表現として用いられることも多く，後代の逸話をそのまま当時の事象とみなすことは難しい。例えば，ウマイヤ朝期以前のムハンナスを検討するにあたって，彼らのアイデンティティというセンシティブな問題を扱うにもかかわらず，ローソンはそのほとんどをハディースや『歌書』をはじめとする後代の史料に依拠し，留保はつけながらも実際はその内容をかなり直接に受け入れている［Rowson 1991a］。

2 彼の名前については，校訂本や先行研究では他の表記がなされることもあるが，11 世紀の人名録に「バーの文字にシャッダを付け，アインをファトフで発音する」［*Ikmāl*: 6/28］とあることから，本書では「アッバーダ」と表記する。同時期の逸話集にも，地名のアッバーダーン（ʻAbbādān）とアッバーダをジナース（jinās，同語根法・掛詞）にした一節が掲載されており［*Muḥāḍarāt*: 1/128］，少なくともこの段階で彼がアッバーダと呼ばれていたことは確かであろう。例えばヤングマンは，本来は女性名のアッバーダという呼称が後代にあだ名として定着したはずだと推測し，自らの著作でウバーダ（ʻUbāda）と呼んでいるが，明確な根拠は示していない［Yungman 2017: 91 n.20］。

3 先行研究には，アッバーダを宮廷料理人とするものもあるが［Nasrallah 2007: 528; Yungman 2017: 98（前者ではʻIbāda と表記されている）］，本職の料理人として捉えるべきかは明らかでない。しばしば根拠として挙げられる『修道院の書』には，父親がマアムーンの料理人であり，「アッバーダは彼と共にいたため，料理の上手い者として登場したが，その父は死んだ。そこで彼はムハンナスになり（takhannatha），無頼と放蕩に関して筆頭の者となった」［*Diyārāt*: 185］と記されるのみである。また同書には彼が鍋料理を作る逸話があるが，これはマアムーンが気慰みに従者や親族を集めて料理の技能を競わせた際に，アッバーダが参加者のムウタスィムを妨害するという内容であり，彼が本職の料理人であったとは断定できない［*Diyārāt*: 186］。またその後，罷免されていたアッバーダが再度，宮廷料理人に任命されたとする研究もあるが，原文該当箇所にはただ呼び戻されたとの記載しか確認できない［Nasrallah 2007: 528; *Diyārāt*: 187］。なお 10 世紀のレシピ集に登場する二つの料理には，彼の名が冠されている［Nasrallah 2007: 278, 322］。

4 当時の大法官職は，各カリフが自らの方針に合う人物をいわば側近として任命する政権運営の中心であり，軍務も担った［Bligh-Abramski 1992: 61–62］。

5 ヤフヤー・ブン・アクサムのリワートにまつわる言説については別稿を準備中である。

6 逸話集と年代記の定義の違いや境界は曖昧であり，『バグダードの書』を逸話集と捉える見方もある。本史料の歴史観や位置付けについては，中野さやかが重要な議論を行っている（「マームーンの治世がいかに記されたか――イブン・タイフール『バグダードの書』とタバリー『諸預言者と諸王の歴史』の比較――」（日本中東学会第 31 回大会，2015 年 5 月）など）。

持たないムハンナスの存在も想定されていたと考えるべきであろう。しかし，イメージとしてムハンナス（女らしい振る舞いをする者）にはウブナが備わっているものであると考えられていたことは，その後の語の変容を含めて興味深い。本書第六章も併せて参照。

17　後代にも，例えばトゥースィーの『被造物の驚異と万物の珍奇』における動物の箇所で同様の「治療法」が紹介されている［被造物の驚異: 11/348］。こうしたハイエナへの認識は，ハイエナの雌には男性器のように見える器官があるため，彼らの雌雄が判別しがたく，それに伴う様々な伝承があったこととも関係するのかもしれない［cf. 田村・矢内 2009: 11］。

18　例えば，「二人の若者」の章の次の「二人の女性」の章には，アブー・アンバスの『すさんだ売春婦と姦通者の書』から間接的に，キンディーによる医学的な説明が引用されるなど，女性同性愛について医学的な言及が多く引かれている［*Ladhdha*: 182; cf. Rowson 2006: 50］。

19　筆者の手元にある 2007 年に刊行された校訂本は「イスラーム法（al-sharīʻa al-Islāmīya）に違反しているためこの章の記述は削ることにした」と注記して，当該箇所を削除している［*Aṣḥāb*: 49 n.1］。そのため，本章ではライプツィヒ写本（Leiptz. Ms. 774: 19b–23b）を使用した。

20　他にティーファーシーの著作とも言われる『老人がその性的能力において若い頃に戻ること』には同性間での性愛に関する記述があるが，この著作については写本の時点で，後代の人物が登場する逸話が掲載されているなど混乱が見られるため，今回は使用しなかった。実際，本著作は長らく，オスマン朝期のイブン・ケマル・パシャ（Ibn Kamāl Pāshā, d. 1533）の著作とされてきた［Bouhdiba 1975=1980: 88; Declich 1994: 252; Rowson 2006: 56–57］。

21　なお，イブン・スィーナーも，『医学典範』に「フンサー（khunthā）についての章」を設け，両性具有者について言及している。この章は「ウブナについての章」の次に配置されており，そこでは，男性器と女性器の両方を持つか両方とも持たない者が「フンサー（khunthā）」と呼ばれ，その治療が問題となっている［*Qānūn*: 2/549; Ragab 2015: 450–451］。

22　金銭などのために否応なしに受動側での性行為を迫られたムアージルがいたことは想像に難くないが，ここでは，本質的に受動側での性交を指向するわけではないという意味。

23　堀内 2013 などを参照。ジャーヒズの『ジャーリヤとグラームの美点の書』にも登場していた。

24　なおこの著作は，スユーティーがしばしば引用していることでも知られているが，先述の通り，彼は同性とのものを含め本書に含まれる赤裸々な性愛に関する記述を避けている［Myrne 2018: 50］。

第六章

1　本書第三章，四章を特に参照のこと。また，アッバース朝下のムハンナスの事例を検討したローソンによる一連の研究も参考になるが，用いる史料の大半が後代に記さ

ン・ナイト: 10/232–353］を参照。

5　四体液説に基づいた理解を前提としている。アリストテレスの『問題集』「性交に関する諸問題」の章も参照［問題集: 90–91］。

6　ローゼンタールによると，この史料にはラバト写本と，それより信頼度の落ちるテヘラン写本が計 4 種類現存する。ラバトの写本カタログに，この写本が「アブー・バクル・ラーズィーによる秘密の病に関する論考（*Treatise by Abū Bakr ar-Rāzi on the Hidden Illness (al-dā' al-khafī)*）」と記されていたことから，『秘密の病』として知られるようになったが，これは写字生による命名であり，ラーズィー自らこの書名をつけたわけではないと考えられている［Rosenthal 1978: 47–48］。

7　この逆として男性としての性質を持った女性もありえたとしているが，ラーズィーは詳しい検討をしていない［Rosenthal 1978: 54］。

8　ここで「治療」と訳した原語は bur'である。ローゼンタールによると，ラーズィーは他の大部分で「治療」を意味する語として'ilāj を用いているにもかかわらず，ここで，病気からの回復のニュアンスを強く持つ b-r-'の語を用いるのは，ラーズィーがウブナの「完治」を諦めていないためだと言う［Rosenthal 1978: 49］。

9　本書序章 6 頁参照。この章句については学説が分かれつつも，「同性愛」への罰を定めていると解釈されている箇所であり，ここでの《それをなした二人は痛めつけよ》という言葉がイブン・スィーナーの挙げる諸々の刑罰だと理解できる［Nathan 1994: 38］。

10　例えばアリストテレスの『問題集』「性交に関する諸問題」の章に同様の言及がある［問題集: 88–90］。

11　ドッジが注記するようにここでは明らかに，性愛の対象としての両者を描いたものだと考えられる［Dodge 1998: 335 n.156］。

12　『匂える園』にはもともとは，同性との性愛に関連する箇所が存在したが，バートンの妻があまりの卑猥さに，当該箇所を捨ててしまったと伝えられている。

13　ハミーン・アンティラはこの理由を，erotic manual では一般的に異性愛に関する話題が中心であったことと，スユーティーが自身の評判を気にしたためであるといった可能性を提示している。しかし一方では，スユーティーが一般に言われているほど厳格な態度だったわけではないとも言い，別の著作では楽園の報奨に関する議論で，同性愛（homosexuality）もそこに含まれると言っていることをその証拠として挙げている［Hämeen-Anttila 2017: 237–238］。

14　この史料については Rowson 2006 や Myrne 2020a; 2020b などを参照。近年は特にマーンがこの史料を用いて，前近代社会の女性のセクシュアリティという興味深い問題を扱っている［Myrne 2020a］。十分信用に足る校訂は未だなされていないが，本章では写本（MS Ayasofya 3836, MS Ayasofya 3837, MS Fatih 3729, MS Turhanvsultan 259, MS Chester Beatty ar 4635）と併せて，2019 年に出版された比較的使用しやすい版を使用している。

15　写本ではこの三者が樹形図上に図示されている［MS Ayasofya 3836: 70 v］。

16　この記述のみをもって，全てのムハンナスにウブナが備わっていると認識されていたとは言えない。むしろ，マアブーンの語と併用されているということは，ウブナを

22　後代の法学書や倫理書ではイスラーム的倫理と結びついた結果，賭博に嵌る者は真のムルーアやフトゥーワを持たない者だという言説が一般的になる［Rosenthal 1975: 10 n.3］。しかしそれ以前においては，前イスラーム的徳目として，宗教倫理と対立するものでもあった［佐藤 1994: 92; 清水 2002: 526–528］。実際，これらを理想として掲げたシュッタールは，逸話集でもしばしば民衆への暴力行為や飲酒の称揚や，男性間での性愛関係を窺わせる描写とともに描かれる。例えば，アービーによる逸話集『真珠の散乱』の「シュッタールにまつわる逸話の章」を参照［*Durr*: 295–306］。

23　堀内はムハンナスの誕生した背景を 10 点挙げ，そのひとつにイスラーム時代に通念が形骸化したことにより，「ムルーア」に対応するものとして「女々しさ」「手弱女ぶり」が求められ，その具象こそがムハンナスであったとしている。しかし他にも，例えばリビドーの代償形成として「同性愛的性向」がいきすぎた結果ムハンナスの誕生に至ったとするなど，全体的に明確な根拠はなく，単純化しすぎる傾向にあるように思われる［堀内 2013: 13–15］。

24　例えば先の『文人の座談』の記述など，ムハンナスが「我々」として，ムハンナスの特徴を語る逸話は多い［*Muḥāḍarāt*: 3/255］。詳細は第六章を参照。

第五章

1　例えばルアイヘブは，アブドゥルワッハーブ・シャアラーニー（‘Abd al-Wahhāb al-Sha‘rānī, d. 1565）やダーウード・アンターキー（Dāwūd al-Anṭākī, d. 1599），アフマド・カルユービー（Aḥmad al-Qalyūbī, d. 1658）といった医者たちの医学書から，ムハンナスやマアブーンが治療の必要な病を持つ者として捉えられていたことを示している［El-Rouayheb 2005: 19–20］。特にアンターキーは，この「原因」を直腸に入り込んだ物質（māddah būrāqiyyah）がもたらす「痒み」のためだとしているとあるが［El-Rouayheb 2005: 19］，こうした原因論は古代ギリシア・ローマ時代にすでに見られる［Laqueur 1990=1998: 69］。また医学や観相学の史料も用いて，ギリシア医学がイスラーム社会における性別論や身体観に大きな影響を与えたことを示したゼエヴィの重要な研究も，男女を明確に区分するイスラームの宗教的言説との接合における混乱を扱う上で「同性愛」に関心を向けている［Ze’evi 2006: 16–47］。

2　厳密には，古代ギリシアの文献を大量にアラビア語に翻訳した 9 世紀の医者，フナイン・ブン・イスハークも当該問題に触れてはいたものの，分量，質ともにラーズィーのものに遠く及ばなかったとある［Rosenthal 1978: 49］。またネイサンも，この問題について本格的に記した者として，ラーズィーとイブン・スィーナー，そしてイブン・スィーナーが引用する匿名者を挙げる。この匿名者については，イブン・スィーナーが自著のなかで批判のために「ある者」として引用した者で（第五章 135 頁参照），詳細は不明［Nathan 1994］。

3　初期イスラーム期の同性間性愛にまつわる医学的記述を扱った代表的な研究として，本書第二章でも挙げた通り，ラーズィーの『秘密の病』を扱ったローゼンタールや，イブン・スィーナーの『医学典範』における記述を扱うネイサンの研究がある［Rosenthal 1978; Nathan 1994］。

4　例えばカルカッタ第 2 版の第 436–462 夜「女奴隷タワッドゥドの物語」［アラビア

も指摘されている［Nielson 2021: 75］。

14　ムハンナスのヘンナについては堀内やヒルシュの論考などを参照［堀内 2013: 9–10; Hirsch 2023: 395］。

15　ハディースでは，サフランで染めた服を男性が着ることが禁じられている［cf. *Bukhārī*（ブハーリー）: 5846 (5/274); *Muslim*（ムスリム）: 2101 (3/195–196)］。

16　最も著名な年代記作家タバリー（al-Ṭabarī, d. 923）の年代記には，813 年の出来事として以下のような記述があるが，「ムハンマド・ブン・ハールーン（アミーン）の奔放ないくつかの行為に関する記述」とアミーンの悪評をまとめた箇所に登場するものであり，史実性は明らかではない。

> フマイド・ブン・サイードによると，彼は言った。マアムーンが彼に書状を書いて忠誠を誓って，ムハンマドがカリフになると，彼は去勢者たち（khiṣyān）を探して，多額を費やして購入した。ムハンマドは昼夜ずっと，彼の食べ物や飲み物の世話や，命令の実行のために，自らの私室（khalwa）に彼らを置いた。また彼は，ジャラーディーヤ（al-Jarādīya, バッタ隊）と名付けられた［白人の］去勢者からなる一隊（farḍ）と，グラービーヤ（al-Ghurābīya, カラス隊）と名付けられたアビシニア系の者たち（al-Ḥabashān）からなる一隊を組織した。そして，シルクを身につけた自由身分の女性たちも奴隷身分の女性たちも，まるで投げ捨てさえするように去らせたのである［*Ta'rīkh al-Ṭabarī*: 8/508］

17　バルマク家（al-Barāmika）は，アッバース朝第 2 代カリフ，マンスール以降，第 5 代カリフ，ハールーン・ラシードの時代まで，3 代にわたって書記や宰相として宮中で活躍したアフガニスタン出身の一族［「バルマク家」『岩波イスラーム辞典』］。この詩では，アッバース朝の権勢が最も栄えていた時代の象徴としてバルマク家が登場していると考えられる。

18　これと異なる見解として，グラーミーヤを女性同性愛の文脈で理解しようとする研究もあるが［Amer 2008: 215–236］，史料中に彼女たちと女性との性愛に関する記述は確認できず，特にトーマンが強くこの主張を批判している［Rowson 2003: 51; Thomann 2021: 47］。

19　例えばハールーン・ラシードが有するグラーミーヤに，息子で後の第 7 代カリフ，マアムーンが一目惚れした逸話が挙げられる。これは，マアムーンがグラーミーヤにこっそりちょっかいをかけているのを父親に見つかるも，最終的に愛を認められ，そのグラーミーヤを譲られる逸話であり［*Amālī*: 1/271–272; cf. Thomann 2021: 55］，女奴隷との逸話に典型的な構造のものである。

20　なおアーウィンもこの事例を紹介し，妻たちが夫の愛情を繋ぎとめようと「少年の装いをする（dressing like boys）」と書いているが，原文にそのような箇所は見当たらなかった［Irwin 1995=1998: 226］。

21　聖典クルアーンでは身体に基づく男女の性区分は重要であり，厳格に定められていると解釈されるのが一般的である［後藤 2018］。それに伴い，イスラーム法学でも，法規定において個人の男女は重要である。例えば，両性具有者であっても，法学上はどちらの性として扱うべきか明確に定められる［Sanders 1991; Ragab 2015］。

詳細は序章の注 19 を参照。

4　当該記述については先述の通り，構築主義的視点からシュミットによって以下の批判的注釈が付されている「多くのムハンナスがマアブーンである／あったが，この語はマアブーンと同義ではない。両性具有者は一般的にはフンサ（khuntha [*sic*]）と呼ばれている」［Pellat and Schmitt 1992: 161 n.3］。

5　15 世紀マムルーク朝の知識人アイニー（al-ʻAynī, d. 1453）はブハーリーのハディースに対する注釈のなかで，ムハンナスの語に対して「現在では，リワートを受ける者を意味する」と記している［*ʻUmda*: 22/65; cf. Rowson 1991a: 675］。詳細は第六章で後述。

6　シュムエル・モーレ（Shmuel Moreh）がムハンナスを特に役者とする根拠については，彼の主著［Moreh 1992］を参照。しかし，第六章で後述の，アッバーダがムタワッキルの御前でアリーを「演じる」場面の記述［*Kāmil*: 7/55］をもって，ムハンナスは戯曲（ḥikāya）の上演の役割を担っていたとする［Moreh 1992: 90–91］など，全編を通じて「演劇」の定義を拡大解釈している箇所が見られ，ムハンナスに関する説明には首肯しがたい部分が多い。同様の指摘は，ローソンによる書評でもなされている［Rowson 1994］。

7　当該の記載がある辞書の例として，以下のものが挙げられる。ハリール・ブン・アフマド（al-Khalīl b. Aḥmad, d. 786）の『アインの書（*Kitāb al-ʻAyn*）』［*ʻAyn*: 1/446］，アブー・ウバイド・カースィム・ブン・サラーム（Abū ʻUbayd al-Qāsim b. Salām, d. 838）の『ハディースの珍奇な語彙（*Gharīb al-Ḥadīth*）』［*Gharīb al-Ḥadīth*: 1/362］，イブン・ドゥライド（Ibn Durayd, d. 933）の『言語集成（*Jamhara al-Lugha*）』［*Lugha*: 418］。またこれらによると両性具有者を意味する語「フンサー（khunthā）」も同語源とある（本書第五章参照）。

8　ローソンは上記のものも含め，異性装にまつわるハディースを七系統に分類している［Rowson 1991a: 673–675］。

9　例えばクーグルやザヘドの研究など［Kugle 2010: 241–242; Zahed 2020: 36–39］。先述の通り（第一章 44 頁参照），ゲイをカミングアウトしつつイマームを務めるザヘドをはじめ，現代の LGBTQ 運動との関連のなかでクルアーンやハディースを捉え直す「新しい解釈」に特に見られる。

10　*Muslim*（ムスリム）: 2181 (3/244); *Abū Dāʼūd*: 4107. なお「性欲がない（ghayr uwlī al-irba）」という表現は，クルアーン第 24 章 31 節にて女性が頭や胸に覆いをせずに対面できる相手として配偶者や親族と並んで挙げられる「男のうち性欲を持つ者でない従者（al-tabiʻīn ghayr uwlī al-irba min al-rijāl）」に基づく［cf. Rowson 1991a: 675］。

11　ザイヤートの研究には，自説に合う箇所のみを引用しているなどの批判もある［Rowson 2003: n.8; Thomann 2021: 56］ものの，広範な事例を収集したインデックス的な研究としては現在なお有用である。

12　*Aghānī*: et pass.『歌書』におけるムハンナスの描写については，堀内やサワの研究も参照［堀内 2013: 159–222; Sawa 2018: 349–351］。

13　実際，最初期のアラブ音楽における音楽家の技術伝達過程を年代順に見ても，明確に女性からムハンナス，そして男性の順に移り変わるわけではない［Rowson 1991a: 679］。また女性音楽家たちがアッバース朝期以降も宮廷内外で活躍し続けていることの様々な逸話を伝えている［*Ḥayawān*: 1/106–177］。

> 完全な男性（faḥltām）が持つ器官（‘uḍuw）が切られた時，そのことは男性であることの意味や彼らの性質の大部分を失わせしめる。その完全性から除かれた時，彼は驢馬でも馬でもなく，騾馬のようなものになるのである［*Ḥayawān*: 1/108］

11　イスラーム法による禁止によって，イスラーム圏で奉仕する去勢者は，基本的に輸入されてきた異教徒の奴隷である。例えば，サカーリバと呼ばれるスラブ系の奴隷はイベリア半島南部や今で言うフランス北部で，スーダーンと呼ばれるアフリカ系の黒人奴隷はナイル川上流域で，それぞれ外科手術を施されてイスラーム圏に輸入された。そのため，他の奴隷と比べて去勢者は非常に高価であり，一般家庭での購入は困難であった。おそらくそのほとんどが宮廷によって買い上げられ，まさに宮中で使役される「宦官」となったと考えられる。イスラーム社会における去勢者・宦官についてはAyalon 1999や清水 2005; 2015，El-Azhari 2019などを参照のこと。

12　Ayalon 1985; 1999 参照。なお本書では，男性器を主に切除によって持っていない者を「去勢者」と呼ぶ。これは，登場する去勢者が全て宮廷で働く，役職としての「宦官」とは限られないためである。

13　この伝承は，マスウーディーの『黄金の牧場』やトゥースィーの『被造物の驚異と万物の珍奇』にも掲載されており，そこでは，「ある君主」ではなくウマイヤ朝初代カリフのムアーウィヤ（Mu’āwiya b. Abī Sufyān, r. 661–680）とその母マイスーン（Maysūn）の逸話となっている［*Murūj*: 5/151–152; 被造物の驚異: 11/348］。また『千夜一夜物語』にも，明確にこの逸話をモチーフにした異国の王と姫の話があり［アラビアン・ナイト: 1/180–181］，広範に広まっていた逸話であることが看取できる。

14　以上の点から，去勢者を「第三の性」として捉えるべきか否かについては議論が必要であろう。

15　堀内勝によると，ハマザーニーの『マカーマート』などに「外見・見た目は美人だが，出自または中身は卑しい女性」を意味する表現として「糞で緑の女（khadrā’ dimnah）」というものがある。これは，緑草が一面に広がっている一角は見た目には綺麗でも，その下（土壌）は栄養豊富な糞尿の溜場であるためだということから，上辺は綺麗でも一皮むけば汚らしいという故事によるものであると言われる。ここでの「緑のサッラーマ（Sallāma al-Khaḍrā’）」という表現も，サッラーマが卑しい者であることを示す呼び名であると捉えると，内容とも一致する［堀内 2015: 609–610］。

第四章

1　例えば服藤早苗と新實五穂による論集『歴史のなかの異性装』が東アジアからアフリカ，ヨーロッパに至る広範の事例を取り上げているが［服藤・新實 2017］，中東地域を扱った論考は収められておらず，当該分野の研究の不足を窺わせる。

2　該当箇所は以下の通り。「女は男の服を身にまとってはならない。男も女の服を着てはならない。こうしたことをする者をすべて，あなたの神，主は忌み嫌われる」［聖書: 申命記第 22 章 5 節］。

3　本章でも他の章と同様，ハディースを扱う際には「六書」を中心に参照している。

半では，議論をしている一方がもう一方に対して，あくまで「冗談」として語ったことを「真面目」の文脈で捉えてしまうと議論が成り立たなくなると反論するなど，この技法に基づいたレトリックも用いられている［*Mufākhara*: 119］。また実際ジャーヒズ自身も序文で，知識には真面目なものから馬鹿げたものまで様々な種類があり，それら全てを学ぶことが重要であると述べている［*Mufākhara*: 91］。

4　この史料を紹介しているセバスチャン・ギュンター（Sebastian Günther）は，教師について語る本書に突然こうした章が現れるのは奇異にも感じられるとし，後代の挿入の可能性も示唆する。しかし，その直後に当時，若者や少年の性愛（homoerotic love）が広範に広まっていたことを言い，当該箇所の存在を否定しえないとしている［Günther 2005: 116 n.51］。

5　少女と少年のどちらが性や恋愛の対象として優れているか論争する形の作品は，古くはルキアノス（Lucianos, d. after 180）作とされてきた（現在では偽作であることが判明し，3 世紀頃の作品だと考えられている）著作など，古代ギリシア・ローマ時代にも書かれていた［偽ルキアノス; Kennedy 2008］。アラブ散文文学作品でも，『ジャーリヤとグラームの美点の書』以降もいくつか同様の手法で書かれ，特に「性愛学文献」ではそうした手法が踏襲されたようである（本書第五章を参照)。また，後世に挿入されたものと考えられるが，『千夜一夜物語』にもジャーリヤとグラームとの優劣に対する議論が行われる話が採用されており［アラビアン・ナイト: 10/156–173; Irwin 1995=1998: 228］，この形の作品が一定のジャンルとして確立されていたことを窺わせる。なお日本でも「男女優越論」という分野は，1640 年前後に書かれた『田夫物語』を先駆けとして，しばしば見られる［Leupp 1995=2014: 128］。

6　『ジャーリヤとグラームの美点の書』では他に「女性」や「奴隷女」「フーリー」などの語がジャーリヤと言い換え可能な形で現れる。ここで「女性」と訳した語とその登場箇所は mar’a［*Mufākhara*: 97, 102］，imra’a［*Mufākhara*: 132, 133, 134, 135］，nisā’［*Mufākhara*: 97, 99, 101, 117, 124, 129, 131］，awānis［*Mufākhara*: 98］，unthā［*Mufākhara*: 112］。「奴隷女」と訳した語とその登場箇所は waṣīfa［*Mufākhara*: 95, 97, 104, 127, 131, 133］，mamlūka［*Mufākhara*: 130］。「カイナ」と訳した語とその登場箇所は qayna［*Mufākhara*:128］。「フーリー」と訳した語とその登場箇所は ḥūr［*Mufākhara*: 96］。

7　『ジャーリヤとグラームの美点の書』では「少年」や「髭のない若者」「奴隷」「青年」などがグラームと言い換え可能な形で現れる。ここで「少年」と訳した語とその登場箇所は wildān［*Mufākhara*: 95, 96］。「髭のない若者」と訳した語とその登場箇所は amrad［*Mufākhara*: 98, 112］，murd［*Mufākhara*: 98; 111］。「男の奴隷」と訳した語とその登場箇所は waṣīf［*Mufākhara*: 104］。「青年」と訳した語とその登場箇所は fatā［*Mufākhara*: 110, 130］。

8　男性器の形と肛門の形が，どちらも正面から見ると円形に見えるということを示している。後の「戦斧の形」も，斧を正面から見た形が正面から見た女性器（陰唇）の形に見えるということだと考えて，この記述は理解すべきであろう。

9　ハールーンの校訂本の注によると，比喩的に男性の尻を表す［*Mufākhara*: 120, n.3］。

10　ジャーヒズは『動物の書』のなかで，去勢者についても章を割いて，彼らについてれなかった。例えば『快楽大全』の序文にもこの語は登場するが［*Ladhdha*: 25, 31］，マーンはこの著作が扱う話題の豊富さから，狭義の医学的な意味での「イルム・アル＝バーフ」として分類することはできないとしている［Myrne 2020b: 185–186］。

69　フランケは近世においては，特に医学書において性愛に関する記述は引き続き記されたものの，19 世紀に衰退を始め，20 世紀にはほぼ完全に姿を消したと言う。この理由に，妾制度の廃止と，ツーセックスモデルを含め，西洋医学の導入を挙げている［Franke 2012: 169–171］。またトリノは，これと同様の理由から，ムジューンに位置付けられるものや恋愛詩，後述のプラトニックな恋愛譚なども同様に記されなくなったと言い，また同様に同性間での性愛関係も，西洋的視点から退廃の象徴とみなされたことで公の場から見られなくなったと主張している［Tolino 2024］。その背景的な要因とも言える，性的なものも含めた「下品な」表現の前近代と近代以降の捉えられ方の断絶については Antoon 2014 も併せて参照。

70　sukhf. 特に詩において用いられる性愛やスカトロジーにまつわる表現を意味する。あえて下品な表現を用いることで，冗談として，また印象を強めるために用いられる表現であるが，ムジューンと同様，正確な定義は難しい。10 世紀の詩人，イブン・ハッジャージュ（Ibn al-Ḥajjāj, d. 1001）がその祖とされる。しばしばムジューンと対置されるが，その場合，快楽主義的な表現のムジューンに対して，より攻撃的で下品な表現を意味することが多い。詳細はアントーンの専論を参照［“sukhf,” *EAL*; Antoon 2014］。

71　この著作でもここ以外に関連する章に，性愛にまつわる逸話が多く掲載されている。例えば，第 5 巻の第 14 章・15 章・16 章がそれぞれ「ムハンナスの逸話」「ルーティーの逸話」「バッガーの逸話」にあてられており，そのいずれにも性愛にまつわる警句や冗談を交えた逸話が多く掲載されている。ここでは，ムハンナスとバッガーがそれぞれ別の章となっている点も興味深い。この点については本書第六章を参照。

72　一般に『楽器への非難』と呼ばれるこの著作であるが，実際には malāhī の意味はより広く，イスラームで忌避される娯楽全般に話題が及ぶ。全体の 5 分の 1 程度の分量を用いて同性間での性行為についても非難している［*Malāhī*: 58–62］。

73　特にイブン・ジャウズィーの『熱愛への非難』には，髭のない若者を見つめたり，同席したりすることの是非についての議論［*Dhamm*: 126–143］や，それとは別に「ロトの民の行為」についての議論［*Dhamm*: 206–216］が法学的見地から行われている。本書終章 181 頁も参照。

第三章

1　例えば El-Rouasyheb 2005 を参照のこと。また本書第一章も併せて参照。

2　差し当たり小林 2021: 253–305 などを参照。

3　「真面目と冗談（al-jidd wa-al-hazl）」と呼ばれる技法については本書第二章注 39 を参照。先述の通り，ジャーヒズには，「真面目と冗談」の技法自体について記した著作『真面目と冗談についての書簡』もあるように，この技法を意識的に用いている。『ジャーリヤとグラームの美点の書』のなかでも，語っている内容が真面目と冗談のどちらに属するか，登場人物に語らせる形で意識されており［*Mufākhara*: 105, 113］，後

2006: 55］。しかし同性間での性愛にまつわる記述は見られず，本書第五章ではシャイザリーによる他の著作『心の庭と愛し愛される者たちの楽しみ』を取り上げている。詳細は 141-142 頁を参照。

62 ウルマンがティーファーシーの著作として扱う，『老人がその性的能力において若い頃に戻ること（*Rujūʻ al-Shaykh ilā Ṣibāh fī al-Quwwa ʻalā al-Bāh*）』については混乱が見られる。詳細は本書第五章注 20 を参照。

63 具体的には本文で書名を挙げた 4 つを含め，ほぼ半数の 7 つがウルマンが挙げた書名と重複している。ブーディバはスユーティーの著作を 7 つ挙げるなど，着目する点に若干の違いはあるが，両者とも実質的にはほとんど同様の著作を扱っていると言えよう。

64 詳細は Rowson 2006; Franke 2012; Newman 2014 などを参照。多いものでは百点を超える著作がリストアップされる。特にニューマンがトゥースィーの著作の校訂と訳註にアペンディクスとして付している一覧には，80 人の著者（匿名著者含む）による 125 点の著作が，写本の所在とともに挙げられており有用ではあるが，採用の基準は最も広い［Newman 2014: 161-181］。

65 「性愛の術（ars erotica）」は，西洋キリスト教圏を中心に実践される「性の科学（scientia sexualis）」に対し，非西洋文化圏において，経験と実践に基づいて性愛を「秘技」として受け継ぐことによって性を「真理」とみなす手続きとして描かれるものであった［Foucault 1976=1986a: 74-76］。本書第一章 29-30 頁も参照。

66 例えば最近でも，このイルム・アル＝バーフという概念を近代西洋の医学がどのようなものとして扱ったか，オリエンタリズム的視点から論じたムーアや，イルム・アル＝バーフを医学の下位区分に位置付け，史料分類に用いるマーンなど，重要な研究でもこの概念は前提となりつつある［Myrne 2020a; Moore 2021］。また，ケンブリッジ大学出版会から刊行されている最新の概説，『セクシュアリティの世界史（*The Cambridge World History of Sexualities*）』のなかで，「イスラームの伝統」の項目を担当したセレナ・トリノ（Serena Tolino）も，この概念を全面的に受け入れている［Tolino 2024］。しかし，この見解が全面的に受け入れられたわけではなく，例えば，性愛にまつわる著作の包括的な把握を行ったニューマンの概論には，この区分は反映されていない［Newman 2014］。

67 キャーティプ・チェレビーは，ハッジー・ハリーファ（Ḥājjī Khalīfa）の呼び名でも知られる，17 世紀に活躍したオスマン朝の官僚であり最も著名な文人。『諸書名と諸学問についての疑問の探究』は，歴史書や地理書など現在にも参照されるいずれも重要な著作を多く残した，キャーティプ・チェレビーが記した大部の書誌目録。当時の学問分野の区分に応じて，合計約 14,500 冊の著作が，適宜内容の解説もありつつ取り上げられる［“Kātib Čelebi,” *EI*^{2};「キャーテイプ・チェレビー」『新イスラム事典』］。

68 フランケは自説の補強として「『目録』に，知の領域としての「バーフ（bāh）」がすでに言及されている」［Franke 2012: 162］と言うが，『目録』に分類として登場するのは前述の通り「性交について書かれた書」であり，イルム・アル＝バーフと同様の区分が存在するかのような言及はミスリーディングである。文中に「イルム・アル＝バーフ」の語自体が登場することはあるが，このような区分として用いる用法は見ら状態にあることも条件としている［柳橋 2001: 414–416; Spectorsky 2009: 91］。詳細は柳橋 2001: 412–426 を参照。

55　これは，タリフ・ハリーディー（Tarif Khalidi）の言う，逸話集の「アダブからヒクマへ」の流れや，岡﨑桂二の言う網羅的・体系的な「アダブ的百科全書」への指向とも合致し，逸話集が，より体系的・実践的な知識として捉え直される過程に位置付けられる［Khalidi 1994; 岡﨑 2011］。詳細は本書第六章 161–162 頁を参照。

56　『匂える園』は戦前から日本において注目され，フランス語訳からの重訳ではあるが，最も積極的に翻訳されたアラブ文学作品のひとつだと言える。手元には，上森健一郎訳（1928 年），松戸淳訳（1950 年），田村恒男訳（1951 年），三宅一郎訳（1951 年），巻正平訳（1962 年），立木鷹志訳（1994 年），の 6 種類を確認できているが，他に非公式のうちに発行されたものもあると考えられる。次注も参照。

57　前注の通り，『匂える園』は戦前から日本でも積極的に翻訳されたが，立木訳を除き，これら全てがオリエンタリズム的な煽り文句とともに，艶笑譚として刊行されたもので，ほとんどが発禁処分を受けている。またこれらは立木訳以外いずれも，上森訳を改変したものであるが，その上森訳も，1850 年にアルジェリアの「参謀付大尉男爵 R...」が翻訳したものを，イジドール・リゾ（Isidore Lisieux）が脚色を加えて改訳したフランス語訳を原本としている［匂える園（上森訳）: 1］点で，原典に則したものではない。そもそも，立木訳はリゾ訳を底本としているが，訳者自身指摘している通り，翻訳の経緯からすでにリゾ訳において大きな改変や加筆があったことは疑いない［匂える園（上森訳）: 241–243］。また，このリゾ訳をもとにドイツ語訳や英訳も刊行されているが，例えばバートンによる英訳（1886 年）が約 250 頁なのに対して，原典に則して刊行されたコルヴィルの英訳（1999 年）は約 80 頁と，単純な比較からも，重訳の過程で大幅な加筆・改変が行われていることが窺える（さらにバートンは後にアラビア語原典からの英訳も再出版しているが，こちらは更なる加筆・改変が行われている）。これら『匂える園』の翻訳と日本における受容については改めて別稿で論じたい。

58　例えば erotic literature, erotology, sex manual, erotica など様々である。マーンは，自身の論文では暫定的に guide や manual と呼びつつも，これらの呼称がいずれも不正確なものであることに言及し，統一した呼称が制定されるべきだと提唱している［Myrne 2018: n.4］。

59　既述でない医者の著作として，ギリシア語の翻訳で知られる「サービア教徒」のサービト・ブン・クッラ（Thābit b. Qurra, d. 901）による著作や，ユダヤ教徒の神学者として知られるマイモニデス（Ibn Maymūn, d. 1204）の『性交について（*Fī al-Jimāʻ*）』も挙げられている［Ullmann 1970: 196; Newman 2014: 166］。マイモニデスの著作にはボスらによる詳細な解説を付したアラビア語校訂とヘブライ語版校訂，英訳がある［Bos 2019］。

60　ウルマンはこれを次に挙げているイブン・ハージブ・ヌウマーン（本章注 28 参照）の著作としているが，誤記と思われる［Ullmann 1970: 195］。

61　この著作は，ヒポクラテスやガレノス，イブン・スィーナーといった医者たちの引用を多く含む，全 10 章からなる性愛学文献である［Ullmann 1970: 195–196; Rowson

の業績を残し，アッバース朝第 12 代カリフ，ムスタイーン（al-Musta'īn, r. 862–866）によってバグダードに招聘されて翻訳活動に従事した［太田 2014: 220–221］。彼には他に，当時の宰相ハサン・ブン・マフラド（al-Ḥasan b. Makhlad, d. 882）の依頼に応じて書いた『性交とそれを行うにあたって必要とされる身体の養生法について（*Kitāb fī al-Bāh wa-mā yuḥitāju ilay-hi min Tadbīr alBadan fī Isti'māl-hi*）』もある［Ullmann 1970: 194; Newman 2014: 166; 太田 2014: 230］。その他，旅行手引書のなかでも性愛について医学的側面から言及している。詳細は本章注 51 を参照。

48　キンディーの『性交の書』には，チェレンターノ（Giuseppe Celentano）による詳細な解説を付した校訂とイタリア語訳がある［Celentano 1979］。内容は本文で後述。

49　Newman 2014: 21–22 を参照。またラーズィーには上記『性交の書』に加え，*Kitāb al-Bāh wa-Manāfi'i-hi wa-Maḍārri-hi wa-Mudawāti-hi* と題された著作もあったと言われている［Ullmann 1970: 194; Newman 2014: 22］。

50　イブン・スィーナーには他にも *Urjūza fī al-Bāh* や *Risāla fī al-Bāh*，*Asrār al-Jimā'* など性交についての専論も写本の状態で残っているが，筆者未見［Ullmann 1970: 195; Newman 2014: 166］。同性間での性愛の記述については本書第五章を参照。

51　巡礼の際の医学書について詳しい太田 2014 によると，五行のひとつとして課せられる大巡礼（ハッジ，ḥajj）は，当時のムスリムにとって一生に一度の重要事であり，その旅の途上の医療や衛生問題については前近代から彼らの懸念事項であった。そこで，しばしば巡礼の際に注意すべき医療・衛生上の事柄を記した旅行手引書が記された。クスター・ブン・ルーカーは『大巡礼の旅を行うにあたってのハサン・ブン・マフラドへの助言（*Risāla ilā al-Ḥasan b. Makhlad fī Tadbīr Safar al-Ḥajj*）』という，文字通り当時の宰相であるハサン・ブン・マフラドの要請に応じて記した手引書を記した［太田 2014: 222–224; Newman 2014: 23–24］。本章注 47 も併せて参照。

52　イブン・ジャッザールの『旅する者の糧と定住する者の食糧』における，性愛に関連する巻には，ボス（Gerrit Bos）による詳細な解説を付した校訂と英訳がある［Bos 1997］。内容は本章で後述。

53　先述の通り，他の翻訳書や医学書の多くはパトロンからの要請で執筆された。クスターの『性交とそれを行うにあたって必要とされる身体の養生法について』が当時の宰相の依頼によるものであった（本章注 47 を参照）のと同様，例えば著名な哲学者・天文学者として知られるナスィールッディーン・トゥースィー（Naṣīr al-Dīn al-Ṭūsī, d. 1274）も，彼が仕えていたイル・ハーン朝第 2 代スルタン，アーバーカー（Ābāqā, r. 1265–1282）の依頼に応じて，性欲と性的能力を高めるためのいわゆる「媚薬」についての原理と処方に関する著作を執筆している［Newman 2014: 63］。詳細はニューマンによる詳細な解説を付した校訂と英訳を参照［Newman 2014］。

54　詳細は学派や論者によっても異なるが，四大法学派はいずれも夫の性的不能を妻側から婚姻解消を請求することができる夫側の「瑕疵」として認めうる。例えばハナフィー派の学祖のひとりアブー・ハニーファ（Abū Ḥanīfa, d. ca. 767）は，夫が精神的な理由で性的不能である場合，性器の欠損や去勢されている場合と同様に，妻側から婚姻解消を請求することができるとしているが，同学祖のひとりシャイバーニー（al-Shaybānī, d. 805）は性的不能に加えて，夫が心神喪失か白斑かハンセン病いずれかのトに宛てられた，この技法自体について記す著作『真面目と冗談についての書簡（*Risāla fī al-Jidd wa-al-Hazl*）』がある［Pellat 1969: 207–216］。

40　特に挙げられるのが去勢者の性愛についての記述である。『動物の書』のなかには去勢者について扱う章（「去勢の後で人間に起こることと，その前との比較に関する章」）があり［*Ḥayawān*: 1/106–177］，去勢者にまつわる様々な逸話が掲載されている。なかには彼らの性的な状態や性愛についての記述，さらには彼らが性交できないことを揶揄する逸話などが多数並べられる。例えば以下は，美しい女奴隷の護衛であるスィナーン（Sinān）という名の宦官（密かに彼女に恋心を抱いている）が，彼女に手を出そうとした歌人を妨げた逸話とともに掲載された，歌人による詩の一節である。

美しい羚羊のもとにいるスィナーンはなんと忌まわしいことか
去勢者が姦通者とはなんと惨めなこと。武器のない聖戦士とは
［*Ḥayawān*: 1/174］

41　『カイナの書』の内容や評価については，ビーストンによる解題・英訳が詳しい他，日本語での解題と邦訳もある［Beeston 1980; 金田・辻 2024］。

42　マカーマ作品とは，朗読されることを意識し，散文でありながら文末に脚韻を入れ込む押韻散文（saju‘）体で書かれる，娯楽性を重視した文学作品。ハマザーニーが創始し，後にハリーリー（al-Ḥarīrī, d. 1122）によって大成したと言われる。両作品とも複数話からなり，主人公が旅中に様々な当意即妙な話術や詐術で人々から金品を得て生活する様子を，語り手が語るという形式を取る［「マカーマ」『岩波イスラーム事典』; 岡﨑 2009］。その性質上，悪行や猥褻な内容も多く，同性とのものも含めた性愛にまつわるテーマを扱う話が両者の作品にも含まれている。

43　古典期のアラブ歌謡研究で知られるディミトリ・サワ（George Dimitri Sawa）が，『歌書』に含まれる逸話のなかから，性愛にまつわる特徴的なものを抜粋し英訳した書籍『アラブにおけるエロティカ・愛・ユーモア（*Erotica, Love and Humor in Arabia: Spicy Stories from the Book of Dongs by al-Isfahani*）』を出版している［Sawa 2016］。

44　初期イスラーム社会における翻訳活動と，それらに基づきつつ，独自の発展を遂げた「イスラーム医学」の具体的な内容についてと，さらにそれらの西洋への影響については，1978年のウルマンの概説に特に簡潔にまとまっている［Ullmann 1978=2022: 109–139］。

45　例えば，後述のラーズィーの『性交の書』は，ガレノスやアイギナのパウロス（Paulus Aegin, d. ca. 690）を引用していると言うが，ラーズィー独自の見解が多く含まれることが指摘されている［Pormann 2011］。またイーサー・ブン・マーッサの『生殖・子孫・性行為に関する問い』は，アリストテレスの『問題集（*Problemata*）』の性愛に関する箇所の再編集版だと言われている［Rowson 2006: 47; cf. 問題集］。

46　フナインには，外来の知識を取り入れて書かれた『性交にまつわる哲学者たちの秘密（*Kitāb fī Asrār al-Falāsifa fī al-Bāh*）』という著作があるが，現在の所在は不明［Ullmann 1970: 194; Newman 2014: 165］。

47　クスター・ブン・ルーカーはレバノン出身のキリスト教徒で，アラビア語だけでなくギリシア語やシリア語にも精通していた知識人。医学・数学・天文学など各分野で

第二章 67 頁も併せて参照)。

34 「ムナーザラ(munāẓara)」は「論争文学」と訳されるように，二つの事物を二項対立の図式で取り上げ，各々の支持者である二人の人物が，両者の優劣を競う過程で様々な逸話を配置するという文学技法。本来，詩において用いられていたが，ジャーヒズがそれを散文作品に持ち込み，技法として確立させたと言われる［"debate literature," *EAL*; 岡﨑 2009: 303-308］。例えばジャーヒズは，現在では散逸しているが「夏と冬」や「山羊と羊」といった独創的なテーマでこうした技法を用いた逸話集を編んだ（本書史料 187-188 頁を参照)。後述の，性的対象として女と少年のどちらが優れているか，あるいは，腹と背中ではどちらが優れているかといった作品も同様の技法に基づいたもの。これらについては，本書第三章を参照。なお，逆にひとつの事物について，よい面と悪い面の両方を，様々な逸話を挙げつつ論じる形式のものは「マハースィン・ワ・マサーウィー(maḥāsin wa-masāwī)」と呼ばれ，これもジャーヒズを先駆けとすると言われている［"maḥāsin wa-masāwi'," *EAL*; 岡﨑 2009: 308］。特に男女の比較論については Rosenthal 1997 を参照。

35 ナディーム（nadīm）とは宮廷で活動した諸芸や物語で場を楽しませる文人や歌人，道化などを意味する。「呑み友達」「お相手役」とも訳されるように，カリフをはじめ社会上層階級の者たちとの酒宴や学術サークルに参加し，そこで報酬を得つつ，宮廷文化を支えた存在として評価される［「宮廷」『新イスラム事典』; Chejne 1965; 中野 2015］。イブン・ナディームの名もこれに由来すると考えられる［清水 2014: 87］。

36 基本的な説明としては，Leder and Kilpatrick 1992; Toorawa 2005: 102-103; 岡﨑 2010: 21 n.34 を特に参照。

37 10 章の内訳は順に，1. 権力（sulṭān)，2. 争い（ḥarb)，3. 支配（su'dud)，4. 非難されるべき性格（ṭabā'i'）と本性（akhlāq)，5. 知識（'ilm）と修辞（ayān)，6. 禁欲(zuhd)，7. 同胞（ikhwān)，8. 必要なこと（ḥawā'ij)，9. 食べ物（ṭa'ām)，10. 女性(nisā')［*'Uyūn*; cf. 岡﨑 2010］。

38 序文には以下の内容にまつわる物語を語るとある［*Ma'ārif*: 3-6］。1. 天地創造の始まり，2. 預言者たちとその時代，3. アラブの系譜，4. 神の使徒，5. ムハージルーン，6. 著名な教友，7. カリフたち，8. 権力者に仕えた著名な人々，9. ハワーリジュ派，10. タービウーン・ハディースの徒・ラアイの徒，11. ラーフィド派・ムルジア派・カダル派，12. クルアーン読誦者，13. 系譜学者，14. 歴史家，15. 詩人・文法学者，16. 教師，17. 決別した者たち，18. 様々な物事の先駆者，19. 辺境，20. 征服と統治，21. 初期と後期のムハージルーンの違い，22. イスラーム勃興前後の詩人，23. キリスト教徒のサダカ，24. 前イスラーム時代の宗教，25. 前イスラーム時代の高貴な人々の生業，26. 身体的欠点を持った人々，27. 過剰な物事，28. ニスバで呼ばれる者，29. クンヤで呼ばれる者，30. 疫病，31. 有名な争い，32. 諺の由来，33. 前イスラーム時代の諸王。

39 「真面目と冗談（al-jidd wa-al-hazl)」と呼ばれる技法は，ひとつの主題に対して堅苦しい教訓的な言及と気晴らしになるような軽い言及とを適宜配置し，読者の関心を途絶えさせないためのものであり，アダブ作品に典型的に用いられた［"al-Djidd wa'l-Hazl," EI^2; "hazl," *EAL*; 岡﨑 2010］。ジャーヒズの著作のなかにも，イブン・ザイヤー

Nu'mān," *EI*[2]]。『目録』第3章2節の書記を紹介する箇所に挙げられており，大量の書籍を所蔵していたことが記されている［*Fihrist* (Dodge 1998): 193 (295-296)］。

29 本章注7を参照。

30 ギブは，ウマイヤ朝からアッバース朝への以降に始まる750年から，後ウマイヤ朝やブワイフ朝はじめ方々の地方都市でも文化が花開く1055年までを「黄金時代（The Golden Age)」として扱う。そのなかでもバグダードを中心に展開するアッバース朝第5代カリフ，ハールーン・ラシード（Hārūn al-Rashīd, r. 789-809）の治世を頂点に文学文化が開花し，マアムーンとその後継者たちの統治下でギリシア文化の影響が最大限活かされる時期（847年のムタワッキルの即位まで）を，特に「アラビア文学」の最盛期として描いている［Gibb 1926=1991: 72-103］。こうした見方は，基本的な区分として現在にまで踏襲されている。

31 ムウタズィラ派（mu'tazila）は，イスラーム史上初めて，体系的な神学として確立されたとも言われる神学派であり，他と比べて合理主義的な教義を特徴とする。特に，イスラームの根本とも言える神の唯一性と相反しうるとの理由から，神の言葉の絶対性を否定する「クルアーン被造物説」は，マアムーンによってアッバース朝の公式教義として採用された。マアムーンは「異端審問」とも言えるミフナ（miḥna）を行い，ムウタズィラ派の信条に反する者に厳しい処罰を課した。こうしたマアムーンの政策の理由には諸説あるが，基本的には当時宗教的にも強い権威を持ったウラマーたちからの権威の奪還のためであるとされ，ギリシアの諸学の積極的受容とともに合理主義的傾向の強いムウタズィラ派の公認によって，ウラマーの宗教に対する理性の優越を示し，カリフの権威の確立に努めたという説もある［Gutas 1998=2002: 107-118; 菊地 2009: 164-168］。これらの政策にまつわる逸話は，本書第六章にも登場する。

32 ジャーヒズのバイオグラフィーと彼の著作については，ジャーヒズ研究の碩学ペラの研究に［"al-Djāḥiẓ," *EI*[2]; Pellat 1969］，また，その執筆背景についてはモンゴメリー（James Montgomery）の研究に詳しい［Montgomery 2013］。

33 書簡（risāla）形式の著作は，古代ギリシア・ローマ世界にも見られるもので，差出人と宛先を記した「書簡」の形式で記される文学作品である。多くの場合，ひとつのテーマについて語りつつ，その内容に関係する逸話を適宜挿入し様々な話題を読者に提供しようとするものである［"risāla," *EI*[2]］。特にジャーヒズは宮廷内での立場から，パトロンに向けて多くの書簡形式の作品を記すことが多かった。例えば彼は，アッバース朝の大法官であったアフマド・ブン・アビー・ドゥアード（Aḥmad b. Abī Du'ād, 854）や，宰相のイブン・ザイヤート（本書第六章165頁を参照）といった自らと同様にムウタズィラ派に属する宮廷人を中心に，多数の有力者に向けて著作を記し高額の報酬を得ていたことで知られている［Pellat 1969: 6; Toorawa 2005: 125］。先の『トルコ人の美徳』も，トルコ系でムタワッキルの右腕として活躍したファトフ・ブン・ハーカーン（本書第六章注19参照）のために書かれたものであることが，その序文で伝えられている［Pellat 1969: 91］。また，女奴隷を用いた売買春を批判する『カイナの書』は，書簡形式であることを逆に利用して，仮名ではあるが当時おそらくカイナの売買春で有名であった人物の名を書簡の差出人として勝手に挙げつつ，一見カイナの買春を擁護する内容を記すことで，逆説的に彼らを批判する形を取る（本書

20　dokhtは「娘」を意味するペルシア語で,「ブンヤーン（Bunyān）」は男の名前。娘が様々な性技や好みの男性器などを語る内容の著作で，後代にもしばしば引用されている［Rowson 2006: 46–47］。『目録』を英訳したドッジは他の写本から，愛する人を意味する *bilyān* あるいは *bilīyān* の語を採用している［Dodge 1998: 736 n.19］。

21　当該著作は後代の史料などにも言及されることがなく,『ブンヤーンの娘の書』の *Bunyān* が *Bahrām* と誤って記載されたものがそのまま伝えられている可能性が指摘されている［Rowson 2006: 46–47］。

22　男性器と女性器の名称や実践的な性技について語る著作。後述の性愛学文献『快楽大全』で言及される，ギリシア人アリータース（Arīṭās, あるいはアルティヤース（Arṭiyās））の著作と同一のものである可能性が指摘されている［Rowson 2006: 47］。

23　大・小2種類の存在が伝えられている。千人の異なる男性と性関係を持った女性の「回想録」の体を取って，婚姻相手とすべき女性の特徴や身だしなみから，男性器の特徴・名称，性交中にすべき会話など様々な内容を語るもので，後述の性愛学文献『快楽大全』にも引用されている［Bouhdiba 1975=1980: 85; Rowson 2006: 47］。ドッジは他の写本から，賢い女性を意味する *al-akfīya* の語と関連する可能性も指摘している［Dodge 1998: 736 n.21］。

24　Abū al-Ḥassān al-Namlī, d. ca. 860.『目録』第3章3節のナディームを紹介する箇所に，カリフ，ムタワッキルのナディームとして取り上げられている［*Fihrist* (Dodge 1998): 217 (334)］。それによると，彼には他に,『バッガーの書（*Kitāb al-Baghghā'*）』や『女性同性愛の書（*Kitāb al-Suḥq*）』などの著作もあったとされる。いずれも現在では散逸している。

25　これも大・小2種類の存在が伝えられている。王様が投げかける様々な性愛に関する質問に，二人のペルシア人と目される女性（ブルダーン（Buldān）とフバーヒブ（Ḥubāḥib））が答える形の著作で，後代にもしばしば引用される［Rowson 2006: 47–48］。ドッジは，メディナにブルダーンという名の歌手がいたことを注記しているが，直接の関係は不明［Dodge 1998: 736 n.22］。

26　Abū al-'Anbas al-Ṣaymarī, d. ca. 889. 彼も『目録』第3章3節のナディームを紹介する箇所に，ムタワッキルからムウタミド期に宮中に仕えた人物として取り上げられている［*Fihrist* (Dodge 1998): 216–217 (332–333)］。占星術や天文学の分野でより有名で多くの著作があるが，他に『恋する者と恋される者の書（*Kitāb al-'Āshiq wa-al-Ma'shūq*）』などの著作もあったとされる。現在では散逸している。

27　校訂では当該著作を *al-Saḥāqāt wa-al-Baghāsir* としていて，意味が取れない。ドッジは，これを *al-Saḥāqāt wa-al-Baghā'iyūn* と読み，saḥāqātを「すさんだ売春婦たち（jaded harlots）」, baghā'iyūnを「姦通者たち（adulterers）」と訳している［Dodge 1998: 736 n.23］, *Siḥāqāt wa-al-Baghghā'ūn* と読めば，siḥāqは「女性同性愛」と，baghghā'は後述の通り男性同士での性行為において受動側の役割を担う者「バッガー」（本書第五章138–139頁などを参照）と読むことができるが，いずれにせよ内容は不明である。ここではひとまずドッジの英訳に拠った。

28　Ibn Ḥājib al-Nu'mān, d. 1032. ブワイフ朝期の書記。アッバース朝カリフ，ターイーとカーディルにも仕えた。文学や詩にも通じた教養人としても有名［"Ibn Ḥādhib al-

13　例えば，10 世紀にサーマーン朝（873-999 年）君主の名により中国やインドを旅してその記録を残したアブー・ドゥラフ（Abū Dulaf d. 10c）は，イラクからホラーサーンへ向かう道中の山岳部にある修道院にまつわる逸話を残している。それによると，アブー・ヌワースが，この修道院を訪れた際に，修道士と互いに犯し合い性欲を満たす約束をしておきながら，その修道士は自らが犯し終わると逆側になることを拒んだため，アブー・ヌワースは彼を殺し，それにまつわる詩を修道院の壁に描いたという話である［イラン旅行記: 20-21］。これは，およそありえそうな話ではなく，おそらく当時の修道院のイメージを伝える創作の逸話だと思われる。なおこの逸話は 12 世紀にペルシア語で記された『被造物の驚異と万物の珍奇』にも掲載されている［被造物の驚異: 5/376-377］。またイブン・ハズムの『鳩の首飾り』には彼とアッバース朝第 6 代カリフ，アミーンの性的関係を匂わす記述がある［鳩の首飾り: 77］など，こうした話は枚挙にいとまがなく，特に後代になるにつれて増加していく。

14　本書第一章 36-37 頁の，1970-1980 年代の本質主義的研究を挙げた箇所において，アブー・ヌワースを対象とした研究を紹介した箇所を参照。例えば碩学エーヴァルト・ワグナーは，心理学者フロイトを持ち出してまで，アブー・ヌワースの性的指向を検討している［Wagner 1965: 107-110］。また他にも，こうした心理学や精神医学的な観点から彼の「性的逸脱」を扱う研究は多くあった。こうした研究をアラブ・ナショナリズムとの関連から論じた Massad 2007: 76-94 も参照。

15　クラーマー（Joel L. Kraemer）は，ムジューンという様式が流行る前の段階として「知的停滞」が必要であったとして，アッバース朝における文学の「黄金時代」以降，ブワイフ朝期に入ってから本格的にムジューンが流行したと言う［Kraemer 1986］。しかし一般的には，ハールーン・ラシードからアミーン治下にかけて，宮廷文化が特に奨励された時期において，カイナの流行などとも併せて，アブー・ヌワースの新奇体詩をきっかけに流行したとの見方が多い［“mujūn,” *EAL*; Montgomery 1996; Rowson 2006: 45-46］。またより早い段階で，盲目の宮廷詩人バッシャール・ブン・ブルド（Bashshār b. Burd, d. ca. 784）の詩作を先駆けとする研究もある［Meisami 1985］。

16　『カリーラとディムナ』の大元は，インドのカシミールで西暦 300 年以前に書かれた，『パンチャタントラ』と呼ばれるサンスクリットの動物寓話であった。それが 6 世紀頃サーサーン朝君主の要請によって翻訳され，パフラヴィー語で読まれるようになった。『カリーラとディムナ』は全文が写本で残っており，和訳も出版されている。上記解説も含め，その内容については邦訳版を参照［カリーラとディムナ］。

17　翻訳活動の社会・歴史的背景を概観するのに適した，日本語での最新の論考として，清水和裕や亀谷学によるものを参照［亀谷 2020; 大月・清水 2022］。

18　初期のアダブ作品を鑑文学の一種と捉え，そこに『カリーラとディムナ』はじめイブン・ムカッファアの翻訳活動を位置付ける議論がある［Latham 1990; 山中 2009: 206-212］。

19　該当箇所は *Fihrist* (Dodge 1998): 436 (735-736)。ローソンは当該箇所を「性交の書（kutub al-bāh）」の項目と呼ぶが［Rowson 2006: 46］，厳密には asmā’ al-kutub al-mua’llafa fī al-bāh al-Fārsī wa-al-Hindī wa-al-Rūmī wa-al-‘Arabī とある。この箇所については先行研究でもしばしば言及されている。

7　ウズリー（‘udhrī）とは，時には死に至るほど情熱的であるが，プラトニックな恋や愛情を意味する。アラブのウズラ族（Banū ‘Udhra）に由来し，古典アラブ部族詩の代表的なテーマのひとつであったが，アッバース朝期にはこうした愛の形が「宮廷風」なものと位置付けられ，これをもとに理想化された多くの詩や文学作品が著された。特に，7 世紀に活躍したウズラ族の詩人ジャミール（Jamīl b. ‘Abd Allāh b. Ma‘mar al-‘Udhrī）と，恋人ブサイナ（Buthayna）との恋愛譚は純粋な愛の理想的な形を表すものとして多く語られ，ジャミールの詩と併せて広く普及した。他に「マジュヌーン・ライラー」の物語なども同種の作品として有名［“Djamīl,” *EI*[2]; “‘udhrī,” *EI*[2]; “‘*udhrī* poetry,” *EAL*; Khan 2020: 44–65］。こうしたプラトニックな愛をモチーフとする伝統は，12 世紀南仏におけるトゥルバドゥール（吟遊詩人）にも影響を与えたと言われるが，アラブ文学の系譜ではイブン・ハズムの『鳩の首飾り』などの恋愛譚の文学的伝統，さらには性倫理的な著作へと発展した。本章 80 頁も併せて参照。

8　例えば，小笠原 1983: 189–196 などを参照。特に，イスラーム以前の詩において男性が女性をテントから「誘い出す」描写を含む詩が一種の定型として詠まれ，イスラーム以降にも引き継がれた。

9　誹謗詩の伝統は，前イスラーム時代において頻繁に起こっていた部族間の争いのなかで，相手部族自体やそこに属する個人を誹謗する詩を送りつける習慣に由来する［小笠原 1983: 150–152; 岡﨑 2009: 300–302］。次第に内容は過激化，または形式化していき，ウマイヤ朝期にはジャリール（Jarīr, d. 729）やファラズダク（al-Farazdaq, d. 728）のように，誹謗詩で有名になる詩人も現れた。そのなかには一種の定型として，あえて性的な内容を含め，過激で下品な表現で相手を貶めようとするものもあった［Rowson 2006: 44; Antoon 2014: 24–25］。

10　本書第一章 40 頁の研究史において『古典アラブ文学におけるホモエロティシズム』を紹介した箇所を参照。そこでは文学作品に見られる「同性愛」的表現を，文学的修辞や社会風刺として捉える，「本質主義的」研究を挙げている。

11　「羚羊の子（shādin）」は角が生え始め，親から自立し始める年頃の羚羊（ḍibā’）を指し，しばしば詩などでは美しい少年（ghulām）を暗示する表現として用いられた［“sh-d-n,” *Lisān*; cf. *Dīwān Abī Nuwās*: 139 n.3］。当該詩には邦訳もあるが，ここでは若干訳を変更している［アブー・ヌワース（塙訳）: 87-88］。

12　アブー・ヌワースは自身で作品集（dīwān）を編むことはなかったが，すでに 10 世紀にはハムザ・イスファハーニー（Ḥamza al-Iṣfahānī, d. ca. 961）によって詩集が作成されている。その後も多くのディーワーンが編まれたが，しばしば，少年との愛や酒にまつわる詩が，彼のものと誤って掲載されたという［“Abū Nuwās,” *EI*[2]］。さらに，ほぼ同時代のアブー・ヒッファーン（Abū Hiffān, d. 871）によるものや，辞典『リサーン・アル＝アラブ』で有名なイブン・マンズール（Ibn Manẓūr, d. 1311）によるものなど，彼について多くの逸話集も記された。こうしたイメージの延長として『千夜一夜物語』にも登場する（本書序章注 2 を参照）など，アブー・ヌワースは創作の物語の主人公としてもしばしば用いられ，さらにはスワヒリ文化圏にも彼のイメージは伝播し，アフリカ民話にもしばしばトリックスター的な登場人物として描かれるという［“Abū Nuwās,” *EI*[2]］。

15　美しい少年との欲望を満たす場としての，ハンマームについては Bouhdiba 1975=1980: 115–141 などを，コーヒーハウスについては Hattox 1985=1993: 156–157, 214 n. 20 などを，床屋については宮下 2013: 18–19; Malcolm 2022: 20–21 などを参照。また特に近年，Kruijzer 2024 や Malcolm 2024 といった，本書の関心とも隣接する刺激的な論考が立て続けに発表されているが，本書では扱うことができなかった。

第二章

1　イエを中心とする前近代イスラーム社会の形からも，成人男性を中心とした，契約としての婚姻とそれに伴う権利・義務の問題，また「床の権利」として主人に自由な性行為の権利があった女奴隷の所有の問題は，法学上大きな関心事であった［cf. Tolino 2024］。また，クルアーンに基づき，少なくともイスラームの理念上は，身体的な男女という性区分は絶対のものとして定められていた［後藤 2018］。イスラームの性愛の問題はいずれも，こうした婚姻や奴隷の購入に基づくイエの形成という理念と不可分であるように思われる。

2　本書ではほとんど扱うことができなかったものの，前近代のイスラーム法における「同性愛」の議論については多くの研究がある。差し当たり Schmitt 2001; Mezziane 2008; Omar 2012 や Tolino 2014; 2024 を参照。また最近のものでは Alipour 2024 があるが，筆者未見。法学を扱う研究は法学分野で独立したものとして行われる傾向にあり，これら成果との統合は今後の課題である。

3　例えば現在でも参照される『アジア歴史研究入門 4』の「アラブ（前期）」の記事では，「文学書に属するものでも，歴史資料として使えるものもある」として，本文中でも挙げた『歌書』やイブン・クタイバ，タヌーヒーなどの著作数点のみを挙げた上で，イブン・ムカッファアやジャーヒズの作品にも貴重なものがあるが「ここでは割愛する」と記すに留まる［『アジア歴史研究入門 4』: 547–548, 553–554］。「アラブ（後期）」の記事にも，逸話集を含めた文学作品は数点挙げられるのみで，ほとんど歴史史料としては扱われていない［『アジア歴史研究入門 4』: 555–591］。もちろん，マスウーディーの『黄金の牧場』など位置付けが難しいものには他の分類として扱われているものもある。しかし，逸話集という分野の外郭を定め，史料として扱うものは，基本的にその後の研究ハンドブック類にも，イスラーム圏の著作を紹介したり専門に扱ったりする論集などにも，日本語では見られない。

4　クルアーンの原義が「声に出して誦まれるもの」であるように，イスラーム以前からアラブ世界では口承での情報伝達が基本であり，散文よりも詩が重視されたと言われる［“oral composition,” *EAL*］。

5　El-Tayib 1983; 鷲見 2020 などを参照。

6　こうした技巧を凝らしたタシュビーブは，当時しばしば詠まれていた［Stetkevych 2002: 10–14; Khan 2020: 198–199］。例えば古代アラビアの著名な詩人イムルウ・カイス（Imru’ al-Qays, d. ca 550）も，露骨な表現は避けつつも隠喩などの文学的表現を盛り込んで，指先や腰，髪，瞳など女性の肉体の各部位を想起させる詩を詠んでいるのが，前イスラーム時代の優れた詩人の詩を挙げる詩集『ムアッラカート（*Mu‘allaqāt*）』に確認できる［ムアッラカート: 1/6–7; cf. Stetkevych 2002: 11］。

されている［Dunne 1990: 56］。またそもそも，研究において性的な事柄が 19 世紀以来長らく等閑視されてきた点や，自らが「同性愛者」と言われることを恐れる研究者の存在も指摘されている［AbuKhalil 1993; Roth 1996; AbuKhalil 1997］。例えばシャルル・ペラはアッバース朝期の文人，ジャーヒズの伝記・アンソロジーを執筆するにあたって，あえて性的な話題を含む作品については詳細な言及を避けている。本書第三章で扱う『ジャーリヤとグラームの美点の書』についての解説では，冒頭数頁を紹介した後唐突に，「これ以降は，良識によって翻訳することが妨げられるような物語や詩（traditions and verses which decency forbids us to translate）」が散りばめられていると記すのみで，非常に簡潔な言及に留めている［Pellat 1969: 270–271］。

9　筆者は，以下に挙げる旅行記の実際の記述を見ることができていない。より詳細は，ゼエヴィの著作第 6 章（The View from Without: Sexuality in Travel Accounts）［Ze'evi 2006: 149–165］も併せて参照。

10　こうした傾向は例えば，Aldrich 2006=2009: 271–301 や松原 2015: 257–320 などの概説的な書籍に見られる。もちろん，より「素朴」な形で本質主義的立場を取る書籍は多くあるが，これらは，研究史を踏まえた上であえて，本質主義的な「同性愛の歴史」を描こうとしている［Aldrich 2006=2009: 7–27; 松原 2015: 566］。

11　歴史家であると同時に性科学者でもあったバローの著作『社会・歴史における性の多様性（*Sexual Variance in Society and History*）』は様々な文化圏における性愛にまつわる態度・観念を比較文化的に各章で取り上げたものである［Bullough 1976］。特に「初期キリスト教――性に否定的な宗教（A Sex-Negative Religion）――」と題したキリスト教圏を扱う章に対して，イスラーム圏を扱う章は「イスラーム――性に肯定的な宗教（A Sex-Positive Religion）――」とするなど，両者の文化的態度の対立を過度に強調する傾向が見られる。

12　なお彼は，1995 年には『ムスリム社会における男性同士のセクシュアリティ・エロティシズム関連目録（*Bio-Bibliography of Male–Male Sexuality and Eroticism in Muslim Societies*）』と題した史資料目録［Schmitt 1995］を出版し，2001 年には前近代社会のイスラーム法における同性間の性愛関係に対する態度を史料から詳細に読み解いた論考を発表するなど［Schmitt 2001］，歴史学者としての重要な業績も有しており，理論的な側面に過度に偏重していたわけではない。

13　ハビーブには，850 年から 18 世紀までのイスラーム圏における「女性同性愛」にまつわるアラビア語の記事を，英訳や仏訳とともに紹介する資料集もある［Habib 2009］。

14　その他の，ゲイを公表しているイマームによるものも含め，「新しい解釈」を基盤とした現代の権利運動・研究活動については，大川 2021 や青柳 2021 にまとまっている。日本の事例については梅津 2022 を参照。これらは基本的にイスラーム法の「古典的解釈」を解釈し直し，現代の具体的な問題に適応させることを目的としたものである。例えば先の，ロトの民の「醜行」を，同性を犯すことだと解釈するのではなく，ロトの民が天使を無作法に扱ったことであると捉え，「同性愛」の禁止を否定する解釈がある。しかし，これらは未だ多くのムスリムからは受け入れられるには至っていない。こうした「新しい解釈」と前近代の事例との関わりについては別稿で論じたい。

などそれらを「あえて」区別しないという立場もありうるだろう。こうしたいわば「構築主義的立場」と「本質主義的立場」の違いについては本書第一章を参照。

24 例えばリュープは，日本における男色文化の「衰退」が，近代化による西洋の価値観の流入のためであるとするものの，一方で「役割構造を持つ同性愛という意味での男色は，明治時代の学校や軍隊で生き延び，栄えさえした」と指摘している［Leupp 1995=2014: 287］。

25 例えば長島 2017 は，江戸時代に女性の身体を持ちつつジェンダーアイデンティティは男性であったと目される人物の事例を詳細に検討している。

第一章

1 歴史学上のセクシュアリティ概念の定義については赤川 1999: 1–15 や，新しいものでは林田 2020 を参照。特に無定義概念とすることの有用性については赤川 1999: 13–15 ならびに上野 1996 を参照。

2 constructionism は日本語では，「構築主義」「社会構築主義」「構成主義」「社会構成主義」などと様々に訳されるが，基本的には同じものを指す。本書では「構築主義」に統一しているが，例えば赤川学が，本質主義の対として用いられる際には「構成主義」と，実証主義の対として用いられる際には「構築主義」とそれぞれ訳し分けているように［赤川 2006］，各語を使い分ける論者もいる。なお，本書でもたびたび用いている，ハルプリンの『同性愛の百年間』では当該語が「構造主義」として訳されているが，これは日本語では別の概念（structuralism）を指して用いられており，混乱を招くとの批判がある［古川 1996: 127 n.4; cf. Halperin 1990=1995: 268］。

3 「二つの」本質主義については加藤 2001 を参照。

4 Halperin 1990=1995: 52 n.67, 58 n.83 ならびに小山田 2021: 13 を参照。なおこの延長線上で「女性同性愛」を挿入モデルから検討することも可能かもしれないが，本書ではそこまで扱うことはできない。

5 ボズウェルの用いる用語についての詳細は，当該書の「定義」の章を参照［Boswell 1980=1990: 64–81］。彼はこう呼ぶことの最大の利点として，この言葉が同性に対する性的「嗜好」を自覚している者を指して一般に用いられるため，「ホモセクシュアル」という語に対して，より定義が厳密である点も挙げている。

6 両者の議論は，性的アイデンティティに着目する構築主義陣営に対して，本質主義陣営は性的指向を問題としていたという点で，論点にずれがあったとも指摘される。また，そもそもこの「議論」は，構築主義的立場に立つ研究者たちが，それ以前の性愛研究を本質主義的だとして批判した，一方向的なものだったという見方もある。これらについては，古川 1996，魚住 2011 ならびに林田 2020 などを参照。

7 なお英語では，『性的精神病理』を初めて英訳した精神科医のチャールズ・ギルバート・チャドック（Charles Gilbert Chaddock）によって「同性愛（homosexuality）」の語が導入された。三成 2015: 44 ならびに小林 2021: 61–64 を参照。

8 例えば，当該分野に関する研究動向では，1990 年当時の時点でもなお，中東地域における「同性愛」が他の地域と比べて特に「閉ざされた研究対象」とされているのかについて，西洋社会の同性愛嫌悪的感情を反映し続けているためであるとの説明がな

Iṣfahānī, d. 934）は，ムウタズィラ派のクルアーン解釈者。cf. クルアーン: 104 n.451.

17　クルアーン第 52 章 24 節，第 56 章 17-18 節，第 76 章 19 節などでは，楽園における報奨として，酔わない酒や永遠の処女と並んで，永遠の若さを持つ美しい酌取りの少年が描写される。当該箇所を，イスラームの「同性愛」に対する態度の「両義性」や「寛容さ」の根拠とする見解は，歴史上にも現代にも見られる［"liwāṭ," *EI*²; Sardar 2011: 323; cf. 大川 2021: 226］。

18　古典期の法学形成から確立における，法解釈とその適用の展開については，堀井 2004 などを参照。

19　預言者ムハンマドの言行に基づいた伝承であるハディースは，特に 9 世紀以降に伝承学者らによって収集され，「ハディース集」として編纂された［堀井 2004: 36-41］。クルアーンに次ぐイスラーム法の法源であり，現代にまでイスラームの理念を規定する土台となっている。特にスンナ派で，現在に至るまで最も重要とされているハディース集 6 点は「六書」と呼ばれており，本書でもこれらを主に参照している。なお，本書全文において，著者没年順に挙げた以下の「六書」からハディースを引用する場合は，典拠として，頁数ではなく各書に付されるハディース番号を挙げる。また和訳が存在する，ブハーリーの『サヒーフ』とムスリムの『サヒーフ』については，該当箇所も併記する。

- ブハーリー（Bukhārī, d. 870）の *Ṣaḥīḥ al-Bukhārī*［*Bukhārī*（ブハーリー）］
- ムスリム（Muslim b. al-Hajjāj, d. 875）の *Ṣaḥīḥ Muslim*［*Muslim*（ムスリム）］
- イブン・マージャ（Ibn Māja, d. 887）の *Sunan Ibn Māja*［*Ibn Māja*］
- アブー・ダーウード（Abū Dā'ūd, d. 889）の *Sunan Abī Dā'ūd*［*Abū Dā'ūd*］
- ティルミズィー（Tirmidhī, d. 905）の *Sunan al-Tirmidhī*［*Tirmidhī*］
- ナサーイー（Nasā'ī, d. 915）の *Sunan al-Nasā'ī*［*Nasā'ī*］

20　法学用語で「ムフサン（muḥṣan）」と呼ばれる存在。成人済みの理性を備えた自由人ムスリムで，有効な婚姻中で性交経験があり，過去に姦通罪の前科がない者を指し，完全責任能力者とも訳される［柳橋 2001: 490-491］。

21　Omar 2012 を参照。なお，完全責任能力者としてのムフサンが姦通罪を犯した場合には，法学派によって若干の異同はあるものの，基本的に石打ち刑となる［柳橋 2001: 491; Omar 2012: 238］。その一方で，それがムフサンでない場合（未成年者や性行為の未経験者，心神喪失者の場合）は，理性の不足とみなされて石打ち刑よりも軽い鞭打ち刑となる［Omar 2012: 228-229］。

22　男色研究については多くの蓄積があるが，差し当たって，中世に関するものは田中 1997 を，江戸期に関するものは氏家 1995 を参照。また本質主義と構築主義の論争を踏まえたものとして，主に徳川時代を扱う Leupp 1995=2014 がある。

23　現在では一般書においても，織田信長と森蘭丸の性愛関係は俗説であるという理解が一般的である。例えば，在野の「歴史家」の立場を取る乃至は，そもそも森蘭丸という「架空」の人物が信長の性愛の対象であったとするイメージは俗説であると記している［乃至 2024: 272-273］。

また乃至が明確に，「男色」と「同性愛」を区別して「男色」にまつわる俗説を説得的に反証している点は特筆に値する［乃至 2024: 18-50］。その一方で，松原 2015: 566

トなどを参照［https://www.afpbb.com/articles/-/3328943, https://www.reuters.com/business/media-telecom/exclusive-pixar-movie-lightyear-with-same-sex-couple-will-not-play-14-countries-2022-06-13/（いずれも 2025 年 3 月 1 日最終閲覧）］。

6　こうしたイスラームにおける宗教的な禁忌と個人の信仰についてのわかりやすい説明としては，例えば松山洋平による概説を参照［松山 2017: 17–24］。

7　この山括弧付きの〈同性愛〉という語については，次章にて，研究史を踏まえた上で説明したい。

8　現在の状況については本章注 3 を参照。現在進みつつある様々な「新しい解釈」については本書第一章二節注 14 などを参照。

9　旧約聖書の該当箇所は創世記の第 18–19 章。クルアーンにこの物語を描いた箇所は以下の計 10 箇所ある。クルアーン第 7 章 80–84 節，第 11 章 69–83 節，第 15 章51–77 節，第 21 章 71–75 節，第 25 章 40 節，第 26 章 159–175 節，第 27 章 54–58 節，第 29 章 28–35 節，第 37 章 133–138 節，第 54 章 332–340 節。クルアーンにおける預言者ロトの物語については，特にレームハイス（Fred Leemhuis）の論考［Leemhuis 2004］を参照のこと。

10　クルアーン第 7 章 80–81 節。

11　Rowson 2002 を参照。加えて，例えば現在においても重要なクルアーン注釈書のひとつである，15 世紀の注釈書『ジャラーラインのクルアーン注釈』では，当該箇所は「男色」を意味すると記されている（原文では ay adbār al-rijāl）［*Jalālayn*（ジャラーライン）: 3/68 (1/387–388)］。

12　クルアーンには「ソドムとゴモラ」という具体的な街の名前は記されず，この街の住民は「彼の民（qawm-hu）」すなわち「ロトの民（qawm Lūṭ）」と書かれる。またリワート／ルーティーの語が預言者ロトに由来するという説には若干の異論もある。例えば，『イスラーム百科事典 新版』の “liwāṭ” の項目には，「付着する，入る」を意味するアラビア語動詞，lāṭa に由来するという説が挙げられている［“liwāṭ,” *EI*^{2}］。後述の『キリスト教と同性愛』を著したボズウェルは，ロトが天使たちの「醜行」に加わらなかった有徳な預言者であるのに，リワート／ルーティーの語がその名に由来するのはおかしいとして，lāṭa に由来するという説を有力視している［Boswell 1980=1990: 514 n.95］。

13　この語は，旧約聖書創世記第 18–19 章の「ソドムとゴモラの物語」にちなみ，ソドムの街の人々が滅亡させられる理由となった数々の堕落した行為，「ソドムの罪」を語源とする。本章 5 頁も併せて参照。また「ソドムの罪」が「同性愛」を意味するかどうかの議論については，辻 1999 ならびに小林 2021: 131–195 を参照。

14　例えば本章注 9 に挙げた，レームハイスの論考では，7–8 世紀に書かれたクルアーン注釈書にも言及されており，当時すでにロトの民の行為が性的なものだという認識はあったものの，現代ほどに「同性愛」が強調されてはいなかったという重要な指摘がある［Leemhuis 2004］。他に Jamal 2001 も参照。近年の「新しい解釈」については本書第一章二節を参照。

15　クルアーン第 4 章 15–16 節。

16　詳細は Rowson 2002 を参照。アブー・ムスリム・イスファハーニー（Abū Muslim al-

注

序章

1　例えば前者は，カルカッタ第 2 版の第 384 夜「ヤマンのおとどとその弟君との話」，後者は，同版の第 697–698 夜「大臣アブー・アーミル・ブヌ・マルワーンとアルマリク・アンナースィルの物語」［アラビアン・ナイト: 9/247–249, 14/96–99］。その他にも，同様の描写は多く見られる。なお中世史家で『必携 アラビアンナイト（*The Arabian Nights: A Companion*）』を記したロバート・アーウィン（Robert Irwin）は，そのひとつの章を「セクシャル・フィクション」の項目に割いて，作品中に出てくる様々な性愛の形を紹介しており，全てではないものの同性間での性愛にまつわる描写も取り上げている［Irwin 1994=1998: 215–237］。

2　アブー・ヌワース（Abū Nuwās, d. ca. 813）は，8–9 世紀にアッバース朝宮廷で活躍した有名なアラブ詩人。特に，少年とのものを含む恋愛詩や飲酒詩，狩猟詩などを斬新な手法で詠んだことで知られる。彼の詩はいくつかの詩集として編纂され現代にまで伝えられている［*Dīwān Abī Nuwās*］。日本語では塙治夫による詩集の編訳が出版されており，そのなかにも少年や若者の美貌や彼らへの欲望，憧憬を主題とする詩が散見する［アブー・ヌワース（塙訳）］。また先の注とも関連して，アブー・ヌワースは『千夜一夜物語』にもたびたび登場し，少年への恋心を詩に詠んだり，少年との快楽にふけったりする存在として描かれている［e.g. アラビアン・ナイト: 9/31–41, 9/231–240］。併せて本書第一章二節ならびに，第二章一節なども参照。

3　国際 NGO，国際レズビアン・ゲイ協会（International Lesbian, Gay, Bisexual, Trans and Intersex Association）が 2019 年に発行した報告［Mendos 2019］によると，同性間での性交に対して死刑が定められている国は，イラン，サウジアラビア，イエメン，スーダン，ナイジェリア，ソマリアの 6 カ国，死刑が求刑されうる国は，アフガニスタン，アラブ首長国連邦，カタール，パキスタン，モーリタニアと，いずれもイスラームが強い影響力を持つ国である（同報告には反映されていないが，2019 年 4 月 3 日にブルネイでは，同性間での性交に対して石打ちによる死刑の可能性が含まれる「新刑法」が施行された［https://www.bbc.com/news/world-asia-47769964（2025 年 3 月 1 日最終閲覧）］）。また同報告所収の性的指向に関する法的態度を示した地図（Sexual Orientation Laws in the World – 2019）からは，中東・アフリカを中心に，イスラーム圏における同性間性愛への強い忌避が窺える［Mendos 2019: 536］。

4　ISIS（自称イスラーム国）による同性愛者処刑については，例えば 2015 年 3 月に CNN のウェブサイト上で，同性愛者とされる男性をビルの屋上から突き落として処刑したという報道が，画像とともに公開された［https://www.cnn.co.jp/world/35061454.html（2025 年 3 月 1 日最終閲覧）］。

5　インドネシアでの男性同性愛者への公開鞭打ち刑に関する報道や，女性同士のキスシーンによるディズニー映画上映禁止の報道については，それぞれ以下のウェブサイの分析――ウマイヤ朝・アッバース朝宮廷との関わりを中心に――」『日本中東学会年報』28(1), 59-98.
中野さやか 2015:「サアラビー著『王の性質』におけるナディーム論の分析」『イスラム世界』84, 27-59.
西尾哲夫 2006:「『アラビアンナイト』と中東世界の女性観――カイドの概念をめぐって――」『比較文學研究』87, 3-16.
野田恵子 2012:「ヘテロセクシズムの系譜学――「性愛の術」と「性の科学」をめぐる比較文化論的考察――」『文明』17, 55-67.
箱田徹 2007:「エロスの技法を再読する――フーコー統治論の形成過程――」『社会思想史研究』31, 90-107.
波戸愛美 2008:「14-15 世紀アラブ中東社会における奴隷の用語法」『アジア地域文化研究』4, 105-124.
林佳世子 2008:『オスマン帝国 500 年の平和』講談社.
林田敏子 2020:「セクシュアリティ」『論点・西洋史学』金澤周作監修, ミネルヴァ書房, 208-209.
服藤早苗・新實五穂編 2017:『歴史のなかの異性装』勉誠出版.
古川誠 1996:「同性愛の比較社会学――レズビアン／ゲイ・スタディーズの展開と男色概念――」『セクシュアリティの社会学』（岩波講座 現代社会学 10）井上俊ほか編, 岩波書店, 113-130.
保坂修司 1994:『乞食とイスラーム』筑摩書房.
堀井聡江 2004:『イスラーム法通史』山川出版社.
堀内勝 1977a:「砂漠の愛と詩の世界――「マジュヌーン・ライラ」物語」『東方の輝き』（世界の女性史 13）板垣雄三編, 評論社, 201-239.
堀内勝 1977b:「都市の宴と歌の世界――歌謡の女王ジャミーラ――」『東方の輝き』（世界の女性史 13）板垣雄三編, 評論社, 241-274.
堀内勝 2013:「イスラーム初期歌謡文化について」『貿易風』8, 159-222.
堀内勝 2015:『ラクダの跡――アラブ基層文化を求めて――』第三書館.
松原國師 2015:『図説 ホモセクシャルの世界史』作品社.
松山洋平 2017:『イスラーム思想を読みとく』筑摩書房.
三成美保 2015:「尊厳としてのセクシュアリティ」『同性愛をめぐる歴史と法――尊厳としてのセクシュアリティ――』三成美保編, 明石書店, 21-68.
宮下遼 2008:「トルコ古典文学における酌人――17 世紀オスマン朝「酌人の書」についての一考察――」『アジア地域文化研究』4, 128-152.
宮下遼 2013:「16 世紀「描写の書」に見るオスマン朝古典詩人の商工業者像」『イスラム世界』79, 1-27.
森山央朗 2009:「「地方史人名録」伝記記事の特徴と性格――中世イスラーム世界のウラマーが編んだ地域別人物記録の意図――」『東洋学報』90(4), 27-54.
柳橋博之 2001:『イスラーム家族法――婚姻・親子・親族――』創文社.
山中由里子 2009:『アレクサンドロス変相――古代から中世イスラームへ――』名古屋大学出版会.

32–75.
亀谷学 2020:「イスラーム世界の出現」『750 年 普遍世界の鼎立』(歴史の転換期 3) 三浦徹編, 山川出版社, 18–78.
菊地達也 2009:『イスラーム教 「異端」と「正統」の思想史』講談社.
高野太輔 2008:『アラブ系譜体系の誕生と発展』山川出版社.
後藤絵美 2018:「クルアーンとジェンダー——男女のありかたと役割を中心に——」『クルアーン入門』松山洋平編, 作品社, 389–413.
小林昭博 2021:『同性愛と新約聖書——古代地中海世界の性文化と性の権力構造——』風塵社.
酒井隆史 1995:「ソドミーから同性愛へ——「セクシャリティ」以前と以後の性コード——」『早稲田大学大学院文学研究科紀要 第 1 分冊』41, 167–178.
佐藤健太郎 1993:「10 世紀後ウマイヤ朝のファター」『イスラム世界』39/40, 73–94.
佐藤次高 1994:「バグダードの任侠と無頼」『イスラム社会のヤクザ——歴史を生きる任侠と無頼——』 第三書館, 63–116.
清水和裕 2002:「フトゥーワとムルーア」『法と秩序』(歴史学事典 9) 山本博文ほか編, 弘文堂, 526–528.
清水和裕 2005: 『軍事奴隷・官僚・民衆——アッバース朝解体期のイラク社会——』山川出版社.
清水和裕 2009: 「中世イスラーム世界の黒人奴隷と白人奴隷——〈奴隷購入の書〉を通して——」『史淵』146, 153–184.
清水和裕 2014:「イブン・ナディームの『目録』」『イスラーム書物の歴史』小杉泰・林佳世子編, 名古屋大学出版会, 84–98.
清水和裕 2015:『イスラーム史のなかの奴隷』山川出版社.
杉田英明 1995:「中東文学における狂の系譜」『文學界』49(5), 170–183.
鷲見朗子 2020:「アラブ古典詩」『中東・オリエント文化事典』鈴木董・近藤二郎・赤堀雅幸編集代表, 丸善出版, 408–409.
竹村和朗 2011:「エジプト口語アラビア語の諺——「異文化」を見る窓として——」『アジア・アフリカ言語文化研究』82, 145–217.
田中貴子 1997 (2004):『性愛の日本中世』洋泉社.
田村慎雄・矢内光一 2009:「古代ローマにおけるインターセックス観の変容」『横浜国立大学教育人間科学部紀要 II (人文科学)』11, 5–19.
辻大地 2018:「前近代イスラーム社会における去勢者——性的対象としての側面を中心に——」『シルクロード』28, 2–4.
辻浩和 2017:「中世芸能の異性装」『歴史のなかの異性装』服藤早苗・新實五穂編, 勉誠出版, 26–40.
辻学 1999:「「ソドムの罪」は同性愛か——「他の肉を追い求める」(ユダ 7 節) をめぐって——」『関西学院大学キリスト教学研究』2, 5–18.
乃至政彦 2024 (2013):『増補版 戦国武将と男色』筑摩書房.
長島淳子 2017 (2023):『江戸の異性装者たち』勉誠出版.
中野さやか 2012:「アブー・ファラジュ・イスファハーニー著『歌書』に見られる歌手達

雄三編, 評論社, 121–141.
井谷鋼造 1994:「中世イランの愛と性」『エロスの文化史』追手門学院大学東洋文化研究会編, 勁草書房, 232–250.
上野千鶴子 1996:「セクシュアリティの社会学・序説」『セクシュアリティの社会学』(岩波講座 現代社会学 10) 井上俊ほか編, 岩波書店, 1–24.
魚住洋一 2011:「ホモセクシュアリティをめぐって――「社会構築主義・本質主義論争」の一側面――」『倫理学研究』41, 137–148.
魚住洋一 2013:「同性愛者の「誕生」――アイデンティティとセクシュアリティ――」『京都市立芸術大学美術学部研究紀要』57, 5–18.
氏家幹人 1995:『武士道とエロス』講談社.
梅津綾子 2022:「日本人 LGBT ムスリムと同性愛的行為・同性婚――信仰とセクシュアリティの両立に関する予備的考察――」『年報人類学研究』13, 137–149.
大川玲子 2021:『リベラルなイスラーム――自分らしくある宗教講義――』慶應義塾大学出版会.
太田啓子 2014:「中世のメッカ巡礼と医療――クスター・イブン・ルーカーの巡礼医学書の記述から――」『地中海世界の旅人――移動と記述の中近世史――』長谷部史彦編, 慶應義塾大学出版会, 217–236.
大月康弘・清水和裕 2022:「ユーラシア西部世界の構成と展開」『西アジアとヨーロッパの形成 8〜10 世紀』(岩波講座 世界歴史 8) 大黒俊二・林佳世子責任編集, 岩波書店, 3–73.
岡﨑桂二 2008:「『マカーマート』における医療のトポス――蘇生術, 産婆術, 預言者の医術――」『四天王寺大学紀要』47, 217–244.
岡﨑桂二 2009:「アラブ文学における論争ジャンル――「マカーマート」の周縁――」『四天王寺大学紀要』48, 299–330.
岡﨑桂二 2010:「アダブ考――アラブ文化におけるアンソロジーの思想――」『四天王寺大学紀要』51, 1–27.
岡﨑桂二 2011:「アラブ・イスラーム文化における百科全書の思想」『アラブ・イスラム研究』9, 57–77.
岡﨑桂二 2016:「ガザーリー『宗教諸学の再興』「サマーウの書」における音楽思想――サマーウ・アサル・ワジュド――」『アラブ・イスラム研究』14, 69–102.
小笠原良治 1983:『ジャーヒリーヤ詩の世界――イスラーム以前のアラビヤ――』至文堂.
小野仁美 2019:『イスラーム法の子ども観――ジェンダーの視点でみる子育てと家族――』慶應義塾出版会.
小山田真帆 2021:「古代ギリシアにおける身体と性の政治学――同性間の性的関係をめぐる研究史――」『新しい歴史学のために』299, 3–20.
風間孝 2024:「性的指向」『ジェンダー事典』ジェンダー事典編集委員会編, 丸善出版, 104–105.
加藤秀一 2001:「構築主義と身体の臨界」『構築主義とは何か』上野千鶴子編, 勁草書房, 159–188.
金田千澄・辻大地「ジャーヒズ著『カイナの書』訳注 (上)」『イスラム世界』101, 2024,

Sexualities: Systems of Thought and Belief, ed. by Merry E. Wiesner-Hanks and Mathew Kuefler, vol. 2, Cambridge: Cambridge University Press, 293–313.

Toorawa, Shawkat M., 2005: *Ibn Abī Ṭāhir Ṭayfūr and Arabic Writerly Culture: A Ninth-Century Bookman in Baghdad*, London: Routledge.

Ullmann, Manfred, 1970: *Die Medizin im Islam*, Leiden and Köln: E.J. Brill.

Ullmann, Manfred, 1978: *Islamic Medicine*, Edinburgh: Edinburgh University Press（=2022:『イスラーム医学』橋爪烈・中島愛里奈訳, 青土社）.

Wagner, Ewald, 1965: *Abū Nuwās: eine Studie zur arabischen Literatur der frühen ʻAbbāsidenzeit*, Wiesbaden: Franz Steiner Verlag.

Weeks, Jeffrey, 1977 (1990): *Coming out: Homosexual Politics in Britain, from the Nineteenth Century to the Present*, London and New York: Quartet Books.

Weeks, Jeffrey, 1981: "Discourse, Desire and Sexual Deviance: Some Problems in a History of Homosexuality," in *The Making of the Modern Homosexual*, ed. by Kenneth Plummer, London: Hutchinson, 76–111.

Weeks, Jeffrey, 1986: *Sexuality*, London: Routledge（=1996:『セクシュアリティ』上野千鶴子監訳, 河出書房新社）.

Weeks, Jeffrey, 2016: *What is Sexual History?*, Cambridge: Polity Press （=2024:『セクシュアリティの歴史』赤川学監訳, 筑摩書房）.

Wright, Owen, 1983: "Music and Verse," in *Arabic Literature to the End of the Umayyad Period*, ed. by Alfred Felix Landon Beeston et al., Cambridge: Cambridge University Press, 433–459.

Wright Jr., Jerry W. and Everett K. Rowson (eds.), 1997: *Homoeroticism in Classical Arabic Literature*, New York: Columbia University Press.

Wright Jr., Jerry W., 1997: "Masculine Allusion and the Structure of Satire in Early ʻAbbāsid Poetry," in *Homoeroticism in Classical Arabic Literature*, ed. by Jerry W. Wright Jr. and Everett K. Rowson, New York: Columbia University Press, 1–23.

Yungman, Limor, 2017: "Beyond Cooking: The Roles of Chefs in Medieval Court Kitchens of the Islamic East," *Food and History*, 15(1/2), 85–114.

Zahed, Ludovic-Mohamed, 2020: *Homosexuality, Transidentity, and Islam: A Study of Scripture Confronting the Politics of Gender and Sexuality*, Amsterdam: Amsterdam University Press.

Zayyāt, Ḥabīb, 1956: "al-Mar'a al-ghulāmīya fī l-Islām," *al-Machriq*, 50, 153–192.

Ze'evi, Dror, 2006: *Producing Desire: Changing Sexual Discourse in the Ottoman middle East, 1500–1900*, Berkeley: University of California Press.

青柳かおる 2021:「イスラームの同性愛における新たな潮流――ゲイとムスリムたちの解釈と活動――」『比較宗教思想研究』21, 1–24.

赤川学 1999（2024）:『セクシュアリティの歴史社会学』勁草書房.

赤川学 2006（2001）:「言説分析と構築主義」『構築主義を再構築する』勁草書房, 52–71.

新井裕子 2015:『イスラムと音楽――イスラムは音楽を忌避しているのか――』スタイルノート.

池田修 1977:「ジャーヒリーヤ時代のアラブ女性」『東方の輝き』（世界の女性史 13）板垣

Schmitt, Arno, 1992b: "A Critique of John Boswell's Writings on Muslim Gays," in *Sexuality and Eroticism Among Males in Moslem Societies*, ed. by Arno Schmitt and Jehoeda Sofer, New York: Routledge, 169–178.

Schmitt, Arno, 1995: *Bio-Bibliography of Male-Male Sexuality and Eroticism in Muslim Societies*, Berlin: Verlag Rosa Winkel.

Schmitt, Arno, 2001/2: ""Liwāṭ" im "Fiqh": Männliche Homosexualität?," *Journal of Arabic and Islamic Studies*, 4, 49–110.

Schmitt, Arno and Jehoeda Sofer (eds.), 1992: *Sexuality and Eroticism Among Males in Moslem Societies*, New York: Routledge.

Selove, Emily, 2018: "Medicine and Literature," in *1001 Cures: Contributions in Medicine and Healthcare from Muslim Civilisation*, ed. by Peter E. Pormann, Foundation for Science Technology and Civilisation, 160–165.

Semah, David, 1977: "Rawḍat al-Qulūb by al-Šayzarī: A Twelfth Century Book on Love," *Arabica*, 24(2), 187–206.

Sharlet, Jocelyn, 2010: "Public Displays of Affection: Male Homoerotic Desire and Sociability in Medieval Arabic Literature," in *Islam and Homosexuality*, ed. by Samar Habib, vol. 1, Santa Barbara, Denver and Oxford: Praeger, 37–55.

Shay, Anthony, 2014: *The Dangerous Lives of Public Performers: Dancing, Sex, and Entertainment in the Islamic World*, New York: Palgrave Macmillan.

Shefer-Mossensohn, Miri, 2008: "*Before Homosexuality in the Arab-Islamic World, 1500–1800.* By Khaled El-Rouayheb. Chicago: University of Chicago Press, 2005. Pp. x+210. $32.50.," *Journal of the American Oriental Society*, 128(2), 386–387.

Shuraydi, Hasan, 2014: *The Raven and the Falcon: Youth versus Old Age in Medieval Arabic Literature*, Leiden: Brill.

Spectorsky, Susan Ann, 2009: *Women in Classical Islamic Law: A Survey of the Sources*, Leiden: Brill.

Stetkevych, Suzanne Pinckney, 2002: *The Poetics of Islamic Legitimacy: Myth, Gender, and Ceremony in the Classical Arabic Ode*, Bloomington: Indiana University Press.

Szombathy, Zoltan, 2013: *Mujūn: Libertinism in Mediaeval Muslim Society and Literature*, Cambridge: Gibb Memorial Trust.

El-Tayib, Abdulla 1983: "Pre-Islamic poetry," in *Arabic Literature to the End of the Umayyad Period*, ed. by Alfred Felix Landon Beeston et al., Cambridge: Cambridge University Press, 27–109.

Thomann, Johannes, 2021: "Illusions of Androgyny: Cross-Dressing Women (Ghulāmiyyāt) in Abbasid Society," in *Sex and Desire in Muslim Cultures: Beyond Norms and Transgression from the Abbasids to the Present Day*, ed. by Aymon Kreil, Lucia Sorbera and Serena Tolino, London: I.B. Tauris, 47–65.

Tolino, Serena, 2014: "Homosexual Acts in Islamic Law: Siḥāq and Liwāṭ in the Legal Debate," *GAIR-Mitteilungen*, 6, 187–205.

Tolino, Serena, 2024: "Sexuality in Islamic Traditions," in *The Cambridge World History of*

Rosenthal, Franz, 1978: "Ar-Râzî on the Hidden Illness," *Bulletin of the History of Medicine*, 52 (1), 45–60.

Rosenthal, Franz, 1997: "Male and Female: Described and Compared," in *Homoeroticism in Classical Arabic Literature*, ed. by Jerry W. Wright Jr. and Everett K. Rowson, New York: Columbia University Press, 24–54.

Roth, Norman, 1996: "A Research Note on Sexuality and Muslim Civilization," in *Handbook of Medieval Sexuality*, ed. by Vern L. Bullough and James A. Brundage, New York and London: Garland publishing, 319–327.

El-Rouayheb, Khaled, 2005: *Before Homosexuality in the Arab-Islamic World, 1500–1800*, Chicago and London: The University of Chicago Press.

Rowson, Everett K., 1991a: "The Effeminates of Early Medina," *Journal of the American Oriental Society*, 111(4), 671–693.

Rowson, Everett K., 1991b: "The Categorization of Gender and Sexual Irregularity in Medieval Arabic Vice Lists," in *Body Guards: The Cultural Politics of Gender Ambiguity*, ed. by Julia Epstein and Kristina Straub, New York: Routledge, 50–79.

Rowson, Everett K., 1994: "*Live Theatre and Dramatic Literature in the Medieval Arabic World.* By Shmuel Moreh. New York University Studies in Near Eastern Civilization, no. 17. New York: New York University Press, 1992. Pp. ix+205. $45," *Journal of the American Oriental Society*, 114(3), 466–468.

Rowson, Everett K., 2002: "Homosexuality," in *Encyclopaedia of the Qur'an*, ed. by Jane Dammen McAuliffe, vol. 2, Leiden: Brill, 444–445.

Rowson, Everett K., 2003: "Gender Irregularity as Entertainment: Institutionalized Transvestism at the Caliphal Court in Medieval Baghdad," in *Gender and Difference in the Middle Ages*, ed. by Sharon Farmer and Carol Braun Pasternack, Minneapolis: University of Minnesota Press, 45–72.

Rowson, Everett K., 2006: "Arabic: Middle Ages to Nineteenth Century," in *Encyclopedia of Erotic Literature*, ed. by Gaëtan Brulotte and John Phillips, vol. 1, New York: Routledge, 43–61.

Sanders, Paula, 1991: "Gendering the Ungendered Body: Hermaphrodites in Medieval Islamic Law," in *Women in Middle Eastern History: Shifting Boundaries in Sex and Gender*, ed. by Nikki R. Keddie and Beth Baron, New Haven and London: Yale University Press, 74–95.

Sardar, Ziauddin, 2011: *Reading the Qur'an: The Contemporary Relevance of the Sacred Text of Islam*, Oxford and New York: Oxford University Press.

Sawa, George Dimitri, 2018: *Musical Socio-Cultural Anecdotes from Kitāb al-Aghānī al-Kabīr*, Leiden: Brill.

Schmidtke, Sabine, 1999: "Homoeroticism and Homosexuality in Islam: A Review Article," *Bulletin of the School of Oriental and African Studies*, 62(2), 260–266.

Schmitt, Arno, 1992a: "Different Approaches to Male-Male Sexuality/Eroticism from Morocco to Usbekistān," in *Sexuality and Eroticism Among Males in Moslem Societies*, ed. by Arno Schmitt and Jehoeda Sofer, New York: Routledge, 1–24.

Myrne, Pernilla, 2015: "Who was Ḥubbā al-Madīniyya?," in *Arabic and Semitic Linguistics Contextualized: A Festschrift for Jan Retsö*, ed. by Lutz Edzard, Wiesbaden: Harrassowitz Verlag, 328–344.

Myrne, Pernilla, 2018: "Women and Men in al-Suyūṭī's Guides to Sex and Marriage," *Mamlūk Studies Review*, 21, 47–57.

Myrne, Pernilla, 2020a: *Female Sexuality in the Early Medieval Islamic World: Gender and Sex in Arabic Literature*, London: I.B. Tauris.

Myrne, Pernilla, 2020b: "Organizing, Presenting, and Reading Sexual Knowledge: The Abbasid Context of *Jawāmi' al-Ladhdha*," *Journal of Abbasid Studies*, 7(2), 182–206.

Najmabadi, Afsaneh, 2005: *Women with Mustaches and Men without Beards: Gender and Sexual Anxieties of Iranian Modernity*, Berkeley: University of California Press.

Nasrallah, Nawal, 2007: *Annals of the Caliphs' Kitchens: Ibn Sayyār al-Warrāq's Tenth-Century Baghdadi Cookbook*, Leiden: Brill.

Nathan, Bassem, 1994: "Medieval Arabic Medical Views on Male Homosexuality," *Journal of Homosexuality*, 26(4), 37–39.

Newman, Daniel L., 2014: *The Sultan's Sex Potions: Arab Aphrodisiacs in the Middle Ages*, London: Saqi Books.

Nielson, Lisa, 2012: "Gender and the Politics of Music in the Early Islamic Courts," *Early Music History*, 31, 235–261.

Nielson, Lisa, 2021: *Music and Musicians in The Medieval Islamicate World: A Social History*, London: I.B. Tauris.

Omar, Sara, 2012: "From Semantics to Normative Law: Perceptions of *Liwāṭ* (Sodomy) and *Siḥāq* (Tribadism) in Islamic Jurisprudence (8th–15th Century CE)," *Islamic Law and Society*, 19(3), 222–256.

Owen, Charles A., 1934: "Arabian Wit and Wisdom from Abu Sa'id al-Abī's Kitāb Nathr al-Durar," *Journal of the American Oriental Society*, 54(3), 240–275.

Pellat, Charles, 1969: *The Life and Works of Jāḥiẓ: Translations of Selected Texts*, transl. by D. M. Hawke, Berkeley and Los Angels: University of California Press.

Pellat, Charles and Arno Schmitt 1992: "Liwāṭ," in *Sexuality and Eroticism among Males in Moslem Societies*, ed. by Arno Schmitt and Jehoeda Sofer, New York, 151–167.

Pormann, Peter E., 2011: " al-Rāzī on the Benefits of Sex: A Clinisian Caught between Philosophy and Medicine," in *Islamic Medical and Scientific Tradition: Critical Concepts in Islamic Studies*, ed. by Peter E. Pormann, vol. 2, London and New York: Routledge, 134–145.

Ragab, Ahmed, 2015: "One, Two, or Many Sexes: Sex Differentiation in Medieval Islamicate Medical Thought," *Journal of the History of Sexuality*, 24(3), 428–454.

Reynolds, Dwight F., 2017: "The Qiyan of *al-Andalus*," in *Concubines and Courtesans: Women and Slavery in Islamic History*, ed. by Matthew S. Gordon and Kathryn A. Hain, Oxford: Oxford University Press, 100–123.

Rosenthal, Franz, 1975: *Gambling in Islam*, Leiden: Brill.

Latham, John Derek, 1990: "Ibn al-Muqaffaʿ and Early ʿAbbasid Prose," in *ʿAbbasid Belles-Lettres*, ed. by Julia Ashtiany et al., Cambridge: Cambridge University Press, 48–77.

Leder, Stefan and Hilary Kilpatrick, 1992: "Classical Arabic Prose Literature: A Researchers' Sketch Map," *Journal of Arabic Literature*, 23(1), 2–26.

Leemhuis, Fred, 2004: "Lūṭ and His People in the Koran and its Early Commentaries," in *Sodom's Sin: Genesis 18–19 and its Interpretations*, ed. by Ed Noort and Eibert Tigchelaar, Leiden and Boston: Brill, 97–113.

Leupp, Gary P., 1995: *Male Colors: The Construction of Homosexuality in Tokugawa Japan*, Berkeley: University of California Press（=2014:『男色の日本史』藤田真利子訳, 作品社）.

Malcolm, Noel, 2022: "Forbidden Love in Istanbul: Patterns of Male-Male Sexual Relations in the Early-Modern Mediterranean World," *Past & Present*, 257(1), 55–88.

Malcolm, Noel, 2024: *Forbidden Desire in Early Modern Europe: Male-male Sexual Relations, 1400–1750*, Oxford: Oxford University Press.

Massad, Joseph Andoni, 2007: *Desiring Arabs*, Chicago: University of Chicago Press.

McIntosh, Mary, 1968: "The Homosexual Role," *Social Problems*, 16(2), 182–192.

Meisami, Julie Scott, 1985: "The Uses of the Qaṣīda: Thematic and Structural Patterns in a Poem of Bashshār," *Journal of Arabic Literature*, 16(1), 40–59.

Mendos, Lucas Ramón, 2019: State-Sponsored Homophobia 2019, Geneva: ILGA.

Mezziane, Mohammed, 2008: "Sodomie et masculinité chez les juristes musulmans du IXe au XIe siècle," *Arabica*, 55(2), 276–306.

Monroe, James T., 1997: "The Striptease That Was Blamed on Abū Bakr's Naughty Son," in *Homoeroticism in Classical Arabic Literature*, ed. by Jerry W. Wright Jr. and Everett K. Rowson, New York: Columbia University Press, 94–139.

Montgomery, James E., 1996: "For the Love of a Christian Boy: A Song by Abū Nuwās," *Journal of Arabic Literature*, 27, 115–124.

Montgomery, James E., 2013: *Al-Jāḥiẓ: In Praise of Books*, Edinburgh: Edinburgh University Press.

Moore, Alison M. Downham, 2021: "Modern European Sexological and Orientalist Assimilations of Medieval Islamicate *ʿilm al-bah* to Erotology," *History of the Human Sciences*, 36 (5), 1–27.

Moreh, Shmuel, 1992: *Live Theatre and Dramatic Literature in the Medieval Arab World*, New York: Edinburgh University Press.

al-Munajjid, Ṣalāḥ al-Dīn, 1958: *al-Ḥayyāt al-Jinsīya ʿinda al-ʿArab*, Beirut: Maṭābiʿ Dār al-Kutub.

Murray, Stephen Omer and Will Roscoe (eds.), 1997: *Islamic Homosexualities: Culture, History, and Literature*, New York: New York University Press.

Murray, Stephen Omer, 1997: " Woman-Woman Love in Islamic Societies, " in *Islamic Homosexualities: Culture, History, and Literature*, ed. by Stephen Omer Murray and Will Roscoe, New York: New York University Press, 97–104.

Hutchins, William Maynard, 1989: *Nine Essays of al-Jahiz*, New York: P. Lang.

Irwin, Robert, 1994: *The Arabian Nights: A Companion*, London: Allen Lane The Penguin Press (=1998:『必携 アラビアン・ナイト——物語の迷宮へ——』西尾哲夫訳, 平凡社).

Jamal, Amreen, 2001: "The Story of Lot and the Qur'ān's Perception of the Morality of Same-Sex Sexuality," *Journal of Homosexuality*, 41(1), 1-88.

Jordan, Mark, 1997: *The Invention of Sodomy in Christian Theology*, Chicago and London: The University of Chicago Press.

Kayaal, Tuğçe, 2020: ""Twisted Desires," Boy-Lovers, and Male-Male Cross-Generational Sex in the Late Ottoman Empire (1912-1918)," *Historical Reflections*, 46(1), 31-46.

Kennedy, Hugh N., 2008: "Al-Jāḥiẓ and the Construction of Homosexuality at the Abbasid Court," in *Medieval Sexuality: A Casebook*, ed. by April Harper and Caroline Proctor, London: Routledge, 175-188.

Keuls, Eva C., 1985: *The Reign of the Phallus: Sexual Politics in Ancient Athens*, New York: Harper and Row (=1989:『ファロスの王国——古代ギリシアの性愛の政治学——』(全 2 巻), 中務哲郎・久保田忠利・下田立行訳, 岩波書店).

Khalidi, Tarif, 1994: *Arabic Historical Thought in the Classical Period*, Cambridge: Cambridge University Press.

Khan, Ruqayya Yasmine, 2020: *Bedouin and 'Abbāsid Cultural Identities: The Arabic Majnūn Laylā Story*, London and New York: Routledge.

Korangy, Alireza, Hanadi Al-Samman and Michael C. Beard (eds.), 2018: *The Beloved in Middle Eastern Literatures: The Culture of Love and Languishing*, London and New York: I.B. Tauris.

Köster, Karoline, 2020: "Muğūn: Sexliteratur im »Goldenen Zeitalter« des Islam?," *Jusur*, 3, 7-17.

Kraemaer, Joel L., *Humanism in the Renaissance of Islam*, Leiden: E.J. Brill.

Kruijtzer, Gijs, 2024: *Justifying Transgression: Muslims, Christians, and the Law – 1200 to 1700*, Berlin and Boston: de Gruyter.

Kugle, Scott Alan, 2010: *Homosexuality in Islam: Critical Reflection on Gay, Lesbian, and Transgender Muslims*, Oxford: Oneworld Publications.

Kugle, Scott Alan, 2014: *Living out Islam: Voices of Gay, Lesbian, and Transgender Muslims*, New York: New York University Press.

Lagrange, Frédéric, 2006: "Khaled El-Rouayheb, *Before Homosexuality in the Arab-Islamic-World, 1500-1800*, Chicago: The University of Chicago Press, 2005, 210 p.," *Archives de Sciences Sociales de Religions*, 134, 195-198.

Lagrange, Frédéric, 2008: "The Obscenity of the Vizier," in *Islamicate Sexualities: Translations across Temporal Geographies of Desire*, ed. by Kathryn Babayan and Afsaneh Najmabadi, Cambridge: Harvard University Press, 161-203.

Laqueur, Thomas Walter, 1990: *Making Sex: Body and Gender from the Greeks to Freud*, Cambridge: Harvard University Press (=1998:『セックスの発明——性差の観念史と解剖学のアポリア——』高井宏子・細谷等訳, 工作舎).

University Press（=1991:『アラビア人文学』井筒豊子訳, 講談社）.
Goitein, Shelomo Dov, 1979: "The Sexual Mores of the Common People," in *Society and the Sexes in Medieval Islam*, ed. by Afaf Lutfi al-Sayyid Marsot, California: Undena Publications, 43-61.
von Grunebaum, Gustave Edmund, 1951 (1976): *Muhammadan Festivals,* London and Totowa: Curzon Press （=2002:『イスラームの祭り』嶋本隆光・伊吹寛子訳, 法政大学出版局）.
Günther, Sebastian, 2005: "Advice for Teachers: The 9th Century Muslim Scholars Ibn Saḥnūn and al-Jāḥiẓ on Pedagogy and Didactics," in *Ideas, Images, and Methods of Portrayal: Insights into Classical Arabic Literature and Islam*, ed. by Sebastian Günther, Boston: Brill, 89-128.
Gutas, Dimitri, 1998: *Greek Thought, Arabic Culture: The Graeco-Arabic Translation Movement in Baghdad and Early 'Abbāsid Society (2nd-4th/8th-10th centuries)*, London and New York: Routledge（=2002:『ギリシア思想とアラビア文化——初期アッバース朝の翻訳運動——』山本啓二訳, 勁草書房）.
Habib, Samar, 2007: *Female Homosexuality in the Middle East: Histories and Representations*, New York and London: Routledge.
Habib, Samar, 2009: *Arabo-Islamic Texts on Female homosexuality: 850-1780 A.D.*, New York: Teneo Press.
Habib, Samar (ed.), 2010: *Islam and Homosexuality*, 2 vols., Santa Barbara, Denver and Oxford: Praeger.
Hägg, Tomas, 1986: "The Oriental Reception of Greek Novels: A Survey with Some Preliminary Considerations," *Symbolae Osloenses: Norwegian Journal of Greek and Latin Studies*, 61, 99-131.
Halperin, David M., 1990: *One Hundred Years of Homosexuality: And Other Essays on Greek Love*, New York: Routledge （=1995:『同性愛の百年間——ギリシア的愛について——』石塚浩司訳, 法政大学出版局）.
Hämeen-Anttila, Jaakko, 2017: "al-Suyūṭī and Erotic Literature," in *Al-Suyūṭī, a Polymath of the Mamlūk Period: Proceedings of the Themed Day of the First Conference of the School of Mamlūk Studies*, ed. by Antonella Ghersetti, Leiden: Brill, 227-240.
Hattox, Ralph S., 1985: *Coffee and Coffeehouses: The Origins of a Social Beverage in the Medieval Near East*, Seattle: University of Washington Press（=1993:『コーヒーとコーヒーハウス——中世中東における社交飲料の起源——』斎藤富美子・田村愛理訳, 同文舘出版）.
Hendricks, Muhsin, 2010: "Islamic Texts: A Source for Acceptance of Queer Individuals into Mainstream Muslim Society," *The Equal Rights Review*, 5, 31-51.
Hirsch Hadas, 2020: "Clothing and Colours in Early Islam: Adornment (Aesthetics), Symbolism and Differentiation," *Anthropology of the Middle East*, 15(1), 99-114.
Hirsch Hadas, 2023: "The Construction of Other Genders by Means of Personal Appearance in Medieval Islam: The Case of *mukhannathūn* (Effeminates) and *kuntha* (Hermaphrodites)," *Acta ad Archaeologiam et Artium Historiam Pertinentia*, 33(19), 387-403.

Burton, Richard Francis, 1886: "Terminal Essay," in *The Book of the Thousand Nights and a Night: Introduction Explanatory Notes on the Manners and Customs of Moslem Men and a Terminal Essay upon the History of the Nights*, vol. 10, London: The Burton Club, 63–306（=1963:『千夜一夜の世界』大場正史訳, 桃源社）.

Celentano, Giuseppe, 1979: *Due scritti medici di al-Kindī*, Napoli: Istituto orientale di Napoli.

El-Cheikh, Nadia Maria, 2015: *Women, Islam, and Abbasid Identity*, Cambridge: Harvard University Press.

Chejne, Anwar G., 1965: "The Boon-Companion in Early 'Abbāsid Times," *Journal of the American Oriental Society*, 85(3), 327–335.

Colville, Jim, 2002: *Sobriety and Mirth: A Selection of the Shorter Writings of al-Jāhiz*, London: Kegan Paul.

Daniel, Norman, 1960 (1980): *Islam and the West: The Making of an Image*, Edinburgh: Edinburgh University Press.

Declich, Lorenzo, 1994: "L'erotologia Araba: Profilo bibliographico," *Rivista degli Studi Orientali*, 68, 249–265.

Dover, Kenneth James, 1978: *Greek Homosexuality*, London: Harvard University Press（=2007:『古代ギリシアの同性愛 新版』中務哲郎・下田立行訳, 青土社）.

Dunne, Bruce W., 1990: "Homosexuality in the Middle East: An Agenda for Historical Research," *Arab Studies Quarterly*, 12(3/4), 55–82.

Dunne, Bruce W., 1997: "Re-Orienting Ourselves," *Lambda Book Report*, 6(2), 20–21.

Ellis, Havelock, 1900: *Sexual Inversion (Studies in the Psychology of Sex, vol. 2)*, Philadelphia: F.A. Davis Company.

Farmer, Henry George, 1929: *A History of Arabian Music: To The XIIIth Century*, London: Luzac Oriental.

Foucault, Michel, 1976: *Histoire de la sexualité I. La volonté de savoir*, Paris: Gallimard（=1986a:『性の歴史 I――知への意志――』渡辺守章訳, 新潮社）.

Foucault, Michel, 1984a: *Histoire de la sexualité II. L'usage des plaisirs*. Paris: Gallimard（=1986b:『性の歴史 II――快楽の活用――』田村俶訳, 新潮社）.

Foucault, Michel, 1984b: *Histoire de la sexualité III. Le souci de soi*, Paris: Gallimard（=1987:『性の歴史 III――自己への配慮――』田村俶訳, 新潮社）.

Foucault, Michel, 2018: *Histoire de la sexualité IV. Les aveux de la chair*, ed. by Frédéric Gros, Paris: Gallimard（=2020:『性の歴史 IV――肉の告白――』慎改康之訳, 新潮社）.

Franke, Patrick, 2012: "Before Scientia Sexualis in Islamic Culture: *'ilm al-bāh* between Erotology, Medicine and Pornography," *Social Identities*, 18(2), 161–173.

Gadelrab, Sherry Sayed, 2011: "Discourses on Sex Differences in Medieval Scholarly Islamic Thought," *Journal of the History of Medicine and Allied Sciences*, 66, 40–81.

Ghersetti, Antonella, 2013: "On Mamluk Anthologies Again: The Case of Jamāl al-Dīn al-Waṭwāṭ and His *Ghurar al-Khaṣā'iṣ al-Wāḍihah wa-'Urar al-Naqā'iḍ al-Qābiḥah*," *Mamlūk Studies Review* 17, 72–99.

Gibb, Hamilton Alexander Rosskeen, 1926: *Arabic Literature: An Introduction*, London: Oxford

The Magnes Press.
Ayubi, Zahra, 2019: *Gendered Morality: Classical Islamic Ethics of the Self, Family, and Society*, New York: Columbia University Press.
El-Azhari, Taef, 2019: *Queens, Eunuchs and Concubines in Islamic History, 661-1257*, Edinburgh: Edinburgh University Press.
Barker, Hannah, 2016: "Purchasing a Slave in Fourteenth-Century Cairo: Ibn al-Akfānī's Book of Observation and Inspection in the Examination of Slaves," *Mamlūk Studies Review*, 19, 1-23.
Beeston, Alfred Felix Landon, 1980: *The Epistle on Singing-Girls of al-Jāḥiẓ*, Warminster: Aris and Phillips.
Beeston, Alfred Felix Landon, 1989: "*Nine Essays of Al-Jāḥiẓ*, transl. by W. M. Hutchins, Amer. Univ. Studies, ser. 7 (Theology and Religion, no. 53). New York etc. Peter Lang, 1989. Pp. 273.," *Journal of Arabic Literature*, 20(2), 200-209.
Bligh-Abramski, Irit, 1992: "The Judiciary (*Qāḍīs*) as a Governmental-Administrative Tool in Early Islam," *Journal of the Economic and Social History of the Orient*, 35(1), 40-71.
Boswell, John, 1980: *Christianity, Social Tolerance, and Homosexuality: Gay People in Western Europe from the Beginning of the Christian era to the Fourteenth Century*, Chicago: University of Chicago Press（=1990:『キリスト教と同性愛――1～14 世紀西欧のゲイ・ピープル――』大越愛子・下田立行訳, 国文社).
Boone, Joseph Allen, 2010: "Modernist Re-Orientations: Imagining Homoerotic Desire in the "Nearly" Middle East," *Modernism/modernity*, 17(3), 561-605.
Boone, Joseph Allen, 2014: *The Homoerotics of Orientalism*, New York: Columbia University Press.
Bos, Gerrit, 1997: *Ibn al-Jazzār on Sexual Diseases and Their Treatment: A Critical Edition of Zād al-Musāfir wa-Qūt al-Ḥāḍir: Provisions for the Traveller and the Nourishment of the Sedentary, Book 6*, London: Kegan Paul International.
Bos, Gerrit (ed.), 2019: *Maimonides On Coitus: A New Parallel Arabic-English Edition and Translation*, Leiden and Boston: Brill.
Bosworth, Clifford E., 1976: *The Mediaeval Islamic Underworld: The Banū Sāsān in Arabic Society and Literature*, 2 vols., Leiden: Brill.
Bouhdiba, Abdelwahab, 1975: *La sexualité en Islam*, Paris: Presses universitaires de France (=1980:『イスラム社会の性と風俗』伏見楚代子・美観橋一郎訳, 桃源社).
Bray, Alan, 1982: *Homosexuality in Renaissance England*, New York: Columbia University Press (=1993 (2013):『同性愛の社会史――イギリス・ルネサンス――』田口孝夫・山本雅男訳, 彩流社).
Bullough, Vern L., 1980 (1976): *Sexual Variance in Society and History*, Chicago: University of Chicago Press.
Bürgel, Johann Christoph, 1979: "Love, Lust and Longing: Eroticism in Early Islam as Reflected in Literary Sources," in *Society and the Sexes in Medieval Islam*, ed. by Afaf Lutfi al-Sayyid Marsot, California: Undena Publications, 81-117.

婚姻作法の書: 青柳かおる『現代に生きるイスラームの婚姻論——ガザーリーの「婚姻作法の書」訳注・解説——』東京外国語大学アジア・アフリカ言語文化研究所, 2003.

諸国征服史: バラーズリー『諸国征服史』（全3巻）花田宇秋訳, 岩波書店, 2012.

聖書: 『聖書——聖書協会共同訳 旧約聖書続編付き 引照・注付き——』日本聖書協会訳, 日本聖書協会, 2018.

匂える園（上森訳): シーク・ネフザウイ『薫園秘話』上森健一郎訳, 文芸資料研究会編集部, 1928.

鳩の首飾り: イブン・ハズム『鳩の頸飾り——愛と愛する人々に関する論攷——』黒田寿郎訳・解説, 岩波書店, 1978.

被造物の驚異:「ムハンマド・ブン・マフムード・トゥースィー著『被造物の驚異と万物の珍奇』(1)〜(11)」守川知子監訳・ペルシア語百科全書研究会訳, 『イスラーム世界研究』2(2)-11, 2009-2018.

ムアッラカート: 池田修「アルムアッラカート試訳（1)〜(7)」『関西アラブ・イスラム研究』3-7, 2003-2009.

問題集: アリストテレス『問題集』（アリストテレス全集 13）丸橋裕・土屋睦廣・坂下浩司訳, 岩波書店, 2014.

預言者ムハンマド伝: イブン・イスハーク著, イブン・ヒシャーム編註『預言者ムハンマド伝』（全4巻）後藤明・医王秀行・高田康一・高野太輔訳, 岩波書店, 2010-2012.

研究

AbuKhalil, As‘ad, 1993: “A Note on the Study of Homosexuality in the Arab/Islamic Civilization,” *The Arab Studies Journal*, 1(2), 32-34, 48.

AbuKhalil, As‘ad, 1997: “Gender Boundaries and Sexual Categories in the Arab World,” *Fem Issues*, 15(1/2), 91-104.

Ahmed, Leila, 1992: *Women and Gender in Islam: Historical Roots of a Modern Debate*, New Haven and London: Yale University Press（=2024 (2000):『イスラームにおける女性とジェンダー——近代論争の歴史的根源——』林正雄ほか訳, 法政大学出版局).

Aldrich, Robert, 2006: *Gay Life and Culture: A World History*, London: Thames and Hudson (=2009:『同性愛の歴史』田中英史・田口孝夫訳, 東洋書林).

Alipour, Mehrdad, 2024: *Negotiating Homosexuality in Islam: A Legal-hermeneutical Examination of Modern Shī‘ī Discourse*, Leiden: Brill.

Amer, Sahar, 2008: *Crossing Borders: Love Between Women in Medieval French and Arabic Literatures*, Philadelphia: University of Pennsylvania Press.

Amer, Sahar, 2009: “Medieval Arab Lesbians and Lesbian-Like Women,” *Journal of the History of Sexuality*, 18(2), 215-236.

Anbouba, Adel, 1970: “Al-Samaw’al, Ibn Yaḥyā Al-Maghribī,” in *Dictionary of Scientific Biography*, ed. by Charles Coulston Gillispie, New York: Charles Scribner’s Sons.

Antoon, Sinan, 2014: *The Poetics of the Obscene in Premodern Arabic Poetry: Ibn al-Ḥajjāj and Sukhf*, New York: Palgrave Macmillan.

Ayalon, David, 1999: *Eunuchs, Caliphs and Sultans: A Study in Power Relationships*, Jerusalem:

Tafḍīl: al-Jāḥiẓ, "Kitāb fī Tafḍīl al-Baṭn 'alā al-Ẓahr," in *Rasā'il al-Jāḥiẓ*, vol. 4, ed. by 'Abd al-Salām Muḥammad Hārūn, Beirut: Dār al-Jīl, 1991, 153-166.

Ta'rīkh al-Islām: al-Dhahabī, *Ta'rīkh al-Islām wa-Wafayāt al-Mashāhīr wa-al-A'lām*, ed. by 'Umar Tadmurī, 28 vols., Beirut: Dār al-Kitāb al-'Arabī, 1994-1998.

Ta'rīkh al-Ṭabarī: al-Ṭabarī, *Ta'rīkh al-Rusul wa-al-Mulūk*, ed. by Muḥammad Ibrāhīm et al., 11 vols., Cairo: Dār al-Ma'ārif, 1979-1993.

Tashbīhāt: Ibn Abī 'Awn, *Kitāb al-Tashbīhāt*, ed. by Muḥammad 'Abd al-Mu'īd Khān, London: Luzac, 1950.

Tawḍīḥ: Ibn Nāṣir al-Dīn, *Tawḍīḥ al-Mushtabih*, ed. by Muḥammad Na'īm al-'Irqusūsī, 10 vols., Beirut: Mu'assasa al-Risāla, 1986-1993.

Tirmidhī: al-Tirmidhī, *Ṣaḥīḥ Sunan al-Tirmidhī*, ed. by Muḥammad Nāṣir al-Dīn al-Albānī, 4 vols., Riyadh: Maktaba al-Ma'ārif li-al-Nashr wa-al-Tawzī', 2000.

'Umda: al-'Aynī, *'Umda al-Qārī: Sharḥ Ṣaḥīḥ al-Bukhārī*, ed. by Muḥammad 'Umar, 25 vols., Beirut: Dār al-Kutub al-'Ilmīya, 2001.

'Uqalā': al-Nīsābūrī, *'Uqalā' al-Majānīn*, ed. by Muḥammad Zaghlūl, Beirut: Dār al-Kutub al-'Ilmīya, 1985.

'Uyūn: Ibn Qutayba, *'Uyūn al-Akhbār*, ed. by Muḥammad al-Iskandarānī, 4 vols., Beirut: Dār al-Kitāb al-'Arabī, 1925.

Wafayāt: Ibn Khallikān, *Wafayāt al-A'yān*, ed. by Iḥsān 'Abbās, 8 vols., Beirut: Dār al-Ṣādir, 1977-1978.

Wāfī: al-Ṣafadī, *al-Wāfī bi-al-Wafayāt*, ed. by Helmut Ritter et al., 30 vols., Wiesbaden: In Kommission bei Franz Steiner Verlag, 1962-2009.

Wazīrayn: al-Tawḥīdī, *Akhlāq al-Wazīrayn*, ed. by Muḥammad b. Tāwīt al-Ṭanjī, Beirut: Dār al-Ṣādir, 1992.

Wishāḥ: Jalāl al-Dīn al-Suyūṭī, *Al-Wishāḥ fī Fawā'id al-Nikāḥ*, ed. by Ḥasan 'Abd al-Qawī, Damascus: Dār al-Kitāb al-'Arabī, 2001.

アブー・ヌワース（塙訳）: アブー・ヌワース『アラブ飲酒詩選』塙治夫編訳, 岩波書店, 1988.

アラビアン・ナイト:『アラビアン・ナイト』（全 19 巻）前嶋信次・池田修訳, 平凡社, 1966-1992.

イラン旅行記: アブー・ドゥラフ『イラン旅行記』イスラーム地理書・旅行記研究会訳注, 京都大学文学部, 1988.

カーブースの書: カイ・カーウース「カーブースの書」『ペルシア逸話集』黒柳恒男訳, 平凡社, 1969, 3-192.

カリーラとディムナ: イブヌ・ル・ムカッファイ『カリーラとディムナ――アラビアの寓話――』菊池淑子訳, 平凡社, 1978.

偽ルキアノス: ルキアノス「異性愛と少年愛（偽作）」『ルキアノス選集』内田次信訳, 国文社, 1999, 371-413.

クルアーン:『日亜対訳クルアーン――［付］訳解と正統十読誦注解――』中田香織・下村佳州紀訳, 中田考監修, 作品社, 2014.

Muḥāḍarāt: al-Rāghib al-Iṣfahānī, *Muḥāḍarāt al-Udabā' wa-Muḥāwarāt al-Shu'arā' wa-al-Bulaghā'*, ed. by Riyād 'Abd al-Ḥamīd Murād, 5 vols., Beirut: Dār Ṣādir, 2019.

Mukhtaṣar: Abū al-Fidā', *al-Mukhtaṣar fī Akhbār al-Bashar*, 4 vols., Cairo: Maktaba al-Mutanabbī, n.d.

Muntabih: Ibn Ḥajar, *Tabṣīr al-Muntabih bi-Taḥrīr al-Mushtabih*, ed. by 'Alī Muḥammad al-Bajāwī and Muḥammad 'Alī al-Najjār, Cairo, 1967.

Muntakhab: al-Jurjānī, *al-Muntakhab min Kināyāt al-Udabā' wa-Ishārāt al-Bulaghā'*, ed. by Muḥammad Badr al-Dīn al-Na'sānī al-Ḥalabī, Cairo: Maṭba'a al-Sa'āda, 1908.

Murūj: al-Mas'ūdī, *Murūj al-Dhahab wa-Ma'ādin al-Jawhar*, ed. by Charles Pellat, 7 vols., Qum: Intishārāt al-Sharīf al-Raḍī, 1965.

Muslim（ムスリム）: Muslim b. al-Hajjāj, *Ṣaḥīḥ Muslim*, ed. by Ṣidqī Muḥammad Jamīl al-'Aṭṭar, 9 vols., Beirut: Dār al-Fikr, 1995–1998（=『サヒーフ・ムスリム』（全3巻）磯崎定基・飯森嘉助・小笠原良治訳, 日本ムスリム協会, 1989）.

Nasā'ī: Nasā'ī, *Sunan al-Nasā'ī*, ed. by 'Abd al-Wārith Muḥammad 'Alī, 8 vols., Beirut: Dār al-Kutub al-'Ilmīya, 1995.

Nihāya: al-Nuwayrī, *Nihāya al-Arab fī Funūn al-Adab*, ed. by 'Abd al-Majīd Tarḥīnī et al., 33 vols., Beirut: Dār al-Kutub al-'Ilmīya, 2004.

Nishwār: al-Tanūkhī, *Nishwār al-Muḥāḍara wa-Akhbār al-Mudhākara*, ed. by 'Abbūd Shāljī, 8 vols., Beirut: Dār al-Ṣādir, 1971–1973.

Nuzha: Shiḥāb al-Dīn al-Tīfāshī, *Nuzha al-Albāb fī-mā lā yūjad fī Kitāb*, ed. by Jamāl Jum'a, London: Riyad al-Rayyis li-al-Kutub wa-al-Nashr, 1992.

Qānūn: Ibn Sīnā, *al-Qānūn fī al-Ṭibb*, 3 vols., Beirut: Dār al-Ṣādir, n.d.

Qiyān: al-Jāḥiẓ, *The Epistle on Singing-Girls of al-Jāḥiẓ*, ed. by Alfred Felix Landon Beeston, Warminster: Aris and Phillips, 1980, 68–96.

Rawḍ: al-Shaykh al-Nafzāwī, *al-Rawḍ al-'Āṭir fī Nuzha al-Khāṭir*, ed. by Jamāl Jum'a, Beirut: Riyaḍ al-Rayyis li-al-Kutub wa-al-Nashr, 1993.

Rawḍa: Jalāl al-Dīn al-Shayzarī, *Rawḍa al-Qulūb wa-Nuzha al-Muḥibb wa-al-Maḥbūb*, ed. by David Semah and George J. Kanazi, Wiesbaden: Harrassowitz Verlag, 2003.

Rushd: Ibn Falīta al-Yamanī, *Rushd al-Labīb ilā Mu'āshara al-Ḥabīb*, Libya: Tāla li-al-Ṭibā'a wa-al-Nashr, 2006.

Rusūm（カリフ宮廷のしきたり）: Hilāl al-Ṣābī, *Rusūm Dār al-Khilāfa*, ed. by Mīkhā'īl 'Awād, Lebanon: Dār al-Rā'id al-'Arabī, 1986（=『カリフ宮廷のしきたり』谷口淳一・清水和裕監訳, 松香堂, 2003）.

Sanīya: al-Tamīmī, *al-Ṭabaqāt al-Sanīya fī Tarājim al-Ḥanafīya*, ed. by 'Abd al-Fattaḥ Muḥammad al-Ḥulw, 4 vols., Riyad: Dār al-Rifā'ī, 1983.

Shāfi'īya: Tāj al-Dīn al-Subkī, *Ṭabaqāt al-Shāfi'īya al-Kubrā*, ed. by Maḥmūd Muḥammad al-Ṭanāḥī and 'Abd al-Faṭṭāḥ Muḥammad al-Ḥilw, 10 vols., Cairo: Maṭba'a 'Īsā al-Bābī al-Ḥalabī, 1964.

Ṣimṭ: al-'Iṣāmī, *Simṭ al-Nujūm al-'Awālī fī Anbā' al-Awā'il wa-al-Tawālī*, ed. by 'Ādil Aḥmad 'Abd al-Mawjūd, 4 vols., Beirut: Dār al-Kutub al-'Ilmīya, 1998.

Ibn Māja: Ibn Māja, *Sunan Ibn Māja*, Vaduz: Thesaurus Islamicus Foundation, 2000.

Ibn Ṭayfūr: Ibn Ṭayfūr, *Kitāb Baghdād*, ed. by Iḥsān Dhannūn al-Thāmirī, Beirut: Dār Ṣādir, 2009.

Ikmāl: Ibn Mākūlā, *al-Ikmāl fī Raf' al-Irtiyāb*, ed. by 'Abd al-Raḥmān al-Mu'allim, 7 vols., Beirut: Dār al-Kutub al-'Ilmīya, 1990.

Inbā': Ibn al-'Imrānī, *al-Inbā' fī Ta'rīkh al-Khulafā'*, ed. by Qāsim Sāmarrā'ī, Leiden: E.J. Brill, 1973.

'Iqd: Ibn 'Abd Rabbih, *Kitāb al-'Iqd al-Farīd*, ed. by Aḥmad Amīn et al., 7 vols., Baghdad: Maktaba al-Muthannā, 1967.

Jalālayn（ジャラーライン）: Sulaymān b. 'Umar al-'Ujaylī al-Jamal and Jalāl al-Dīn Muḥammad b. Aḥmad al-Maḥallī and Jalāl al-Dīn b. 'Abd al-Raḥmān al-Suyūṭī, *al-Futūḥāt al-Ilāhīyah bi-Tawḍīḥ Tafsīr al-Jalālayn li-al-Daqā'iq al-Khafīyah*, ed. by Shams al-Dīn, 8 vols., Beirut: Dār al-Kutub al-'Ilmīya, 2018（=『タフスィール・アル=ジャラーライン（ジャラーラインのクルアーン注釈）』（全3巻）中田香織訳・中田考監訳, 日本サウディアラビア協会, 2002).

Jam': al-Ḥuṣrī, *Jam' al-Jawāhir fī al-Mulaḥ wa-al-Nawādir*, ed. by 'Alī Muḥammad al-Bajāwī, Beirut: Dār al-Jīl, 1987.

Kāmil: Ibn al-Athīr, *al-Kāmil fī al-Ta'rīkh*, ed. by Carl Johan Tornberg, 13 vols., Beirut: Dār Ṣādir, 1979–1982.

Kashf: Kâtip Çelebi, *Kashf al-Ẓunūn 'an Asāmī al-Kutub wa-al-Funūn (Lexicon Bibliographicum et Encyclopaedicum a Mustafa ben Abdallah)*, ed. by Fluegel Gustavus, 7 vols., Leipzig: Oriental Translation Fund of Great Britain and Ireland, 1835–1858.

Khafī: al-Rāzī, *al-Dā' al-Khafī*, transl. by Franz Rosenthal, in "Ar-Râzî on the Hidden Illness," *Bulletin of the History of Medicine*, 52(1), 1978, 51–60.

Ladhdha: Abū al-Ḥasan 'Alī b. Naṣr al-Kātib, *Jawāmi' al-Ladhdha*, ed. by 'Abd Allāh 'Abd al-Raḥīm al-Sūdānī, Beirut: Dār al-Rāfidayn, 2019.

Lugha: Ibn Durayd, *Jamhara al-Lugha*, ed. by Remzī Munīr al-Ba'labakkī, 3 vols., Beirut: Dār al-'Ilm li-al-Malāyīn, 1987.

Ma'ārif: Ibn Qutayba, *al-Ma'ārif li-Ibn Qutayba*, ed. by Tharwat 'Ukāsha, Cairo: Dār al-Ma'ārif, 1969 (repr. 1981, 1992).

Ma'āthir: al-Qalqashandī, *Ma'āthir al-Ināfa fī Ma'ālim al-Khilāfa*, ed. by 'Abd al-Sattār Aḥmad Farrāj, 3 vols., Beirut: 'Ālam al-Kutub, n.d.

Malāhī: Ibn Abī al-Dunyā, *Dhamm al-Malāhī*, in *Tracts on Listening to Music*, ed. by James Robson, London: The Royal Asiatic Society, 1938, 41–62.

Mawā'iẓ: al-Maqrīzī, *al-Mawā'iẓ wa-al-I'tibār bi-Dhikr al-Khiṭaṭ wa-al-Āthār*, Cairo: Maktaba al-Thiqāfa al-Dīnīya, 1987.

Mu'allimīna: al-Jāḥiẓ, "Kitāb fī al-Mu'allimīna," in *Rasā'il al-Jāḥiẓ*, vol. 3, ed. by 'Abd al-Salām Muḥammad Hārūn, Beirut: Dār al-Jīl, 1991, 25–51.

Mufākhara: al-Jāḥiẓ, "*Kitāb Mufākhara al-Jawārī wa-al-Ghilmān*," in *Rasā'il al-Jāḥiẓ*, vol. 2, ed. by 'Abd al-Salām Muḥammad Hārūn, Beirut: Dār al-Jīl, 1991, 87–137.

Amālī: al-Qālī, *Kitāb al-Amālī*, ed. by Muḥammad ʻAbd al-Jawwād al-Aṣmaʻī, 2 vols., Cairo: al-Hay'a al-Miṣlīya al-ʻĀmma li-al-Kitāb, 1975–1976.

Aṣḥāb: al-Samaw'al b. Yaḥyā al-Maghribī, *Nuzha al-Aṣḥ āb fī Muʻāshara al-Aḥbāb*, ed. by Aḥmad Farīd al-Mazīdī, Cairo: Dār al-Āfāq al-Arabīya, 2007, 7–288.

ʻAyn: al-Khalīl b. Aḥmad, *Kitāb al-ʻAyn*, ed. by ʻAbd al-Ḥamīd Hindāwī, Beirut: Dār al-Kutub al-ʻIlmīya, 2003.

Baṣā'ir: al-Tawḥīdī, Abū Ḥayyān, *al-Baṣā'ir wa-al-Dhakhā'ir*, ed. by Wadād al-Qāḍī, 10 vols., Beirut: Dār Ṣādir, 1988.

Bukhārī（ブハーリー）: al-Bukhārī, *Ṣaḥīḥ al-Bukhārī*, ed. by Muṣṭafā Dīb al-Bugh, 7 vols., Beirut: Dār Ibn Kathīr, 1993（=『ハディース――イスラーム伝承集成――』（全 6 巻）牧野信也訳, 中央公論新社, 2001).

Buldān: Yāqūt, *Muʻjam al-Buldān*, ed. by Farīd ʻAbd al-ʻAzīz Jundī, 7 vols., Beirut: Dār al-Kutub al-ʻIlmīya, 1990.

Dhamm: Ibn al-Jawzī, *Dhamm al-Hawā*, ed. by Aḥmad ʻAbd al-Salām ʻAṭā, Beirut: Dār al-Kutub al-ʻIlmīya, 1987.

Dimashq: Ibn ʻAsākir, *Ta'rīkh Madīna Dimashq*, ed. by ʻUmar Gharāmah al-ʻAmrawī, 80 vols., Beirut: Dār al-Fikr, 1995–2001.

Dīwān Abī Nuwās: Abū Nuwās, *Dīwān Abī Nuwās al-Ḥasan b. Hāni' al-Ḥakamī (Der Dīwān des Abū Nuwās)*, ed. by Ewald Wagner and Gregor Schoeler, 5 vols., Beirut: In Kommission Bei "Klaus Schwarz Verlag" Berlin, 2003.

Diyārāt: al-Shābushtī, *Kitāb al-Diyārāt*, ed. by Kūrkīs ʻAwwād, Baghdād: Maktaba al-Maʻārif, 1966.

Durr: al-Ābī, *Nathr al-Durr fī al-Muḥāḍarāt*, ed. by Khālid ʻAbd al-Ghanī Maḥfūẓ, 7 vols., Beirut: Dār al-Kutub al-ʻIlmīya, 2003.

Fawāt: al-Kutubī, *Fawāt al-Wafayāt*, ed. by Iḥsān ʻAbbās, 5 vols., Beirut: Dār Ṣādir, 1973–1974.

Fihrist (Dodge 1998): Ibn al-Nadīm, *al-Fihrist*, Cairo: al-Maṭbaʻa al-Raḥmānīya bi-Miṣr, 1929 (*The Fihrist: A 10th Century AD Surver of Islamic Culture*, transl. by Bayard Dodge, New York: Columbia University Press, 1998).

Gharīb al-Ḥadīth: al-Qāsim b. Salām, *Gharīb al-Ḥadīth*, ed. by Muḥammad ʻAlī Bayḍūn, Beirut: Dār al-Kutub al-ʻIlmīya, 2003.

Ghurar: al-Waṭwāṭ, *Ghurar al-Khaṣā'iṣ al-Wāḍiḥa wa-ʻUrar al-Naqā'iṣ al-Fāḍiḥa*, ed. by I. Shams al-Dīn, Beirut: Dār al-Kutub al-ʻIlmīya, 2008.

Ḥadā'iq: Ibn ʻĀṣim, *Ḥadā'iq al-Azāhir*, ed. by ʻAbd al-Laṭīf ʻAbd al-Ḥalīm, Cairo: Dār al-Kutub wa-al-Wathā'iq al-Qawmīya, 2014.

Ḥamdūnīya: Ibn Ḥamdūn, *al-Tadhkira al-Ḥamdūnīya*, ed. by Iḥsān ʻAbbās and Bakr ʻAbbās, 10 vols., Beirut: Dār Ṣādir, 1996.

Ḥamqā: Ibn al-Jawzī, *Akhbār al-Ḥamqā wa-al-Mughaffalīn*, ed. by ʻAbd al-Amīr Muhannā, Beirut: Dār al-Fikr, 1990.

Ḥayawān: al-Jāḥiẓ, *Kitāb al-Ḥayawān*, ed. by ʻAbd al-Salām Muḥammad Hārūn, 8 vols., Cairo: Muṣṭafā al-Bābī al-Ḥalabī, 1966.

参考文献

工具類

A'lām: Khayr al-Dīn al-Ziriklī, *al-A'lām: Qāmūs Tarājim li-Ashhar al-Rijāl wa-al-Nisā' min al-'Arab wa-al-Musta'ribīn wa-al-Mustashriqīn*, 8 vols., Beirut: Dār al-'Ilm li-al-Malāyīn, 1992.

EAL: *Encyclopedia of Arabic Literature*, ed. by Julie Scott Meisami and Paul Starkey, 2 vols., London and New York: Routledge, 1998 (2006).

EI²: *Encyclopaedia of Islam*, New edition, ed. by Hamilton Alexander Rosskeen Gibb et al., 12 vols. and index volume, Leiden: E.J. Brill, 1986–2009.

EI³: *Encyclopaedia of Islam, Three*, ed. by Marc Gaborieau et al., Leiden: Brill, 2007–.

Hava: J. G. Hava, *Arabic-English Dictionary*, 5th edition, Beirut: Dār al-Mashriq, 1982.

Kazimirski: Biberstein Kazimirski, *Dictionnaire arabe-français*, 2 vols., Paris: Maisonneuve, 1860.

Lane: Edward William Lane, *Arabic-English Lexicon*, 2 vols., Cambridge: The Islamic Texts Society, 1984.

Lisān: Ibn Manẓūr, *Lisān al-'Arab*, ed. by Amīr Muḥammad 'Abd al-Wahhāb et al., 18 vols., Beirut: Dār Iḥyā' al-Turāth al-'Arabī, 1997.

Steingass: Francis Joseph Steingass, *A learner's Arabic-English Dictionary*, Beirut: Librairie du Liban, 1989.

Wehr: Hans Wehr, *A Dictionary of Modern Written Arabic*, 4th edition, ed. by J. Milton Cowan, Ithaca: Spoken Language Services, 1994⁴ (1979).

『アジア歴史研究入門 4』:『アジア歴史研究入門』第 4 巻, 島田虔次ほか編, 同朋舎出版, 1984.

『岩波イスラーム辞典』:『岩波イスラーム辞典』大塚和夫ほか編, 岩波書店, 2002.

『新イスラム事典』:『新イスラム事典』日本イスラム協会ほか編, 平凡社, 2002.

『新ペルシア語大辞典』: 黒柳恒男『新ペルシア語大辞典』大学書林, 2002.

史料

Abū Dā'ūd: Abū Dā'ūd, *Sunan Abī Dā'ūd,* ed. by Ṣidqī Muḥammad Jamīl al-'Aṭṭar, 4 vols., Beirut: Dār al-Fikr, 1994.

Adhkiyā': Ibn al-Jawzī, *Akhbār al-Adhkiyā'*, ed. by Bassām 'Abd al-Wahhāb al-Jābī, Beirut: Dār Ibn Ḥazm, 2003.

Aghānī: al-Iṣfahānī, *Kitāb al-Aghānī*, ed. by 'Abd al-Amīr 'Alī Muhannā et al., 27 vols., Beirut: Dār al-Kutub al-'Ilmīya, 2008.

Ajwiba: Ibn Abī 'Awn, *al-Ajwiba al-Muskita*, ed. by Mayy Aḥmad Yūsuf, Cairo: 'Ayn al-Dirāsāt, 1996.

ワ行

マ行

タ行

サ行

カ行

索　引

著者紹介

辻　大地（つじ　だいち）

1992年生まれ。九州大学大学院人文科学府博士後期課程修了。

博士（文学）。専門はアラブ・イスラーム初期史。

日本学術振興会特別研究員PD（東京外国語大学アジア・アフリカ言語文化研究所）を経て，現在は東京都立大学助教。

https://researchmap.jp/tsujidaichi/

九州大学人文学叢書 23

前近代《ぜんきんだい》イスラーム社会《しゃかい》と〈同性愛《どうせいあい》〉

——男性同士の性愛関係からみた社会通念の形成過程——

2025年4月30日　初版発行

著　者　辻　　大　地

発行者　清　水　和　裕

発行所　一般財団法人　九州大学出版会

〒819-0385　福岡市西区元岡744

九州大学パブリック4号館302号室

電話　092-836-8256

URL　https://kup.or.jp/

印刷・製本／大同印刷㈱

"Homosexuality" in Pre-Modern Islamic Society: The Formation Process of Social Conventions with Reference to Sexual Relationships Between Men

Printed in Japan　ISBN 978-4-7985-0384-4

「九州大学人文学叢書」刊行にあたって

九州大学大学院人文科学研究院は，人文学の研究教育拠点としての役割を踏まえ，一層の研究促進と研究成果の社会還元を図るため，出版助成制度を設け，「九州大学人文学叢書」として研究成果の公刊に努めていく。

1 王昭君から文成公主へ　中国古代の国際結婚
藤野月子（九州大学大学院人文科学研究院・専門研究員）

2 水の女　トポスへの船路
小黒康正（九州大学大学院人文科学研究院・教授）

3 小林方言とトルコ語のプロソディー
一型アクセント言語の共通点
佐藤久美子（長崎外国語大学外国語学部・講師）

4 背表紙キャサリン・アーンショー
イギリス小説における自己と外部
鵜飼信光（九州大学大学院人文科学研究院・准教授）

5 朝鮮中近世の公文書と国家
変革期の任命文書をめぐって
川西裕也（日本学術振興会特別研究員 PD）

6 始めから考える　ハイデッガーとニーチェ
菊地惠善（九州大学大学院人文科学研究院・教授）

7 日本の出版物流通システム
取次と書店の関係から読み解く
秦洋二（流通科学大学商学部・准教授）

8 御津の浜松一言抄
『浜松中納言物語』を最終巻から読み解く
辛島正雄（九州大学大学院人文科学研究院・教授）

9 南宋の文人と出版文化
王十朋と陸游をめぐって
甲斐雄一（日本学術振興会特別研究員 PD）

10 戦争と平和，そして革命の時代のインタナショナル
山内昭人（九州大学大学院人文科学研究院・教授）

11 **On Weak-Phases: An Extension of Feature-Inheritance**
大塚知昇（九州共立大学共通教育センター・講師）

12 **A Grammar of Irabu: A Southern Ryukyuan Language**
下地理則（九州大学大学院人文科学研究院・准教授）

13 石器の生産・消費からみた弥生社会
森貴教（新潟大学研究推進機構超域学術院・特任助教）

14 日本の近代美術とドイツ
『スバル』『白樺』『月映』をめぐって
野村優子（愛媛大学法文学部・講師）

15 **12-13** 世紀におけるポンティウ伯の中規模領邦統治
大浜聖香子（九州大学大学院人文科学研究院・助教）

16 アリストテレスの知識論
『分析論後書』の統一的解釈の試み
酒井健太朗（環太平洋大学次世代教育学部・専任講師）

17 昭和の大合併と住民帰属意識
スベン・クラーマー
（九州大学大学院人文科学研究院・助教）

18 中国語の「主題」とその統語的基盤
陳陸琴（中国嘉興学院外国語学院・講師）

19 開戦前夜の日中学術交流
民国北京の大学人と日本人留学生
稲森雅子（九州大学大学院人文科学研究院・専門研究員）

20 古典インドの議論学
ニヤーヤ学派と仏教徒との論争
須藤龍真（日本学術振興会特別研究員 PD）

21 **Labels at the Interfaces: On the Notions and the Consequences of Merge and Contain**
林愼将（九州大学大学院人文科学研究院・助教）

22 ノヴァーリスにおける統合的感官としての「眼」
「自己感覚」から「心情」へ
大澤遼可（九州大学大学院人文科学研究院・助教）

23 前近代イスラーム社会と〈同性愛〉
男性同士の性愛関係からみた社会通念の形成過程
辻大地（東京都立大学人文社会学部・助教）

24「第三帝国」以前の「第三の国」
ドイツと日本におけるネオ・ヨアキム主義
小黒康正（九州大学大学院人文科学研究院・教授）

（著者の所属等は刊行時のもの，以下続刊）
九州大学大学院人文科学研究院